Cross Culture – Interkulturelles Handeln in der Wirtschaft

Schriftenreihe
Interkulturelle Wirtschaftskommunikation

herausgegeben von:
Prof. Dr. Jürgen Bolten, Universität Jena
Prof. Dr. Peter Oberender, Universität Bayreuth

Band 1

Jürgen Bolten (Hrsg.)

Cross Culture – Interkulturelles Handeln in der Wirtschaft

2., überarb. Auflage

Verlag Wissenschaft & Praxis

Die Deutsche Bibliothek – CIP-Einheitsaufnahme

Cross Culture – Interkulturelles Handeln in der Wirtschaft
/ Jürgen Bolten (Hrsg.). – 2., überarb. Auflage – Sternenfels :
Verl. Wiss. und Praxis, 1999
   (Schriftenreihe Interkulturelle Wirtschaftskommunikation ; Bd. 1)
   ISBN 3-89673-058-4
NE: Bolten, Jürgen [Hrsg.];

ISBN 3-89673-058-4

© Verlag Wissenschaft & Praxis
Dr. Brauner GmbH 1999
D-75447 Sternenfels, Nußbaumweg 6
Tel. 07045/930093 Fax 07045/930094

Alle Rechte vorbehalten

Das Werk einschließlich aller seiner Teile ist urheberrechtlich geschützt. Jede Verwertung außerhalb der engen Grenzen des Urheberrechtsgesetzes ist ohne Zustimmung des Verlages unzulässig und strafbar. Das gilt insbesondere für Vervielfältigungen, Übersetzungen, Mikroverfilmungen und die Einspeicherung und Verarbeitung in elektronischen Systemen.

Printed in Germany

Vorwort zur 2. Auflage

In den vier Jahren, die zwischen dem Erscheinen der ersten und der zweiten Auflage dieses Bandes vergangen sind, hat sich das Netzwerk interkulturellen Handelns in der Wirtschaft derart verdichtet, daß heute selbst kleinere und mittlere Unternehmen in ihrer überwiegenden Zahl in ökonomische Internationalisierungsprozesse eingebunden sind.

Von daher sind die Fragestellungen des vorliegenden Bandes aktueller denn je. Gleichzeitig hat sich der in der Mitte der neunziger Jahre noch einigermaßen überschaubare Bereich der Forschungsarbeiten zur Interkulturellen Wirtschaftskommunikation nahezu explosionsartig entwickelt. Insbesondere in der Grundlagenforschung sowie im Bereich des interkulturellen Personalmanagements konnten eine Reihe neuer Erkenntnisse formuliert werden, die das Szenario der interkulturellen Wirtschaftskommunikationsforschung heute erheblich strukturierter und gefestigter darstellen lassen, als es noch vor wenigen Jahren der Fall war.

Um zumindest annäherungsweise einen Einblick in die aktuelle Forschungssituation zu vermitteln, wurde die vorliegende zweite Auflage um eine Auswahlbibliographie von Publikationen zur interkulturellen Wirtschaftskommunikationsforschung ergänzt, die seit 1995 veröffentlicht wurden.

Jena, im Juli 1999

Vorwort zur 1. Auflage

Der Band wendet sich an alle, die sich praktisch oder theoretisch mit Internationalisierungsfragen in der Wirtschaft auseinandersetzen. Im Mittelpunkt stehen hierbei weniger „harte Faktoren" wie Fragen des internationalen Währungsmanagements, der Investitions- und Steuerplanung oder Wirtschaftlichkeitsanalysen, sondern die mit zunehmender internationaler Vernetzung immer wichtiger gewordenen „weichen Faktoren". Hierzu zählen vor allem die kulturellen Voraussetzungen, unter denen wirtschaftsbezogenes Handeln stattfindet.

Im Unterschied zu Ansätzen der kulturvergleichenden Managementforschung geht es in den meisten Beiträgen dieses Bandes allerdings nicht in erster Linie darum zu zeigen, welchen Traditionen und Wertvorstellungen wirtschaftsbezogenes Handeln *in* einer bestimmten Kultur verpflichtet ist und wie es sich von den Handlungsvoraussetzungen einer anderen Kultur unterscheidet. Vielmehr wird unter interkulturellem Handeln der Interaktions*prozeß* verstanden, der sich konstituiert, wenn Mitglieder verschiedener Kulturen in gemeinsamen Kontexten arbeiten. Dies kann die komplexe Zusammenarbeit in einem multinational besetzten Unternehmen genauso betreffen wie einzelne Internationalisierungsmaßnahmen in der Unternehmensorganisation, im Marketing oder in anderen Geschäftsbereichen. In jedem Fall werden sich die Beteiligten in diesen interkulturellen Kontexten nicht so verhalten, wie sie es in ihrer eigenen Kultur tun würden. Dadurch entstehen einerseits Unsicherheiten oder auch Mißverständnisse, die nicht selten zum Scheitern selbst äußerst gut vorbereiteter Projekte führen. Andererseits bergen interkulturelle Kontexte häufig auch Synergiepotentiale, die von den Beteiligten nicht richtig erkannt und dementsprechend zu wenig genutzt werden.

Die interkulturelle Wirtschaftskommunikationsforschung steht – als eine sehr junge Wissenschaftsdisziplin – noch am Anfang der Entwicklung theoretischer und praktischer Konzeptionen, die für entsprechende Beratungs- und Trainingsprogramme fruchtbar gemacht werden können. Aufgrund der Komplexität der Fragestellungen bildet ein interdisziplinärer Zugang jedoch eine der grundlegenden Voraussetzungen, um in diesem Bereich erfolgreich arbeiten zu können.

In diesem Sinne werden in dem vorliegenden Band Problemstellungen der interkulturellen Wirtschaftspraxis aus sehr unterschiedlichen Sichtweisen diskutiert: Die Beiträge des allgemeinen Teils skizzieren aus kultur-, kommunikations- und sozialwissenschaftlicher Sicht theoretische Grundlagen für die Beschreibung interkultureller Handlungsprozesse, während im systematischen und im länderspezifischen Teil überwiegend aus dem Blickwinkel der Wirtschaftspraxis u.a. Aspekte des interkulturellen Marketing, der Öffentlichkeitsarbeit, des Wirtschaftsrechts und der wirtschaftspolitischen Zusammenarbeit thematisiert werden.

Jena, im Juli 1995

Inhalt

A. Allgemeiner Teil

Interkulturelle Kommunikationsfähigkeit als Qualifikationsmerkmal in der Wirtschaft 9

(Karlfried Knapp, Erfurt)

Grenzen der Internationalisierungsfähigkeit.
Interkulturelles Handeln aus interaktionstheoretischer Perspektive 25

(Jürgen Bolten, Jena)

Sekundärerfahrung und Fremdverstehen 43

(Bernd-Dietrich Müller, Chemnitz)

Vom Import-Exportmodell zur regional-komplementären
Zusammenarbeit: Ein Paradigmenwechsel in der internationalen
Unternehmenskommunikation 61

(Jürgen Beneke, Hildesheim)

B. Systematischer Teil

Zum Profil des Euromanagers. Anforderungen und Aufgaben 83

(Wolfgang Kramer, Köln)

Cross-Cultural Factors in Global Advertising 99

(Ron Allison, Cambridge)

The Feasibility and Management of Pan-European Public Relations.
A Practitioner's Perspective 111

(Emma Simmons, Fontainebleau)

C. Länderspezifischer Teil

Kulturelle Unterschiede zwischen Frankreich und den
Niederlanden im Bereich der Wirtschaftskommunikation 119

(Vincent Merk, Eindhoven)

Verständigung miteinander – Verständigung füreinander.
Erfahrungen aus der deutsch-französischen
kulturellen Zusammenarbeit 125

(Christiane Deußen, Bonn)

Reflexionen zum Deutschlandbild im Spiegel
des britischen Fernsehens 135
(Rainer Tenberg, Cambridge)

Zu den Auswirkungen unterschiedlicher Rechtssysteme
auf die deutsch-italienische Wirtschaftskommunikation 145
(Rudolfo Dolce, Frankfurt/M.)

The Applicability of Western Management Techniques in
Developing Countries: A Cultural Perspective 153
(Alfred M. Jaeger, Montreal)

Stereotype in interkulturellen Geschäftskontakten. Zu Fragen der
deutsch-finnischen Geschäftskommunikation 173
(Liisa Tiitula, Helsinki)

Aspekte deutsch-japanischer Unternehmenskommunikation 185
(Jaheito Yokoi, Düsseldorf/Jürgen Bolten, Jena)

D. Anhang

Auswahlbibliographie zur
Interkulturellen Wirtschaftskommunikation 195
Anschriften der Autoren 199

Interkulturelle Kommunikationsfähigkeit als Qualifikationsmerkmal für die Wirtschaft

Karlfried Knapp

Einleitung

Das Thema „Interkulturelle Kommunikation" ist in der Wissenschaft wie in der Wirtschaft gegenwärtig so sehr im Schwange, daß man es für eine Modeerscheinung halten könnte. Doch das trifft nicht zu. Wir erleben gegenwärtig eine Phase der Internationalisierung des Wirtschaftslebens, die in einem noch nie dagewesenen Umfang die direkte Kommunikation und Kooperation zwischen Angehörigen verschiedener Kulturen erfordert. Und diese Kontakte werden zunehmend als problematisch empfunden: Immer wieder kommt es zu Schwierigkeiten, zu Mißverständnissen, gar zu Konflikten – bis hin zu Fehlschlägen von Projekten und Geschäften -, weil die Beteiligten nicht damit umgehen können, daß sie jeweils unterschiedliche Kommunikationsweisen, Handlungs- und Deutungsvoraussetzungen in die Zusammenarbeit einbringen, die durch die Kultur geprägt sind, der sie angehören. In einer Zeit der verstärkten internationalen Konkurrenz um Ressourcen und Märkte kommt jedoch dem möglichst konfliktarmen Umgang mit ausländischen, ethnisch und kulturell fremden Kunden, Mitarbeitern und Kooperationspartnern eine entscheidende Bedeutung zu.

Konsequenterweise wird deshalb immer nachdrücklicher gefordert, Manager für den Umgang mit kultureller Andersartigkeit zu qualifizieren,[1] und interkulturelle Trainings finden zunehmend Platz unter den Instrumenten der Personalentwicklung. Daß diese Problematik gerade für die Entwicklung der *Human Resources* von Unternehmen eine beträchtliche Herausforderung darstellt, wird schon daran deutlich, daß viele der Eigenschaften und Verhaltensweisen, die man bei einem Manager für dessen Tätigkeit im Kontext der eigenen Kultur für sinnvoll hält und entsprechend durch Maßnahmen der Personalentwicklung herauszubilden versucht, in einem interkulturellen Kontext geradezu kontraproduktiv sein können. Beispielsweise evoziert ein partizipativer Führungsstil, der an Eigenverantwortung und Initiative von Untergebenen appelliert – als Ideal zeitgemäßer Mitarbeiterführung oft erst im Zuge von aufwendigen Trainingsmaßnahmen erreicht – bei Mitarbeitern in vielen südlichen und asiatischen Ländern nicht selten den Eindruck von Inkompetenz- und Führungsschwäche.

Kompetenz im interkulturellen Kontakt erfordert zwangsläufig neue, zu einem großen Teil auch qualitativ andere Einstellungen, Kenntnisse und Fähigkeiten als diejenigen, die einen ausschließlich im eigenen Land erfolgreichen Manager kennzeichnen. Doch über diese allgemeine Feststellung hinaus, die man so auch in allen Managementmagazinen finden kann, besteht wenig Klarheit darüber, was eigentlich „Interkulturelle Kompetenz" ausmacht. Das gilt nicht nur für die Vorstellungen von Praktikern der Personalentwicklung, sondern zu einem nicht geringen Teil auch für wissenschaftliche Konzeptualisierungen dieser Kompetenz.

„Interkulturelle Kompetenz" und „Interkulturelle Kommunikationsfähigkeit"

Die Aussage, daß auch in den Wissenschaften wenig Klarheit über „Interkulturelle Kompetenz" herrscht, mag zunächst erstaunen. Schließlich gibt es seit den 60er Jahren vor allem in den USA eine umfangreiche sozialpsychologische Forschung, die Kriterien für eine erfolgreiche Bewältigung von Situationen des interkulturellen Kontakts erarbeitet und auf die sich viele der aktuell gehandelten Konzepte für interkulturelles Training beziehen. Doch in einem die internationale Literatur bis 1981 aufarbeitenden Übersichtsartikel kommt Dinges (1983) zu einer eher negativen Einschätzung bis dahin vorliegender Modelle interkultureller Kompetenz: Die explizit theorieorientierten Entwürfe beziehen sich überwiegend auf die Identifizierung herausragender Persönlichkeitsmerkmale von in interkulturellem Kontakt „erfolgreichen" Menschen, ohne daß es diesen Arbeiten gelungen ist, diese Merkmale eindeutig zu definieren und empirisch nachzuweisen. Vorliegende praxisorientierte Trainingskonzepte, die in der Regel zugleich implizite Modelle interkultureller Kompetenz darstellen, betonen nach Dinges zwar die Relevanz der empirisch faßbaren kommunikativen und verhaltensbezogenen Dimensionen von Situationen des interkulturellen Kontakts, bleiben aber konzeptuell so unscharf, daß aus ihnen kein operationalisierbares Konstrukt einer interkulturellen Kompetenz abgeleitet werden kann.

Die gegenwärtige Diskussion hat sich von den eher undifferenzierten Überlegungen der Vergangenheit bezüglich einer globalen „Interkulturellen Kompetenz" hin zu einer konkreter auf interkulturelle Interaktionen bezogenen „Interkulturellen Kommunikationskompetenz" entwickelt. In der Literatur besteht heute weitgehende Übereinstimmung, analog zu Spitzberg/Cupach (1984) „Kommunikative Kompetenz" als die soziale Beurteilung der „Güte" der kommunikativen Performanz eines Interaktionsteilnehmers durch andere Teilnehmer zu definieren, wobei die Beurteilung durch die anderen abhängt von der Angemessenheit des wahrgenommenen Verhaltens bezüglich kontextuell vorhandener Erwartungen und von dessen Effektivität bezüglich des Erreichens der verfolgten Interaktionsziele. Kompetenz als Eindruck bei anderen basiert dann logischerweise auf bestimmten verhaltensbezogenen kommunikativen Fähigkeiten (*skills*).

Inzwischen liegen zahlreiche faktorenanalytische Untersuchungen zur Identifizierung dieser *intercultural communication skills* vor,[2] deren Ergebnisse sich zu drei Gruppen von Fähigkeiten zusammenfassen lassen:
1. Fähigkeiten zum Umgang mit psychischem Stress (Bewältigung von Depressionen, Frustrationen, Angst- und Einsamkeitsgefühlen in der Interaktion mit Fremdem sowie Verfügen über Ambiguitätstolerenz);
2. Fähigkeiten zum Aufbau interpersonaler Beziehungen (Empathiefähigkeit, Fähigkeit zur Herstellung von Kontakten und persönlichen Bindungen, Vorurteilsfreiheit);
3. praktische Kommunikationsfähigkeiten (Fähigkeiten zur effektiven Gesprächsführung).

Es kann an dieser Stelle nicht der Nachweis geführt werden, daß auch diese Taxonomien von Fähigkeiten empirisch nicht ausreichend fundiert sind.[3] Doch auch schon aus anderen Gründen ist erkennbar, daß damit wenig Konkretes über interkulturelle Kompetenz ausgesagt ist: In ihrer Generalität sind diese *skills* eine banale Voraussetzung für jede Art sozialer Kompetenz; sie sind nicht spezifisch für die Situation des interkulturellen Kontakts.

Gerade hier ist aber eine Konzeptualisierung von „Kompetenz als Eindruck" mit dem Problem kulturtypisch unterschiedlicher Erwartungen und Verhaltensweisen der Interaktions-teilnehmer behaftet: was als kontextuell angemessen gilt, was als effektiv mit Bezug auf die angestrebten Ziele, gar welche Ziele anstrebbar sind – all dies kann zwischen Mitgliedern verschiedener Kulturen anders beurteilt werden und sich auch in der Dynamik einer ablaufenden interkulturellen Interaktion ändern. Besonders an der interkulturellen Wirtschaftskommunikation, die sehr häufig durch das Zusammentreffen von Interaktionsteilnehmern mit unterschiedlichen Zielen gekennzeichnet ist, wird auch deutlich, daß ein kulturelles Mimikry mit der Absicht, einen kompetenten Eindruck zu machen, nicht selten für die eigene Zielerreichung dysfunktional sein könnte.

Es kommt also darauf an, wie sich diese generellen *skills* im konkreten interkulturellen Kontakt auswirken, der durch *Unterschiede* in Verhaltenserwartungen und damit durch *Unterschiede* in Kompetenzkriterien gekennzeichnet ist. Und dieser konkrete interkulturelle Kontakt ist in aller Regel im weitesten Sinne sprachlich vermittelte, interpersonale Kommunikation zwischen Angehörigen verschiedener Kulturen. Interkulturelle Kompetenz erfordert deshalb auch und vor allem die Fähigkeit, mit solchen Kulturunterschieden umgehen zu können, die sich in den Formen des kommunikativen Handelns der Beteiligten niederschlagen und die sich auf den Prozeß der ablaufenden Interaktion auswirken. Ich möchte diese Art von Kompetenz als *interkulturelle Kommunikationsfähigkeit* definieren und im folgenden näher beschreiben. Dafür werde ich zunächst auf Zusammenhänge zwischen Kultur und Kommunikation eingehen, dann Dimensionen von Kulturunterschieden in der sprachlichen Kommunikation skizzieren und schließlich Besonderheiten des Prozesses der interkulturellen Kommunikation herausstellen.

Kultur und Kommunikation

Daß der Umgang mit kulturell unterschiedlichen kommunikativen Handlungsformen, daß interkulturelle Kommunikationsfähigkeit die zentrale Komponente einer interkulturellen Kompetenz ausmacht, dies ergibt sich nicht allein aus dem eigentlich banalen, aber immer wieder übersehenen empirischen Sachverhalt, daß im Kern aller interkulturellen Kontakte die interpersonale Kommunikation zwischen Angehörigen verschiedener Kulturen steht. Dies ergibt sich auch aus der wesentlich symbolischen und interaktionalen Basis von Kultur.

Die kognitive Kulturanthropologie hat deutlich gemacht, daß „Kultur" als ein ideationales System zu verstehen ist (Keesing 1974), als ein zwischen Gesellschaftsmitgliedern geteiltes Wissen an Standards des Wahrnehmens, Glaubens, Bewertens und Handelns (Goodenough 1971), das sich auf Weltbilder, Werte, soziale Normen und Handlungsmuster bezieht. Wichtig ist hier, daß dieses Wissen nur im sozialen Verkehr der Gesellschaftsmitglieder untereinander als öffentlicher Vollzug von symbolischem Handeln manifest wird und nur dadurch als überindividuelles, als *kulturelles* Wissen existiert (Geertz 1973). Wichtig ist auch, daß dieses Wissen bei der Sozialisation nur über die Teilhabe an der symbolischen Interaktion mit anderen Gesellschaftsmitgliedern erworben werden kann. Und diese Interaktion ist stets im weitesten Sinne sprachliche Kommunikation.

Es ist heute üblich geworden, das eine Kultur konstituierende gemeinsame Wissen ihrer Mitglieder kulturneutral[4] als eine Menge kognitiver Schemata zu beschreiben.[5] Ein kognitives Schema ist eine aus sozialer und damit kulturspezifischer Erfahrung geronnene Erwartungsstruktur über das, was in einer bestimmten Situation als notwendig, normal, vernünftig und plausibel gilt. Solche schematischen Normalformerwartungen betreffen Sachverhalte, Handlungsabläufe und Verhaltensweisen ebenso wie Werthaltungen und soziale Beziehungen. Diese Erwartungen werden im Verkehr der Gesellschaftsmitglieder untereinander gewöhnlich nicht mehr explizit gemacht, sondern als selbstverständliches Wissen bei den anderen vorausgesetzt.

Dies gilt auch in der sprachlichen Kommunikation – wobei „sprachlich" hier heißt: verbal, paraverbal und non-verbal. Auch unser alltägliches sprachliches Handeln macht das Gemeinte normalerweise nicht explizit – zumindest nicht vollständig –, sondern weist über das Geäußerte hinaus auf das zwischen den Interaktionspartnern als gemeinsam unterstellte Wissen: *Wie* eine stattfindende Interaktion zu deuten ist, wird von den Interagierenden normalerweise lediglich durch sprachlich-kommunikative Indikatoren indiziert und durch den fortlaufenden Handlungszusammenhang prospektiv und retrospektiv erschlossen. Diese Indikatoren und die darauf basierenden Schlußfolgerungen setzen bei den Gesprächsteilnehmern kognitive Schemata in Gang, die dann als Deutungsgrundlage für das bisher Kommunizierte und als Orientierung für das folgende Handeln dienen.

Das sei am sei am Beispiel der Äußerung „Hiermit ist die Sitzung eröffnet" illustriert. Eine solche Äußerung kann mehrere Schemata gleichzeitig auslösen. So z.B: ein *Ablaufschema* für den Fortgang der Situation, das an die Tagesordnung der Sitzung gebunden ist, ein *Sachverhaltsschema*, das sich auf den zu verhandelnden Gegenstand der Tagesordnung bezieht, und ein *Handlungsschema*, das die Form und die Reihenfolge der Redebeiträge der Sitzungsteilnehmer regelt – man kann typischerweise in einer Sitzung z.B. nicht einfach drauflosreden, sondern muß das Rederecht vom Sitzungsleiter zugeteilt bekommen.

Gleichzeitig mit diesen Schemata auf der inhaltlich-propositionalen Ebene wird immer auch signalisiert, wie der Sprecher die soziale Beziehung zum Gesprächspartner einschätzt bzw. welches *Beziehungsschema* er für die Interaktion als gerade gültig betrachtet – etwa ob er die Beziehung als formell, intim, freundlich, feindselig, verärgert usw. ansieht. Dies geschieht vorzugsweise durch einzelne Elemente des verbalen, paraverbalen und/oder non-verbalen Kodes, mit dem die betreffende Äußerung realisiert wird, etwa durch Anredeformen (z.B. „He, Meyer" vs. „Entschuldigung Herr Direktor Meyer"), durch Lautstärke, Intonation, Mimik usw.

Die auf solche Weise nur implizit angedeuteten Schemata haben eine wichtige Funktion für den Prozeß der interpersonalen Kommunikation. Zum einen dient der Rückgriff auf schematische Normalitätserwartungen, der durch die Unterstellung eines gemeinsamen Wissens möglich wird, der Ökonomie der Verständigung. Zum anderen geben kulturelle Schemata den Beteiligten Sicherheit für ihr Deuten und Handeln in der Interaktion, insbesondere in der Interaktion mit Fremden. Um die im Umgang mit Fremden immer vorhandene Unsicherheit über weitere Handlungsmöglichkeiten und über die begonnene soziale Beziehung zu reduzieren, zieht ein Kommunikationspartner auf der Basis seiner Normalitätserwartungen Rückschlüsse aus dem Verhalten und Handeln des anderen, und richtet sein weiteres eigenes Deuten und Handeln daran aus.

Für interkulturelle Kommunikation kann dieser Prozeß mindestens in dreifacher Hinsicht problematisch werden:

1. Da sich die implizit vorausgesetzten Schemata wie auch die kommunikativen Mittel, mit denen sie indiziert werden, zwischen kulturellen Gruppen unterscheiden können, kann es zu Mißverständnissen bis hin zum völligen Scheitern der Kommunikation kommen.

2. Weil in der Kommunikation über den propositionalen Inhalt hinaus immer auch Beziehungsaspekte involviert sind, werden Abweichungen von den Erwartungen, werden Belastungen und Fehlschläge der Verständigung schnell der Person, gar der Intention des anderen zugeschrieben. Interkulturelle Interaktionen sind deshalb in einem weit höheren Maße als intrakulturelle Gefährdungen auf der Beziehungsebene ausgesetzt.
3. Da in interkultureller Kommunikation sich die Erklärungen vergangenen und die Erwartungen zukünftigen Handelns und Verhaltens von Fremden vorzugsweise an den auffallenden Abweichungen von den eigenen Erwartungen festmachen, sind negative Stereotype und Vorurteile eine häufige Konsequenz.

Dimensionen von Kulturunterschieden in der Kommunikation

Interkulturelle Kommunikationsfähigkeit hat deshalb an der Beziehung zwischen sprachlichen Oberflächenelementen und den durch sie indizierten Wissensschemata anzusetzen. Diese Beziehungen sind äußerst vielgestaltig. Sie können im folgenden lediglich an einigen wenigen Beispielen illustriert werden, die für einige grundlegende Dimensionen kulturbedingter Unterschiede stehen sollen. Diese Dimensionen können zugleich ein Such- und Analyseraster für derartige Unterschiede sein. Zu unterscheiden sind hier zunächst einmal die Bereiche der verbalen, paraverbalen und non-verbalen Kommunikation.

Im Bereich der verbalen Kommunikation sind kulturbedingte Unterschiede im Wortschatz für Laien am ehesten einsichtig, vor allem dort, wo Wörter kulturspezifische Sachverhalte bezeichnen, so daß keine vollständige Übersetzungäquivalenz gegeben ist. Ein einschlägiges Beispiel ist das deutsch-englische Wortpaar „Freund/friend". Ein Muttersprachler des amerikanischen Englisch würde damit eine Person bezeichnen, die er kennt, und sei es nur oberflächlich, z. B. von gelegentlichen Zusammentreffen bei Cocktailparties. Von Amerikanern als „friend" bezeichnet zu werden, erfordert deshalb nicht den Grad an wechselseitiger Verpflichtung und Intimität, der Voraussetzung für Freundschaft unter Deutschen ist. Das deutsche Konzept „Freund" müßte im Englischen mit „close friend" oder „good friend" wiedergegeben werden. Dagegen entspricht „friend" in der Bedeutung „jemand, den man oberflächlich kennt" eher dem Deutschen Konzept „Bekannter". Wie unterschiedlich die Einbettung solcher Konzepte in die jeweils kulturspezifischen Handlungs- und Deutungsschemata ist, zeigt die Tatsache, daß im Deutschen auch ein „guter Bekannter", den man häufiger zu sich nach Hause einlädt, nicht automatisch ein „Freund" ist.

Oder betrachten wir einen fachsprachlichen Begriff wie das deutsche Wort „Bebauungsplan". Dafür gibt es z.B. im Französischen kein Äquivalent; die kulturellen Konnotationen um Städtebau, Ordnung und Reglementierung, die darin mitklingen, kann man nur erklären, aber kaum übersetzen.

Kulturunterschiede bestehen auch auf der Ebene von Sprechhandlungen. Als sprachliche Handlungen sind die Äußerung von Feststellungen, Aufforderungen, Versprechungen, Angeboten, Fragen, Antworten, Lob, Kritik usw. universal. Die konkreten Vorkommensbedingungen und die bevorzugten Realisierungsformen unterscheiden sich jedoch zwischen Kulturen. So wird z.B. im Japanischen als Reaktion auf eine Gefälligkeit konventionellerweise der Sprechakt der Entschuldigung erwartet – für die Mühe, die man dem anderen gemacht hat (Loveday 1982) – statt des Sprechakts des Dankens, der bei uns üblich ist. Aufforderungen und Beschwerden werden im Deutschen tendenziell mit direkteren sprachlichen Mitteln vollzogen als im Englischen.

Sprechakte sind meist in komplexere Ablaufschemata eingebettet. So ist es z.B. in den USA üblich, ein Kompliment dankend anzunehmen, während in Japan der zweite Teil der Handlungssequenz „Kompliment-Reaktion" normalerweise in einer höflichen Zurückweisung des Kompliments besteht (Wolfson 1981). Eine Begrüßung ist in westlichen Kulturen normalerweise durch die Sequenz „Gruß-Gegengruß" abgeschlossen. Dagegen ist z.B. unter Türken ein elaborierteres Ablaufschema für direses Sprechereignis üblich: Ein Sprechaktpaar „Gruß-Gegengruß" beim Zusammentreffen am Wohnungs- oder Büroeingang, ein weiteres im Wohnzimmer oder Besprechungsraum, bevor man sich zum Gespräch zusammensetzt. Vergleichbare Unterschiede bestehen auch für Argumentations- und Textaufbauschemata. So zeigten Auswertungen der Protokolle von UN-Vollversammlungen, daß Amerikaner zu einer eher induktiven Argumentationsweise neigen, vom Einzelfall zum Allgemeinen, während Russen eher deduktiv, vom Allgemein-Grundsätzlichen zum konkreten Einzelfall argumentieren. Schon zwischen Deutschen und Briten gibt es kulturelle Präferenzen in der Ausführlichkeit problembeschreibender oder berichtender Texte: Während Texte angelsächsischer Autoren gewöhnlich linear aufgebaut und direkt auf das Aussageziel bezogen sind, benötigen deutsche Autoren in der Regel einen sehr viel längeren Weg bis zum Aussageziel, den sie mit mehr und längeren Argumenten, oft auch mit längeren Grundsatzüberlegungen und Exkursen, ausdehnen.

Schließlich gibt es auch Unterschiede im Verhalten bei komplexen Sprechereignissen wie z.B. Verhandlungen oder Besprechungen. Briten z.B. melden sich im Gegensatz zu den meisten Kontinentaleuropäern auch mit Redebeiträgen zu Wort, die zuvor nicht vorbereitet und gründlich fundiert wurden, sondern argumentieren spontan auf der Basis der Eingebungen ihres *common sense*. Anderes als Deutsche z.B. sehen Franzosen die rituelle Begrenzung des Sprechergnisses „Besprechung" nicht so eng markiert: Sie kommen und gehen je nach dem Interesse, das sie dem jeweiligen Tagesordnungspunkten entgegenbringen, bleiben also gewöhnlich nicht vom Anfang bis zum Schluß anwesend.

Nicht einmal die grundlegenden Erwartungen an Maximen der konversationellen Kooperation gelten überall in der gleichen Weise. Zu diesen Maximen gehört nach Grice (1975), daß man stets das sagt, was man für die Wahrheit hält – es sei denn, man will lügen. Ein Experiment von Collet/O'Shea (1976) zeigte, daß man jedoch z.B. im Iran damit rechnen muß, bei Wegauskünften vom Auskunftgeber bewußt in die Irre geführt zu werden: Wenn der Befragte den Weg nicht selbst kennt, gibt er eher eine falsche Wegbeschreibung als gar keine. Offensichtlich kollidieren hier das Sachverhalts- und das Beziehungsschema; es wird als wichtiger angesehen, dem Fremden gegenüber hilfsbereit zu erscheinen, als durch Erkennenlassen der eigenen Unkenntnis konventionelle Erwartungen an Hilfsbereitschaft und damit Anforderungen des Beziehungsschemas nicht zu erfüllen.

Auch im paraverbalen Berich sind die Kulturunterschiede groß. So entspricht z.B. die fallende Intonation, mit der in europäischen Sprachen ein Aussagesatz artikuliert wird, in einigen indischen Sprachen der Intonation von Fragesätzen (Gumperz 1982). Das Ausmaß der Tonhöhenmodulation, das die normale Sprache von *educated speakers* des britischen Englisch auszeichnet, wird in anderen Kulturen als affektiert, gar als weibisch wahrgenommen (Loveday 1981).

Lautstärke wird z.B. in einigen afrikanischen und arabischen Kulturen als ein Mittel eingesetzt, um den Sprecherwechsel zu regeln: wenn mehrere Personen um das Rederecht als nächster Sprecher konkurrieren, wird diese Konkurrenz über die Lautstärke beim Sprecheinsatz ausgetragen. Ein solches gleichzeitiges, lautstarkes Sprechen verstößt in europäischen Kulturen gegen das normale Ablaufschema von Gesprächen und indiziert Streit und ähnliche Probleme auf der Ebene des Beziehungsschemas. Generell sind die Regeln des Sprecherwechsels, die das Ablaufschema von Gesprächen bestimmen, zwischen Kulturen unterschiedlich. Während wie bei den Kulturen des Vorderen Orients auch das Gesprächsverhalten US-amerikanischer Juden durch fehlende Pausen zwischen den Redebeiträgen charakterisiert ist und damit auf Europäer stakkatohaft und drängend wirkt (Tannen 1981), sind in den Indianerkulturen des amerikanischen Nordwestens sehr lange, manchmal Minuten andauernde Pausen innerhalb von und zwischen Redebeiträgen normal (Scollon/Scollon 1981). Doch schon Finnen machen deutlich längere Pausen als z.B. Westeuropäer (Lenz 1990).

Non-verbale Kommunikation wird von Interkationsteilnehmern gewöhnlich am wenigsten bewußt wahrgenommen. Dennoch sind die non-verbalen Aspekte des Kommunikationsverhaltens oft höchst kulturspezifische Schemaindikatoren – und damit Anlaß zu interkulturellen Mißverständnissen. Auch hier sind die Unterschiede so vielfältig, daß nur wenige Beispiele genannt werden können:

Seit Darwin gelten die menschlichen Emotionen als biologische Reaktionen auf externe Stimuli. Damit hat Mimik, soweit sie auf den Ausdruck von Emotionen bezogen ist, eine biologische Basis und ist universal. Allerdings gibt es kulturelle Konventionen, nach denen das biologische Affektprogramm der Gesichtsmuskeln mehr oder weniger maskiert wird. Ein Beispiel hierfür ist das „typische" Lächeln der Asiaten, das nicht nur positive Emotionen wie Sympathie oder Freude anzeigt, sondern ein ansozialisiertes Verhaltensmuster darstellt, mit dem negative Emotionen wie Ärger, Verwirrung, usw. oder Überraschung verborgen werden. Unterschiede im Grad der Maskierung von Emotionen gibt es schon zwischen Nord- und Südeuropäern (Ekman/Friesen/Ellsworth 1972).

Dagegen ist die in der Interaktion präferierte Form des Blickkontakts sehr viel stärker kulturabhängig. Nach Hall (1959) wird das Rollenschema „Zuhörer" von Briten vorzugsweise durch die Fixierung des Blicks auf das Gesicht des Sprechers angezeigt. Dagegen ist als Zuhörerverhalten in den USA ein Wandern von einem Auge des Sprechers zum anderen, zeitweilig auch ganz fort von dessen Gesicht, üblich. Allerdings trifft dies nur für weiße Nordamerikaner zu – bei schwarzen Amerikanern gilt wie in den Kulturen Westafrikas der direkte Blick in die Augen des Gesprächspartnerrs als Drohung (Johnson 1976).

Auch Gestik ist kulturabhängig. Die angelsächsische „O.K."-Geste (Daumen und Zeigefinger bilden einen Kreis, die übrigen Finger der Hand sind gestreckt) hat in den meisten romanischen Ländern eine beleidigende anale Bedeutung; in Japan ist sie ein emblematisches Zeichen für Geld (Morsbach 1973). Kulturunterschiede bestehen auch im Bereich der in interpersonaler Interaktion einzunehmenden Körperdistanz und bei der Einordnung von Handlungen in die Dimension der Zeit, z.B. mit Blick darauf, ob man Handlungen gleichzeitig oder nacheinander vollzieht (Hall 1976).

Diese hier skizzierten Formen des kommunikativen Handelns und Indikatoren für zugrundegelegte schematische Normalitätserwartungen sind – wie schon erwähnt – nur beispielhaft für die Vielfalt an Kulturunterschieden in der Kommunikation. Der Umfang daraus resultierender Kommunikationsprobleme im interkulturellen Kontakt wird noch dadurch gesteigert, daß diese kommunikativen Mittel normalerweise in der Interaktion zumeist mit anderen in spezifischer Weise kombiniert vorkommen. So umfaßt eine Grußhandlung z.B. verbale, paraverbale, gestisch-mimische, proxemische und Blickkontakt-Elemente, deren Vorkommen zu einem komplexen Alltagsritual konventionalisiert ist. Schon ein Fehlen oder Anderssein eines dieser Elemente *kann* als Abweichung von der erwarteten Normalform wahrgenommen werden. Gerade der Novize, der sich auf interkulturelle Kontaktsituationen vorbereiten will, könnte sich deshalb in der Vielzahl und internen Komplexität der kulturspezifischen Handlungsmuster verlieren. Doch zum Glück gibt es kulturspezifische Präferenzen, nach denen jeweils bestimmte der verschiedenen Handlungsmöglichkeiten auf den einzelnen Dimensionen bevorzugt realisiert werden. Solche Präferenzen verdichten sich zu kulturtypischen *kommunikativen Stilen*.

Den kommunikativen Stil einer anderen Kultur zu kennen, ist deshalb besonders hilfreich, weil Stilmerkmale über den Einzelfall hinaus generalisierbar sind. Wer z.B. weiß, daß Deutsche u.a. zu direkteren Sprechaktrealisierungen neigen als Briten, daß Japaner u.a. grundsätzlich weniger sprechen als Deutsche, daß Inder u.a. durch lautstarkes Ins-Wort-Fallen signalisieren, daß sie als nächster Sprecher das Wort ergreifen möchten, der kann sich darauf einstellen, ohne Fehldeutungen aufzusitzen.

Vor diesem Hintergrund ist auch die Frage naheliegend, wieweit einzelne kommunikative Handlungsformen oder die Gesamtmenge der charakteristischen Merkmale eines kommunikativen Stils kulturspezifisch sind in dem Sinne, daß sie sich auf übergreifende Wertvorstellungen, Normen und ähnliche Denkmuster beziehen, die für die fragliche Kultur als typisch gelten. So ist es etwa in der Nachfolge der Arbeiten von Hofstede (1980) und Hall (z.B. 1976) üblich geworden, die relative Direktheit von US-Amerikanern, ihre Kritikfreudigkeit, ihre für Europäer oft überheblich klingende Neigung zum Eigenlob, ihre Explizitheit (im Gegensatz etwa zur Präferenz für Implizitheit des Kommunizierens bei Japanern) – all diese als typisch angesehenen Merkmale des US-amerikanischen kommunikativen Stils – als Konsequenz des in den USA sehr positv eingeschätzten sozialen Werts des Individualismus darzustellen (z.B. Gudykunst/Ting-Toomey 1988). Doch ein solcher direkter Zusammenhang zwischen Werten und Stilmerkmalen ist bei genauerer, über eine einzelne Kultur hinausreichende Betrachtung nicht nachweisbar (Knapp 1994). Insofern ist auch die Implikation, die z.B. von Gudykunst/Ting-Toomey in dieser Forschungstradition gemacht wird – nämlich daß man aus der Kenntnis kulturspezifischer Werte die Eigenschaften des kommunikativen Stil voraussagen könne, äußerst problematisch.

Prozeßeigenschaften des interkulturellen Kommunizierens

Die Vielfalt der sich kulturell unterscheidenden kommunikativen Handlungsformen und die Schwierigkeit, Eigenschaften des kommunikativen Stils einer Kultur aus der Kenntnis anderer, übergreifender Kulturmerkmale heraus zu antizipieren, stellen allerdings nur *einen* der Problembereiche dar, die für eine ausbildungsbezogene Konkretisierung von „interkultureller Kommunikationsfähigkeit" zu berücksichtigen sind. Oben wurde schon darauf hingewiesen, daß interkulturelle Kommunikationsfähigkeit das Umgehen mit Kulturunterschieden erfordert, die sich auf den *Prozeß* der ablaufenden interpersonalen Interaktion auswirken. Doch in der interkulturellen Kommunikation hat der Prozeß der interpersonalen Interaktion Eigengesetzlichkeiten, die über die Kulturunterschiede im kommunikativen Handeln hinaus zu bedenken sind. Sie betreffen weitere, sehr wesentliche Verstärkungen der Handlungs- und Deutungsunsicherheit.

Da ist zunächst einmal das Phänomen der *Abweichungstoleranz*, umgangssprachlich auch als „Ausländerbonus" bekannt. Erfahrungsgemäß führt nicht jede Abweichung von kommunikativen Normalitätserwartungen zu Konflikten. Deshalb ist ein *going native* für einen Fremden nicht prinzipiell notwendig. Doch wieweit diese Toleranz reicht und unter welchen Bedingungen sie eher und und welchen sie weniger gewährt wird, dies ist bisher noch mehr Gegenstand theoretischer Spekulation als empirisch fundiertes Wissen (vgl. Knapp 1994).

Zum zweiten: Interkulturelle Kommunikation ist typischerweise für mindestens einen der beteiligten Interaktionspartner Kommunikation in einer für ihn fremden Sprache. Das heißt: sie ist zu weiten Teilen *lernersprachliche Kommunikation*. Entprechend ist der Prozeß der interkulturellen Interaktion den typischen Beschränkungen der Lernersprachenkommunikation ausgesetzt, etwa der Modalitätsreduktion, der Bedeutungsreduktion und der Themenvermeidung, und er ist gekennzeichnet durch das gemeinsame Aushandeln von Bedeutung im Lernersprachendiskurs. Manche Fehlschläge in interkultureller Kommunikation liegen deshalb nicht primär an unerkannten Kulturunterschieden, sondern an lernersprachlichen Beschränkungen der Kommunikation.

Zum dritten – und damit zusammenhängend – können spezifische *Akkommodationsprozesse* im Verlauf der Interaktion vorkommen, die die Verständigung erleichtern. Zu nennen sind hier die Verlangsamung der Sprechgeschwindigkeit in der Kommunikation mit Ausländern, Komplexitiätsreduktion in Lexik und Syntax oder die Verwendung von *foreigner talk*. Diesen sprachspezifischen Akkomodationsprozessen entsprechen auch inhaltliche Anpassungen an die – wenn auch oft nur stereotypisch angenommene – Andersartigkeit des Partners; banal ausgedrückt: „Wenn Franzosen kommen, muß Wein statt Bier auf den Tisch". Wie die Abweichungstoleranz ist aber auch eine derartige kommunikative Akkommodation nicht einklagbar und ihr Vorkommen nicht antizipierbar.

Zum vierten: Schon aufgrund der lernersprachlichen Beschränkungen mindestens eines der Partner ist die Frage der Sprachenwahl ein äußerst wichtiger, in der Praxis jedoch häufig vernachlässigter Faktor interkultueller Kommunikation. Der insbesondere im Wirtschaftsleben verbreitete Usus, sich einer *lingua franca* – und in dieser Funktion vor allem: des Englischen – zu bedienen, verschärft in der Regel das lernersprachlich und interkulturell bedingte Konfliktpotential. Denn hier stoßen Kommunikationspartner aufeinander, deren englischsprachige Kommunikation durchsetzt ist mit Interferenzen aus verschiedenen Muttersprachen und Ausgangskulturen. Hinzukommt, daß die lernersprachliche Englisch-Kompetenz der Beteiligten oft noch von jeweils einer anderen Lernzielnorm beeinflußt ist, da das Englische in verschiedenen Gegenden der Welt in unterschiedlichen regionalen Standards gelehrt wird, z.B. neben dem britischen oder amerikanischen Englisch auch noch als *Indian English, Singapore English, Nigerian English, West-Indian English* usw.

Zum fünften: Zu den Besonderheiten interkultureller Interaktionen gehört auch ein besonderer Diskurstyp: die *Sprachmittlerkommunikation*, d.h. die Kommunikation mithilfe eines nicht-professionellen Dolmetschers. Unsere eigenen Untersuchungen dieses Diskurstypes haben ergeben, daß hier z.b. besondere Regeln für die Steuerung des Gesprächsablaufes gelten, die die Handlungsmöglichkeiten der Teilnehmer extrem beschneiden. Auch wurde deutlich, daß Sprachmittler manche Mißverständnisse verhindern bzw. ausräumen können, daß andere Mißverständnisse jedoch durch diesen Diskurstyp strukturell provoziert werden (Knapp/Knapp-Potthoff 1987). Interaktionsteilnehmer, die annehmen, durch die Tätigkeit von Sprachmittlern seien Kommunikationsprobleme vermieden, wiegen sich also in trügerischer Sicherheit.

Zum sechsten: Viele der Kommunikationsprobleme, die aus den bisher beschriebenen Eigenheiten der Prozesses der interkulturellen Kommunikation entstehen, hängen mit dem Vorkommen von Mischformen zusammen, die durch Aspekte des Spracherwerbs und des Kulturkontakts bedingt sind. Mischformen sind für interkulturelle Kommunikation besonders problematisch, denn sie entsprechen keinen Normalitätserwartungen, die man im voraus lernen könnte. Hier – wie auch mit Blick auf den sozialen und kulturellen Wandel in einer Zielkultur – gibt es *Grenzen der Erwartbarkeit*.

Andererseits kann man Mischformen geradezu als Prototypen gelungener interkultureller Kommunikation ansehen, bei der es dazu gekommen ist, daß die Beteiligten durch wechselseitige Akkommodationen eine neue, eigenständige „dritte Kultur" geschaffen haben. Viele erfolgreiche internationale Organisationen sind durch eine solche Kulturmischung gekennzeichnet. Derartige dauerhafte eigene Kulturen entstehen allerdings gewöhnlich nur in Organisationen, die wie die Weltbank oder UNESCO eine starke Zentrale und ein dauerhaftes Organisationsziel mit kontinuierlicher organisationsinterner Kooperation ihrer Angehörigen haben. In internationalen Unternehmen ist dies seltener der Fall, arbeiten doch hier Individuen und Teams gewöhnlich für nur kürzere Zeit und oft mit im Rahmen des Unternehmens sehr unterschiedlichen Zielsetzungen zusammen. Entsprechend komplexer sind die kulturellen Einflußfaktoren, mit denen die Beteiligten umgehen müssen.

So lassen sich auf verschiedenen Kooperationsebenen in der Wirtschaft jeweils verschiedene handlungs- und deutungsleitende Schemata unterscheiden, die, je kürzer die Kooperationszeit und je heterogener die Kooperationspartner, umso schwieriger zu antizipieren sind:

Ebenen der Kooperation	Schema-Ebenen
Individuen/Arbeitsplatz	Individuelle Schemata
Projektgruppen/Projekte	Team-Kulturen
Abteilungen/Task Forces	Funktions-Kulturen
Unternehmen/Joint Ventures	Organisations-Kulturen
Nationale Ökonomien/Kooperationsverträge	National-Kulturen
Global Alliances/Weltwirtschaft	Universale Schemata

Die Tatsache, daß Manager in internationalen Unternehmen je nach ihrer Funktion mit der gesamten Vielfalt der Ebenen kultureller Schemata konfrontiert sind, unterstreicht die Grenzen der Erwartbarkeit in interkulturellen Kontaktsituationen.

Interkulturelle Kommunikationsfähigkeit als Qualifikationsmerkmal

Die hier genannten Prozeßeigenschaften des interkulturellen Kommunizierens können nicht ohne Auswirkungen auf die Konzeptualisierung von interkultureller Kommunikationsfähigkeit bleiben. Sie legen nahe, diese Fähigkeit eher generell zu fassen. In der Kontroverse um eine *kulturspezifische* oder eine *allgemeinkulturelle* Ausrichtung einer interkulturellen Ausbildung liefern die Prozeßeigenschaften des interkulturellen Kommunizierens unwiderlegbare Argumente zugunsten eines allgemein-kulturellen Ansatzes.

In Verbindung mit dem im zweiten Abschnitt geschilderten Zusammenhang zwischen Kultur und Kommunikation machen sie auch deutlich, daß sich die Entwicklung dieser Fähigkeit nicht auf bloße Verhaltensaspekte beschränken darf: Neben praktischen Kommunikationsfähigkeiten ist auch eine allgemeine interkulturelle Kommunikationsbewußtheit (*awareness*) notwendig. Denn im interkulturellen Kontakt kann nicht nur das eigene kommunikative Verhalten zum Mißlingen der Kommunikation führen, sondern ganz wesentlich auch die Deutung des kommunikativen Verhaltens der Partner, deren kulturelle Determiniertheit man als solche erkennen können muß. Zudem können Kommunikationsprobleme auch über die aktuelle Kommunikationssituation hinauswirken, sei es in der Form von stereotypischen Ursachenzuschreibungen für das aktuelle und zukünftige Verhalten der Kommunikationspartner, sei es in der Form von retrospektiven Umdeutungen der erlebten Kommunikationssituation, die dann die eigene Handlungsgrundlage für zukünftige Kontakte bilden. Diese Deutungsprozesse angemessen vollziehen zu können, setzt eine bewußte Wahrnehmung des kommunikativen Handelns in der Kontaktsituation voraus – des eigenen wie des fremden.

Interkulturelle Kommunikationsfähigkeit sollte deshalb die – unbestreitbar zusammenhängenden – Komponenten *Kommunikationsbewußtheit* und *Kommunikationsfertigkeiten* enthalten. Zu ersterer gehören:

1. Einsicht in grundsätzliche, einzelsprach- und einzelkulturunabhängige Funktionen und Wirkungen von Kommunikation; hier insbesondere

   – Einsicht in die Art und Weise, wie Kommunikation zur Herstellung und Aufrechterhaltung sozialer Beziehungen dient,

   – Einsicht in die Prozesse der Unsicherheitsreduktion und Attribution auf der Basis von Kommmunikationsverhalten,

   – Einsicht in die kommunikative Basis von Problemen im interkulturellen Kontakt,

   – Einsicht in die prozeßbedingten Beschränkungen interkultureller Kommunikation.

2. Einsicht in die Geprägtheit des eigenen kommunikativen Stils durch kulturelle, subkulturelle und individuelle Merkmale und Kenntnis der Merkmale des eigenen Stils.

3. Kenntnis der wesentlichen Dimensionen von Unterschieden in kulturellen kommunikativen Stilen.

Zur Komponente der Kommunikationsfertigkeit gehören:

1. Fähigkeit zur Identifikation von Unterschieden im kommunikativen Stil und von spezifischen Prozeß-Bedingungen des Kommunizierens in einer aktuell stattfindenden Interaktion,

2. Strategien zur Kommunikation mit beschränkten sprachlichen Mitteln (z.B. lernersprachliche Kommunikation),

3. Strategien zur Identifikation und Analyse von Mißverständnissen auf der Basis von Kenntnissen über Kulturunterschiede und ihre Auswirkungen auf die Kommunikation sowie über die besonderen Eigenschaften des interkulturellen Kommunikationsprozesses,

4. Strategien zur Vermeidung und Reparatur von Mißverständnissen in der Kommunikation.

Eine so konzipierte allgemeine interkulturelle Kommunikationsfähigkeit hat den Vorteil, daß sie einen flexiblen Umgang mit der nach Art und Umfang nur selten vorhersehbaren Vielfalt von interkulturellen Kontaktsituationen erlaubt und offen ist für die Verarbeitung der synchronen und diachronen Variabilität von Kulturen.

Anmerkungen

1 In Deutschland muß man hier besonders die Aktivitäten der Deutschen Gesellschaft für Personalführung hervorheben, die in den letzten Jahren wiederholt Erfahrungskreise von Personalverantwortlichen organisiert und Themenhefte der *Zeitschrift für Personalführung* herausgegeben hat, die sich mit „interkultureller Kompetenz" oder „Auslandsfähigkeit" als Qualifikationsmerkmal befassen.

2 Vgl. z.B. Hawes/Kealey (1981), Hammer/Gudykunst/Wiseman (1978), Hammer (1978) und die Arbeiten in Martin (1989).

3 Vgl. dazu ausführlicher Knapp (1994).

4 Nicht selten sind die in der aktuellen Diskussion verwendeten Konzepte von Kultur bei näherer Betrachtung kulturspezifische. Das trifft etwa auf die Konzepte „Kultur als nationaler/sozialer Habitus" von Elias (1988) und Bourdieu (1982) zu, die im deutschsprachigen Raum besonders gern von Vertretern der Landeskundedidaktik zitiert werden. Doch diese Konzepte sind auf moderne westliche Industrie- bzw. Klassengesellschaften bezogen und ohne eine Entleerung ihres Sinnes kaum auf andere Kulturen übertragbar.

5 Vgl. z.B. Tannen (1979) oder die Arbeiten in Wyer/Srull (1982).

Literatur

Bourdieu 1982 = P. Bourdieu: Die feinen Unterschiede. Kritik der gesellschaftlichen Urteilskraft. Frankfurt/M.: Suhrkamp 1982.

Collet/O'Shea 1976 = P. Collet/G. O'Shea: Pointing the way to a ficticious place: A study of direction giving in Iran and England. European Journal of Social Psychology 6, 1976, 447-458.

Dinges 1983 = N. Dinges: Intercultural Competence. In: Handbook of Intercultural Training. D. Landis/R.W. Brislin (eds.). Vol. 1. New York: Pergamon 1983, 176-202.

Ekman/Friesen/Ellsworth 1972 = P. Ekman/W.V. Friesen/P. Ellsworth: Emotions in the Human Face. New York: Pergamon 1972.

Elias 1988 = N. Elias: Die Gesellschaft der Individuen. Frankfurt/M.: Suhrkamp 1988.

Geertz 1973 = C. Geertz: The Interpretation of Culture. New York: Basic Books 1973.

Goodenough 1971 = W.H. Goodenough: Culture, Language, and Society. Reading, Mass.: Addison-Wesley 1971.

Grice 1975 = H.P. Grice: Logic and Conversation. In: Syntax and Semantics, P. Cole/J. Morgan (eds.). Vol.3: Speech Acts. New York: Academic Press 1975, 41-58.

Gudykunst/Ting-Toomey 1988 = W.B. Gudykunst/S. Ting-Toomey: Culture and Interpersonal Communication. Beverly Hills: Sage 1988.

Gumperz 1982 = J. Gumperz: Discourse Strategies. Cambridge: CUP 1982.

Hall 1976 = E.T. Hall: Beyond Culture. New York: Doubleday 1976.

Hammer 1987 = M. Hammer: Behavioral dimensions of intercultural effectiveness: A eplication and extension. International Journal of Intercultural Relations 11, 1987, 65-88.

Hammer/Gudykunst/Wiseman 1978 = M. Hammer/W.B. Gudykunst/R.L. Wiseman: Dimensions of intercultural effectiveness: An exploratory study. International Journal of Intercultural Relations 2, 1978, 382-393.

Hawes/Kealey 1981 = D. Hawes/D.J. Kealey: An empirical study of Canadian technical assistance. International Journal of Intercultural Relations 5, 1981, 239-282.

Hofstede 1980 = G. Hofstede: Culture's Consequences. International Differences in Work-Related Values. Beverly Hills: Sage 1980.

Johnson 1976 = K. Johnson: Black kinesics. In: Intercultural Communication. A Reader. L. Samovar/L. Porter (eds.). (2nd ed.) Belmont, Ca.: Wadsworth 1976, 172-197.

Keesing 1974 = R.M. Keesing: Theories of culture. Annual Review of Anthropology 3, 1974, 73 – 97.

Knapp 1994 = K. Knapp: Linguistische Aspekte interkultureller Kommunikationsfähigkeit. Freiburg: JPV (erscheint).

Knapp/Knapp-Potthoff 1987 = K. Knapp/A. Knapp-Potthoff: The man (or woman) in the middle – Discoursal aspects of non-professional interpreting. In: Analyzing Intercultural Communication. K. Knapp/W. Enninger/A. Knapp-Potthoff (eds.). Berlin: Mouton-de Gruyter 1987.

Lenz 1990 = F. Lenz: Finnische Wirtschaftskommunikation. Präsentation bei der 2. Konferenz der Intercultural Business Workgroup, Duisburg 1990.

Loveday 1981 = L. Loveday: Pitch, politeness and sexual role. Language and Speech 24/1, 1981, 71-89.

Loveday 1982 = L. Loveday: The Sociolinguistics of Learning and Using a Non-Native Language. Oxford: Pergamon 1982.

Martin 1989 = J. Martin(ed.): Intercultural Communication Competence. (= International Journal of Intercultural Relations, Special Issue), 1989.

Morsbach 1973 = H. Morsbach: Aspects of non-verbal communication in Japan. Journal of Nervous and Mental Disease 157, 1973, 162-277.

Scollon/Scollon 1981 = R. Scollon/S.B. Scollon: Narrative, Literacy and Face in Interethnic Communication. Norwood, N.J.: Ablex 1981.

Spitzberg/Cupach 1984 = B.H. Spitzberg/W.R. Cupach: Interpersonal Communication Competence. Beverly Hills: Sage 1984.

Tannen 1979 = D. Tannen: What's in a frame? Surface evidence for underlying expectations. In: New Directions in Discourse Processing. R.O. Freedle (ed.). Norwood, N.J.: Ablex 1979, 137-182.

Tannen 1981 = D. Tannen: New York Jewish conversational style. International Journal of the Sociology of Language 30, 1981, 133-149.

Wolfson 1981 = N. Wolfson: Compliments in a cross-cultural perspective. TESOL-Quarterly 15, 1981, 117-124.

Wyer/Srull 1984 = P.S. Wyer/Th.K. Srull (eds.). Handbook of Social Cognition. Hillsdale, N.J.: Lawrence Earlbaum 1984.

Grenzen der Internationalisierungsfähigkeit. Interkulturelles Handeln aus interaktionstheoretischer Perspektive

Jürgen Bolten

1. Internationalisierungsprobleme

Anläßlich der Übernahme des britischen Rover-Konzerns durch BMW im Februar 1994 konstatierte die deutsche Wirtschaftspresse bei aller Euphorie skeptisch, daß „Erfolgsbeispiele für länderübergreifende Fusionen /.../ in Europa immer noch Seltenheitswert" besäßen (Schlote 1994, 63). Mit Blick auf die nur wenige Monate zuvor nach jahrelanger erfolgreicher Kooperation gescheiterte Fusion zwischen Renault und Volvo dürften derartige Bedenken durchaus berechtigt sein. Zweifel betreffen indes weniger das neu geschaffene technische bzw. finanzielle Potential als vielmehr generell Internationalisierungsprobleme, die beim „Zusammenführen zweier eigenständiger Autobauer mit unterschiedlichen Mentalitäten" (Schlote 1994, 63) auftreten können. Bei Renault und Volvo hat sich die zu geringe Beachtung schwedischer Identitätsansprüche entsprechend negativ ausgewirkt[1]; bei BMW und Rover ist der Ausgang zwar noch ungewiß, aber vorsichtshalber und entgegen der Einschätzung renommierter Finanzanalysten wurde BMW von einer großen US-Rating-Agentur bereits unmittelbar nach Bekanntwerden des Kaufs auf die „Credit-Watch-List" gesetzt. Die Begründung bezieht sich – ebenfalls sehr allgemein – auf „Unsicherheiten und Schwierigkeiten, die üblicherweise mit der Zusammenführung zweier großer Konzerne verbunden sind" (Schlote 1994, 63).

Die hierin implizit enthaltene Erkenntnis, daß ökonomische Internationalisierungsprobleme keineswegs allein auf „harte" Faktoren reduziert werden können, hat in der Betriebswirtschaftslehre bereits in den frühen achtziger Jahren zu einer stärkeren Einbeziehung soziologischer und (organisations)psychologischer Fragestellungen geführt. Als eigenständige Forschungsrichtung konnte sich in diesem Zusammenhang die sog. „Kulturvergleichende Managementforschung"[2] etablieren, die sich im wesentlichen mit der Analyse kulturabhängiger Aspekte wirtschaftsbezogenen Handelns befaßt und auf deren Grundlage inzwischen eine Reihe von Ansätzen zur Konzeption interkultureller Trainingsprogramme entstanden sind.[3]

Die Akzeptanz derartiger Programme ist seitens der Unternehmen indes nicht sonderlich hoch, was zum Teil an mangelndem Problembewußtsein, zum Teil aber auch an der unzureichenden Qualität des Gebotenen liegen dürfte. Die Kritik zielt hierbei primär auf die Oberflächlichkeit und den Anekdotencharakter der Inhaltsvermittlung[4] sowie auf die damit verbundene Gefahr einer stereotypenbildenden Generalisierung konkreter Vergleichsbefunde.

Die Bedenken bestehen zu Recht, denn das (zumeist lediglich in synchronischer Perspektive vermittelte) Wissen um Ähnlichkeiten oder Unterschiede zwischen zwei Kulturen hilft nur bedingt, um Probleme in spezifischen Interaktionsbeziehungen etwa zwischen Renault und Volvo oder BMW und Rover erfassen und lösen zu können. So eindrucksvoll das Datenmaterial empirischer Untersuchungen wie etwa der von Hofstede auch wirken mag[5], es verführt zu verstärkter Stereotypenbildung und täuscht über die Tatsache hinweg, daß die Ergebnisse eines – letztlich statischen – Vergleichs zweier Kulturen nicht ohne weiteres auf die dynamische Situation des Interaktionsprozesses zwischen Angehörigen dieser Kulturen übertragen werden dürfen. Der Erkenntniswert kulturvergleichender Untersuchungen wird dadurch keineswegs geschmälert; er bezieht sich aber im Grunde genommen nur auf *intra*kulturelle Interaktionen im Kontrast[6]. Beschrieben wird somit lediglich ein – wenn auch unverzichtbarer – Teil der **Voraussetzungen** *inter*kultureller Prozesse, nicht aber der über Erfolg oder Mißerfolg eines Internationalisierungsvorhabens entscheidende Interaktionsprozeß selbst.

Ziel interkultureller Managementforschung muß es daher sein, Instrumentarien zu schaffen, die Möglichkeiten der Deskription und Analyse interkultureller Handlungs*prozesse* in der Wirtschaft eröffnen. Dies setzt eine Zuhilfenahme der Ergebnisse von synchronisch-diachronisch konzipierten Studien zum Kulturvergleich wirtschaftsbezogenen Handelns voraus, erfordert aber gleichzeitig einen methodischen Perspektivenwechsel: Es geht nicht darum, Eigen- und Fremdkultur unter dem Aspekt der besten Realisierbarkeit von kulturellen Dominanz- oder Kompromißmodellen zu kontrastieren, sondern darum zu zeigen, welche Synergiepotentiale die Interaktionsbeziehung (qua „Interkultur") birgt und welche nicht. Wo Synergiepotentiale nicht mehr auszumachen sind, zeichnen sich gleichzeitig die Grenzen der Internationalisierungsfähigkeit ab. Und daß derartige Grenzen bestehen, bzw. daß sich McLuhans „global village" nicht realisieren läßt, haben unter anderem zahlreiche fehlgeschlagene Standardisierungsversuche im Marketing gezeigt.

Ein wesentlicher Grund dafür, daß Internationalisierungs- oder Globalisierungsgrenzen häufig nicht gesehen oder falsch eingeschätzt werden, besteht in der Transmissionsperspektive, aus der heraus Internationalisierungsstrategien zumeist initiiert werden. Im Vordergrund steht bei diesem Verfahren nicht die Frage, wie sich in der Interaktion zwischen fremdkulturellen Partnern eigene „territoriale Grenzen" (Goffman 1982, 54) herausbilden und Verhaltensspielräume markieren, sondern die Intention, Eigenkulturelles wie z.B. Organisationsprinzipien oder Führungsstile möglichst reibungslos in Fremdkulturelles zu implementieren.

Kulturvergleichende Forschungen werden überwiegend in den Dienst dieser Bestrebungen gestellt, wobei diesbezüglich die sog. „Interkulturelle Kommunikationswissenschaft" ähnliche interaktionstheoretische Desiderate aufweist wie die interkulturelle Managementforschung.[8]

2. Interaktionstheoretische Implikationen: Kommunikation, Kultur und Interkulturalität als Definienda

Geht man u.a. mit N. Luhmann (1988) davon aus, daß jegliches soziale Handeln als eine Form der Kommunikation aufgefaßt werden kann, folgt hieraus selbstredend, daß die Begriffe „Kommunikation", „Kultur" und „Interkulturalität" als Schlüsselbegriffe einer Theorie interkultureller Interaktion fungieren. Hierbei stellt sich zunächst die Frage, inwieweit die Begriffe selbst bereits interaktionstheoretische Implikationen aufweisen.

(a) „Kommunikation"

Wie K. Merten (1977, 38) in einer umfangreichen Studie zur Verwendung des Kommunikationsbegriffs in geistes- und sozialwissenschaftlichen Forschungsarbeiten gezeigt hat, wird „Kommunikation" dort überwiegend nicht als symmetrischer, sondern als einseitiger Prozeß verstanden. Inhaltlich dokumentiert sich dies in Definitionen, die Kommunikation als „Transmission von etwas" (26,8% der untersuchten Arbeiten) oder als „Reiz-Reaktions-Handlung"(12,5%) bestimmen. Sofern Kommunikation als symmetrischer Prozeß verstanden wird, dominiert auch hier nicht die Bestimmung als Interaktionsprozeß (8,8%), sondern die als Austauschhandlung innerhalb einer Sender-Empfänger-Relation (11,3%).

Selbst wenn man in Rechnung stellt, daß Mertens Untersuchung bereits in den späten siebziger Jahren veröffentlicht wurde, dürfte sich an dem grundsätzlichen Befund bis heute nicht sehr viel geändert haben. Abgesehen von den Sprachwissenschaften steht immer noch das lineare informationstheoretische Kommunikationsmodell zur Diskussion, bei dem die Beziehung zwischen den Interaktionspartnern im Gegensatz zu dem propositionalen Gehalt des Kommunizierten (der „message") lediglich eine untergeordnete oder gar keine Rolle spielt. Bestätigt wird dies beispielsweise durch die unveränderte Gültigkeit der Lasswellschen Formel in der Marketing-Kommunikation („*Wer* sagt *was* auf *welchem Wege* zu *wem* mit *welcher Wirkung?*") oder durch einen Blick in nahezu jedes Lexikon wirtschaftswissenschaftlicher Begriffe unter dem Stichwort „Kommunikation".[9] Primär dominiert in allen Fällen das Verständnis von Kommunikation als Sprachdatenübermittlung.

Seit den späten 70er Jahren erfolgt allerdings zumindest in den Sprachwissenschaften eine stärkere Thematisierung der Doppelstruktur von Kommunikation im Sinne der Interdependenz von (a) Inhaltsaspekt und (b) Beziehungsaspekt. In der Lesart von Watzlawick (1990, 55) bedeutet dies: „Der Inhaltsaspekt vermittelt die 'Daten', der Beziehungsaspekt weist an, wie diese Daten aufzufassen sind." Anders als bei Definitionen, die dem Reiz-Reaktions-Schema folgen, schließt dies nicht nur wahrnehmbare Reaktionen ein, sondern über (b) auch Selbstwertkonzepte, Erwartungen und Erwartungs-Erwartungen der Beteiligten, also Selbst-, Fremd- und Metabilder. In das Kommunikationsmodell einbezogen werden auf diese Weise mit den kognitiven (handlungsleitenden) Schemata der Beteiligten auch die situativen Kontexte, in denen und auf deren Basis sie interagieren. Die Interaktion selbst vollzieht sich über einen entsprechend differenzierten Kommunikationskanal. Er schließt verbale, paraverbale, nonverbale und außerverbale Beziehungsaspekte ein.

Konstitutiv für die kommunikative Interaktion selbst ist als Schlüsselkategorie die der Reziprozität: Angesichts der Interdependenz von Inhalts- und Beziehungsebene konstruiert das Subjekt kommunikativen Handelns Realität nur mit anderen zusammen[10], was bedeutet, daß Handlungen des Subjekts nicht von denen des Anderen geschieden werden können. Aufgrund von Interaktionen ist das Tun des Subjekts kontingent und abhängig vom Tun des Anderen und *umgekehrt*. Jede vom Subjekt ausgehende Handlung hat einen Bezugspunkt in der reziproken Handlung des anderen, die *Rückmeldung* und *Kritik* bedeutet und auch Zwänge setzt" (Youniss 1984, 38). Bezogen auf die Selbstwertkonzepte, Erwartungen und Erwartungs-Erwartungen der Kommunikationspartner bedeutet dies, daß sie den Kommunikationsprozeß nicht nur konstituieren, sondern in ihm auch permanent und in jeweils veränderter Qualität generiert werden. Kommunikation als interaktionaler Prozeß läßt sich schematisch wie folgt darstellen:

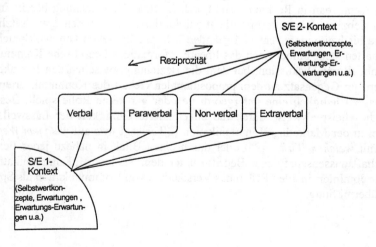

Wie zu zeigen sein wird, ist die Verwendung eines interaktionstheoretisch begründeten Kommunikationsbegriffs unabdingbare Voraussetzung, um eine Managementfoschung betreiben zu können, die das Attribut „interkulturell" zu Recht bei sich führt. Eine Orientierung an anderen, nicht-interaktiven Kommunikationsbegriffen läßt allenfalls kulturvergleichende bzw. -kontrastierende Ansätze zu.

(b) Kultur

Vergleichbar gravierende methodische Differenzen lassen sich in bezug auf Definition und Verwendung des Kulturbegriffs nicht feststellen. Sowohl kulturvergleichende als auch interaktionale Forschungsansätze gehen heute von einem erweiterten Kulturbegriff aus. Im Gegensatz zu älteren Ansätzen, die „Kultur" als Oppositionsbegriff z.B. zu „Natur" (u.a. Pufendorf, Schiller, Marx), „Zivilisation" (u.a. Kant, Spengler) oder „Massenkultur" (u.a. Marcuse) verwendet haben, ist hierbei grundsätzlich eine dynamische, gesellschaftsbezogene und Normsetzungen vermeidende Betrachtungsweise gewährleistet.[11] Das bedeutet freilich nicht, daß die Varianten moderner Kulturtheorie auf eine *mainstream*-Orientierung reduziert werden können. Unterscheiden lassen sich im Kontext der Verwendung des erweiterten Kulturbegriffs durchaus drei methodologische Richtungen, die als „materiale", „mentalistische" und „funktionalistische" bezeichnet werden können. Materiale Kulturtheorie orientiert sich im wesentlichen semiotisch an der Gesamtheit von Artefakten[12] als real hervorgebrachten sinnrepräsentierenden Leistungen einer Gesellschaft, womit Kultur „als Lebenswelt und Monument" (Assmann 1991) definierbar wird. Mentalistische Ansätze im Sinne der kognitiven Anthropologie Goodenoughs fassen „Kultur" konsequent immateriell auf. Bezeichnet wird damit der „Wissensvorrat, aus dem sich Kommunikationsteilnehmer, indem sie sich über etwas in der Welt verständigen, mit Interpretationen versorgen" (Habermas 1981, 209). Aus funktionalistischer Sicht erfährt das Kulturkonzept demgegenüber eine handlungstheoretische Fundierung im Sinne der sozialen Praxis eines universellen, für eine Gesellschaft, Organisation und Gruppe typischen Orientierungssystems (Thomas 1992a).

Gemeinsam ist den drei Ansätzen bzw. auf ihnen aufbauenden integrativen Konzeptionen[13] indes, daß Kultur - wie immer sie auch definiert wird - als kommunikativ vermittelte stets ein Resultat gesellschaftlich gebundener Interaktionsprozesse darstellt und dementsprechend nur mit synchronisch-diachronisch verfahrenden Analysemodellen dechiffrierbar wird.

In dieser Weise wird „Kultur" auch in betriebswirtschaftlichen Theorien zu unternehmens- oder organisationsbezogenen Subsystemen[14] im wesentlichen als „ein dynamischer und variabler Prozeß" aufgefaßt (Scholz/Hofbauer 1990, 11).

Im Gegensatz zu dem festgestellten Dissens bei der Interpretation des Kommunikationsbegriffs kann dementsprechend für den Kulturbegriff von einer weitgehend konsensuellen Deutung in Hinblick auf interaktionstheoretische Implikationen ausgegangen werden.

(c) Interkulturalität

Aus dem Gesagten folgt, daß die häufig konstatierten Unstimmigkeiten hinsichtlich dessen, was unter „interkulturell" zu verstehen ist, vermutlich nicht durch ein gravierend unterschiedliches Verständnis von „Kultur" bedingt sind. Gleiches gilt auf den ersten Blick in bezug auf das Präfix „inter", denn wenn Kultur konstitutiv ist für den Interaktionszusammenhang einer bestimmten Lebenswelt, kann *Interkulturalität* per definitionem nur das „Dazwischen", die Relation von Lebenswelten, bezeichnen.

Entscheidend für das Verständnis von „Interkulturalität" ist hierbei, daß besagte Relation nur mittels Kommunikation hergestellt werden kann; und zwar seitens derer, die als Vertreter kulturell unterschiedlicher Lebenswelten im Rahmen einer dynamischen Beziehung direkt oder indirekt miteinander kommunizieren. Nichts anderes bezeichnet dementsprechend auch der Terminus „Interkulturelle Kommunikation". Daß in der interkulturellen Kommunikations- bzw. Managementforschung dennoch ein teilweise sehr widersprüchliches Verständnis vom Gegenstandsbereich besteht, begründet sich mit der oben dargestellten Differenz hinsichtlich der Deutung von Kommunikationsprozessen.

Legt man einen informationstheoretischen Kommunikationsbegriff zugrunde, geht es im wesentlichen um Transmissionsaspekte z.B. in dem Zusammenhang, wie sich ein Unternehmen A strategisch verhalten muß, um auf einem fremden Markt B ein Produkt x möglichst erfolgreich absetzen zu können. Im Mittelpunkt stehen hierbei zumeist *inhaltliche* Fragestellungen im Sinne einer Sender-Empfänger-Relation (A⇨B) oder einer Reiz-Reaktions-Handlung (A⇔B), nicht so sehr jedoch Aspekte der eigentlichen *Interaktionsbeziehung* zwischen dem Unternehmen A und seinen Partnern auf dem Markt B. Perspektiviert werden also aus inhaltlichem Blickwinkel die Beziehungs*punkte* A und B, was - mehr oder minder explizit - nur vergleichend bzw. kontrastiv geschehen kann. Von A oder B (oder von einem Beobachterstandpunkt C) aus gesehen wird so zwar eine Relation hergestellt, bei der allerdings die Fixpunkte qua Resultate eine Rolle spielen und nicht der Prozeß, das „Dazwischen"(⇔), in dessen Rahmen die Resultate generiert werden.

Vor dem Hintergrund eines interaktionstheoretischen Kommunikationsbegriffs steht dagegen die Perspektivierung gerade der *Prozessualität* der Beziehung A⇔B selbst im Mittelpunkt. Das „Dazwischen" *ist* dabei der Prozeß oder die „Interkultur" (Bolten 1993a, 345).

In diesem Sinne focussiert der Begriff „Interkulturalität" immer auch Interaktionsprozesse, und er läßt sich genaugenommen nicht auf ausschließlich kulturvergleichende bzw. -kontrastive Ansätze anwenden. Die Mehrzahl der mit dem Etikett „interkulturell" versehenen Arbeiten tut dies jedoch, womit inzwischen nicht nur einer inflationären, sondern auch einer unsinnigen Begriffsverwendung Tür und Tor geöffnet worden sind. Letzteres bezieht sich auf Fälle, wo etwa Kulturunterschiede tautologisch als „interkulturelle Unterschiede"[15] bezeichnet werden; ersteres auf semantische Spitzfindigkeiten, die den Gebrauch von „interkulturell" auch dann zu rechtfertigen versuchen, wenn es sich um eindeutig kontrastive Sachverhalte handelt. Ein Beispiel hierfür ist die häufig anzutreffende Differenzierung zwischen „cross-cultural" und „intercultural":

Cross-cultural Studien zeigen eher die Ähnlichkeiten als die Unterschiede auf und versuchen, die für eine Umweltkultur entwickelte Theorie auf andere Kulturen zu übertragen. Inter-cultural Studien weisen mehr auf Unterschiede als auf Ähnlichkeiten hin und versuchen, den Einfluß der Umweltkultur auf die Organisation nachzuweisen (Hentze 1987, 171).

Abgesehen davon, daß beide Begriffe in der angelsächsischen Forschung faktisch durchweg synonym verwendet werden, indizieren ihre Definitionen keinen Bezug auf Interaktionsprozesse. In solchen Fällen sollte man daher besser von „Transkulturalität" sprechen[16]. Im Bereich der Managementforschung entspricht dies Analysen der „länderübergreifende/n/ Ausdehnung des unternehmerischen Aktionsfeldes" (Perlitz 1993, 9) – qua definitionem also Fragen der Internationalisierung. Insofern ist auch „internationales" von „interkulturellem" Management abzugrenzen: Während internationale Managementlehren im Sinne des Transmissionsgedankens primär strategische Lücken-Analysen durchführen und Markteintrittsstrategien diskutieren, stehen in der interkulturellen Managementforschung eher Fragen der Interaktion kulturell unterschiedlicher Unternehmensumwelten im Vordergrund. Arbeiten, die sich mit solchen Themenstellungen beschäftigen, sind in den Wirtschaftswissenschaften bislang ein Desiderat[17], obwohl ihre Notwendigkeit erkannt wird. Dülfer (1992, 213) konstatiert in diesem Zusammenhang, daß „eine rein statistische Analyse der Wechselbeziehungen zwischen tradierten ausgeprägten Kulturen und moderner Industrialisierung nicht ausreichen /kann/. Es bedarf einer dynamischen Betrachtungsweise, die an beobachtbare Zwischenformen und Veränderungsprozesse anknüpft."

Umgekehrt bedeutet dies freilich nicht, daß man auf entsprechende Länderstatistiken und kulturvergleichende bzw. -kontrastierende Arbeiten verzichten könnte. Sie bilden die Basis interaktionaler und in diesem Sinne interkultureller Analysen, sind es aber noch nicht selbst.

3. Fragestellungen interkultureller Kommunikationsforschung aus interaktionstheoretischer Sicht

Der Unterschied zwischen kontrastiven und interaktionalen Ansätzen materialisiert sich vor allem in der jeweiligen Art und Weise der Fragestellung, unter der z.B. Probleme internationalen bzw. interkulturellen Handelns in der Wirtschaft diskutiert werden. Exemplarisch mag dies eine Gegenüberstellung verschiedener aktueller Problemformulierungen in Hinblick auf ein geplantes Auslandsengagement -wie etwa bei BMW in Hinblick auf Rover- dokumentieren:

vergleichend/kontrastiv	interaktional
(a) Führungsverhalten Welcher Führungsstil dominiert (aus welchen Gründen) in dem Unternehmen der Zielkultur? Worin unterscheidet er sich von der Führungspraxis des eigenen Unternehmens, und wie kann man sich darauf einstellen?	Wie begründen sich Unterschiede im eigen- und fremdkulturellen Führungsverhalten vor dem Hintergrund der Entwicklung der jeweiligen Organisationskultur? Unter welchen Voraussetzungen sind die unterschiedlichen Führungsstile in einem gemeinsamen Interaktionsprozeß kompatibel?
(b) Entscheidungsfindung In welcher Hinsicht (und wodurch bedingt) verlaufen Prozesse der Entscheidungsfindung in Unternehmen der Zielkultur anders als im eigenen Unternehmen? Mit welchen Hindernissen muß gerechnet werden?	In welcher Hinsicht und wodurch bedingt verlaufen Prozesse der Entscheidungsfindung in Unternehmen der Zielkultur anders als im eigenen Unternehmen? Was passiert, wenn die unterschiedlichen Einstellungen in einem Interaktionsprozeß zusammengeführt werden, und wo verlaufen die jeweilen Akzeptanzgrenzen?
(c) Besetzungsstrategien Welche Positionen des Unternehmens der Zielkultur sind mit weniger kompetenten Führungskräften besetzt, als es im eigenen Unternehmen der Fall ist? Lohnt sich eine Entsendung?	Welche Konsequenzen hat die Besetzung bestimmter Positionen mit Führungskräften aus dem eigenen Unternehmen für den bestehenden Interaktionszusammenhang des Unternehmens der Zielkultur? Bis zu welchem Grad der Fremdbesetzung kann die Identität des Unternehmens gewahrt bleiben?
(d) Absatz Worin unterscheiden sich die Zielgruppen der verschiedenen Märkte? Ist die Ähnlichkeit so groß, daß standardisiertes Marketing möglich ist? Sind die Distributionskanäle so strukturiert, daß sie gemeinsam genutzt werden können?	Bis zu welcher Grenze wird ein standardisiertes Marketing von den Zielgruppen akzeptiert? Wie läßt sich diese Grenze kulturhistorisch begründen, und in welcher Weise sind ggf. Differenzierungen notwendig? Inwiefern wird bei gemeinsamer Nutzung von Distributionskanälen eine Markenidentität in Frage gestellt? Wie sehen mögliche Synergiepotentiale aus?
(e) Sprachenwahl Welche Sprache wird von der Mehrheit der Mitarbeiter beherrscht und eignet sich als lingua franca?	Wirft die Verwendung einer lingua franca interpersonal Probleme auf? Soll jeder seine Sprache sprechen und die fremde verstehen?

Deutlich wird, daß kulturvergleichende bzw. -kontrastive Fragestellungen zwar zu Problemformulierungen führen, hinsichtlich der Lösungsmöglichkeiten aber eher vage bleiben und die Steuerung des Interaktionsprozesses letztlich der Intuition überlassen. Denn das Wissen um die kulturelle Verschiedenheit z.B. von Organisationssystemen impliziert noch keine Handlungsfähigkeit: Bedingt durch eine Vielzahl von Faktoren wie u.a. das jeweils individuelle Selbst-, Fremd- und Metabild der Beteiligten, ihre gegenseitigen Erwartungen und das eventuell bereits bestehende Netz von Routinehandlungen in der Interaktionsbeziehung, konstituiert sich eine „Interkultur", in deren Rahmen oberflächenstrukturell keiner der Agierenden sich so verhält, wie er es in seiner eigenen Kultur tun würde. Das durch die kulturvergleichende Managementforschung vermittelte Wissen kann dementsprechend auch nur grobe Orientierungen bieten.

Interaktionale Fragestellungen bauen auf Kulturvergleichen auf und zielen auf eine Thematisierung der Auswirkungen kultureller Andersartigkeit(serwartungen). Wie die oben skizzierten Fragestellungen zeigen, geht es dabei in allen Fällen um eine Bestimmung der Grenzen gegenseitiger Assimilationsfähigkeit; um Aspekte der Situierung von Akzeptanzgrenzen und um mögliche Synergiepotentiale.

Daß derartige Grenzen bestehen, hat R. Münch im Rahmen seiner Darstellung der „Dialektik globaler Kommunikation" nachgewiesen: Jede Form von Globalisierung bzw. Internationalisierung, die kulturbedingte (und als solche nicht unbedingt explizite) Widerstände ignoriert, provoziert langfristig die „Revitalisierung autochthoner Kultur-Muster und Reaktivierung des traditionellen Lebensstils" (Münch 1991, 39). Was gerade zur Zeit im politischen Bereich durch eine Vielzahl von Beispielen belegt wird, gilt in ähnlicher Form für Internationalisierungsstrategien im wirtschaftsbezogenen Handeln. Mit anderen Worten: Internationalisierung ist -zumindest dann, wenn sie nicht unter Berücksichtigung interaktionaler Aspekte praktiziert wird- ein Oberflächenphänomen. Verdeutlicht wird dies am Beispiel der Erfahrung, daß Anpassungen im äußeren Erscheinungsbild (z.B. europäische Kleidung, amerikanische Umgangsformen) falsch eingeschätzt werden. Diese verhindern keineswegs, daß der so auftretende Kommunikationspartner doch in seiner Denkweise, seinen Wertbegriffen und seinen Konfliktlösungsmethoden durch seine authochthone Kultur geprägt bleibt. Das kann in entsprechenden Situationen auch zu einem plötzlichen Wandel im Verhalten führen (Dülfer 1992, 400).

Um das Risiko des Mißlingens interkultureller Interaktionen kalkulierbar zu machen, ist es folglich notwendig, die jeweils kulturgebundenen Akzeptanzgrenzen der Interaktionspartner zu kennen und hinsichtlich ihrer Auswirkungen auf das gemeinsame Handeln bestimmen zu können.

4. Zur Theorie „territorialer Übertretungen" in interkulturellen Kontexten

Grenzen der Interaktionsfähigkeit in oben beschriebenem Sinn bestehen natürlich auch in *intra*kulturellem Handeln. Sie werden z.B. immer dann erreicht, wenn Alltagshandlungen erklärungsbedürftig werden, weil sie gegen Normalitätserwartungen verstoßen und dementsprechend nicht mehr „plausibel" wirken. Normalitätserwartungen sind jedoch wiederum abhängig von jeweils individuellen Interaktionsbeziehungen, so daß selbst innerhalb einer Kultur keine allgemeingültigen Generalisierungen bezüglich dessen möglich sind, was als Handlungsnorm zu gelten hat und was dagegen verstößt. So werden bestimmte Handlungen in asymmetrischen Interaktionssituationen als durchaus normentsprechend bewertet, die in symmetrischen Handlungssituationen unplausibel wären. Im ersten Fall würde die Interaktion störungsfrei fortgesetzt, im letzten Fall könnte es dagegen zum Abbruch der Beziehung kommen.

Entscheidend ist also nicht die Handlung als solche, sondern der Handlungsspielraum, der von den Interaktionspartnern situativ gesetzt, markiert und in seinen Grenzen permanent korrigiert wird. Korrekturen erfolgen hierbei interpretativ unter Maßgabe der individuellen Einschätzung dessen, was den Normalitätsannahmen des Interaktionspartners noch entspricht und was nicht. Sie bestimmen gleichzeitig die Interaktionsdistanz und erweisen sich damit als handlungsleitend.

E. Goffman (1982, 58f) hat diesen Prozeß der permanenten Neubestimmung von Interaktionsgrenzen sehr pointiert am Beispiel der Selbstregulierungsmechanismen in einem sich füllenden und wieder leerenden Fahrstuhl beschrieben: Indem die Mitfahrenden ihre räumliche Distanz zueinander in bezug auf die Gesamtverteilung stets neu bestimmen, wahren sie die jeweiligen „territorialen Grenzen", die ein Individuum unter den jeweils gegebenen Umständen für normal erachtet. Verletzt wird ein in dieser Weise abgestecktes „Territorium des Selbst" (Goffman 1982, 54), wenn der individuelle Handlungsspielraum entgegen den Erwartungen des Selbst eingeengt wird. Bis zu einem bestimmten Ausmaß der Grenzverletzung entspricht dies allerdings wiederum Normalitätserwartungen. Aus sozialanthropologischer Sicht begründet E.Leach dies wie folgt:

Grenzen trennen soziale Raum-Zeit-Zonen, die je für sich *normal, zeitlich, klar umrissen, zentral* und *profan* sind, die räumlichen und zeitlichen Markierungen jedoch, die die Grenzen bilden, sind *nichtnormal, mehrdeutig, am Rande* und *heilig*. Aber warum ist das ‚Heilige', nicht normal, zeitlos, mehrdeutig und marginal?' /.../ Es besteht immer eine gewisse Unsicherheit darüber, wo genau der Rand der Kategorie A in den Rand der Kategorie Nicht-A übergeht; und immer wenn wir innerhalb eines einheitlichen (räumlichen oder zeitlichen) Berciches Kategorienunterscheidungen vornehmen, kommt es auf die Grenzen an; wir konzentrieren uns auf die Unterschiede, nicht die Ähnlichkeiten, und so kommen wir zu dem Gefühl, daß die Grenzmarkierungen einen besonderen Wert haben /.../.(Leach 1978, 48)

Folgerichtig wird drohendes Konfliktpotential in der Regel wiederum durch hierfür bereitstehende ritualisierte Ordnungen abgefangen. Hierzu zählen paradigmatisch etwa Entschuldigungen und Rechtfertigungen im Rahmen von Harmonisierungs- und Nivellierungsstrategien (Keller 1984, 256).

Stehen derartige ritualisierte Reparaturmechanismen in selbstregulierender Form jedoch nicht zur Verfügung, wird die Handlung als territoriale Übertretung bewußt und mit entsprechenden Abwehrmaßnahmen geahndet.

Unter diesem Aspekt sind *intra*kulturelle Interaktionen nicht per se weniger störanfällig als *inter*kulturelle. Im Gegenteil: gerade weil interkulturelles Handeln bis zu einem bestimmten Intensitätsgrad eher durch Andersartigkeits- als durch Normalitätserwartungen geprägt ist, zeichnet es sich durch eine größere Interaktionsbewußtheit aus, die ihrerseits vor unbedachten „territorialen Übertretungen" schützen kann. Hinzu kommt, daß auch in der interkulturellen Interaktion sukzessive ein konsensfähiges Netz von Verhaltensnormen (qua Interkultur) generiert wird, das Routinehandlungen ermöglicht und seinerseits auf der Basis von Selbstregulierungsmechanismen funktioniert. Aus diesem Grund ergeben Befragungen von Auslandsmanagern auch zumeist einen relativ hohen Zufriedenheitsgrad und ein entsprechend geringes Problembewußtsein in bezug auf ihre Tätigkeit.

Lohnenswert wäre indes eine empirische Untersuchung, die Aufschluß über die Relation zwischen dem Zufriedenheitsgrad in einer interkulturellen Interaktionsbeziehung einerseits und deren Intensität andererseits geben würde. So sind im Bereich der interkulturellen Wirtschaftskommunikation zahlreiche Fälle bekannt, in denen die internationale Zusammenarbeit lange Zeit weitgehend reibungslos verläuft, bevor irgendwann Mißverständnisse virulent werden, die weder erklärt noch kompensiert werden können. Das Scheitern der Interaktionsbeziehung ist dann vorprogrammiert (wobei sich die Höhe des entstehenden Kostenaufwands mindestens proportional zur Dauer der Kooperation verhält).

Die Erklärung dieses Sachverhalts ist naheliegend: In verkürzter Darstellung eines Schichtenmodells individueller Handlungsvoraussetzungen (Dülfer 1992, 207) kann man davon ausgehen, daß jede individuelle Interaktion determiniert ist durch (a) die Einschätzung des jeweils aktuellen situativen Kontextes, (b) die dieser Einschätzung zugrunde liegenden Sozialisationsbedingungen (im weiteren Sinne) und (c) den „kulturellen Wissensvorrat" (Habermas 1981, 209), der sich als „kollektives Gedächtnis" einer Kultur wiederum sozialisationsbestimmend auswirkt (Assmann 1988, 9).

Wahrnehmungen individuellen Handelns innerhalb einer Interaktionssituation beziehen sich zwangsläufig auf die Oberfläche eines solchen Schichtenmodells.

Hinsichtlich der handlungsdeterminierenden Tiefenstrukturen besteht – auf alle Interaktionspartner bezogen – ein jeweils mehr oder minder explizites Vorverständnis, das die De- und Encodierungsvorgänge des Interaktionsprozesses bestimmt.[18]

De- und Encodierungsvorgänge sind in der Regel Routinehandlungen und folgen ihrerseits dem Prinzip des situationsbedingt geringsten Aufwandes. Ihr Ziel ist es, Reziprozität zu sichern und Plausibilität herzustellen. Bezogen auf Rezeptionsvorgänge geschieht dies in der Weise, daß Codes verbalen, non-verbalen, para- und außerverbalen Handelns auf Schemata des individuellen Wissensvorrats reduziert und entsprechend interpretiert werden. Grundsätzlich sind hierbei drei Varianten denkbar:

1. En- und Decodierungsschemata der Interaktionspartner sind weitgehend kompatibel: Mißverständnisse oder „Territoriumsverletzungen" können zwar auftreten, werden aber durch Selbstregulierungsmechanismen harmonisiert, nivelliert oder exterritorialisert.

    a. En- und Decodierungsschemata der Interaktionspartner sind vollständig inkompatibel: Es resultiert Nichtverstehen, so daß territoriale Übertretungen nicht möglich sind.

    b. En- und Decodierungsschemata der Interaktionspartner sind teilweise inkompatibel: Codes werden auf Wissensschemata reduziert, die bei dem Interaktionspartner nicht oder in anderer Weise existieren.[19] Sofern dies nicht erkannt bzw. thematisiert wird, verläuft die Interaktion unter ungleichen Prämissen und erzeugt latente Mißverständnissituationen, die letztlich nicht mehr durch ritualisierte Ordnungen abgefangen werden können.

Für die zuletzt genannte Variante sind *inter*kulturelle Interaktionen aufgrund der unterschiedlich konstituierten Tiefenstrukturen individuellen Handelns anfälliger als *intra*kulturelle Interaktionen. Während z.B. sozialisationsbedingte *intra*kulturelle Mißverständnisse oder Territoriumsverletzungen tiefenstrukturell stets auf der Ebene eines gemeinsamen kulturellen Wissensvorrats oder „Ethos"[20] abgefangen werden können, ist dies in *inter*kulturellen Kontexten nicht in jedem Fall möglich. Je nachdem, ob sich die unterschiedlichen kulturellen Wissensvorräte überkreuzen oder nicht, liegt tiefenstrukturell nur partiell ein gemeinsamer Code vor. Entsprechend dem beschriebenen Plausibilitätsstreben von En- und Decodierungsvorgängen werden jedoch alle Oberflächenphänome (also die wahrnehmbaren Handlungen des Interaktionspartners) in der Regel so interpretiert, als ob sie tiefenstrukturell kompatiblen Voraussetzungen entstammten. Dies gilt in zunehmendem Maße, je intensiver (und damit ritualisierter) eine Interaktionsbeziehung wird und je stärker Normalitätsannahmen ihren Verlauf bestimmen. Die Interaktionsbewußtheit nimmt dabei sukzessive ab, so daß letztlich auch Strategien der Reziprozitätssicherung wie etwa das metakommunikative Thematisieren tiefenstruktureller Differenzen[21] nicht mehr angewendet werden. Auf diese Weise baut sich gleichsam hinter dem Rücken der Interaktionspartner ein Mißverständnispotential auf, das gerade aufgrund seiner langwierig-latenten Genese und seiner entsprechend komplizierten Vernetzung nicht mehr oder nur sehr schwer reparabel ist.

Vor diesem Hintergrund erklärt sich selbstredend, weshalb kulturräumlich benachbarte Internationalisierungsvorhaben keineswegs reibungsloser verlaufen müssen als weiter voneinander entfernte, und weshalb globales wirtschaftliches Handeln zunächst durchaus Erfolge verzeichnen, zu einem bestimmten Zeitpunkt aber seiner eigenen Dialektik zum Opfer fallen kann.[22]

5. Konsequenzen für die Praxis interkulturellen Handelns in der Wirtschaft

Die Grenzen wirtschaftsbezogener Internationalisierungsprozesse verlaufen folglich dort, wo die „territorialen Grenzen" der Selbstkonzepte der Beteiligten nicht mehr flexibel sind, wo aus Gründen der Selbstbehauptung kein Handlungsspielraum mehr gewährt werden kann. Für die Praxis interkulturellen Handelns ergeben sich hieraus verschiedene Problemstellungen:

a. Im Gegensatz zu intrakulturellen Interaktionen basieren Interpretationen des Handlungsspielraums und seiner Grenzen in der „Interkultur" nicht unbedingt auf einem seitens der Beteiligten kompatiblen und eo ipso handlungskonstitutiven kulturellen Wissensvorrat: Was A als „Territoriumsverletzung" verbucht, aber aus bestimmten Gründen vielleicht nicht zu erkennen gibt, wird von B in dieser Weise überhaupt nicht wahrgenommen.

b. Territoriale Grenzen in dem beschriebenen Sinn sind individuen- bzw. prozeßabhängig und daher nicht generalisierbar: Selbstkonzepte (auch solche von Organisationen) ändern sich vor allem aufgrund *intra*kultureller Interaktionen. Angesichts ihrer Interdependenz mit Fremd- und Metabildern können sich dementsprechend schnell auch die Handlungsvoraussetzungen für *inter*kulturelle Interaktionen wandeln.[23]

c. Was oberfächenstrukturell im Kontext interkultureller Interaktionen konsensfähig und plausibel erscheinen mag, ist tiefenstrukturell nicht unbedingt resistent gegenüber autochthonen Kulturmustern. So können beispielsweise Innovationen zunächst (und für sich gesehen) als durchaus wünschenswert eingeschätzt werden. Ihre Realisierung zeigt allerdings häufig, daß ihnen im Sinne des dargestellten Schichtenmodells gleichsam der „Unterbau" fehlt, so daß der mit einer Innovation automatisch neu bestimmte Handlungsspielraum das Selbstkonzept verletzt und damit die Funktionsfähigkeit eines traditionell gewachsenen Systemzusammenhangs beeinträchtigt. Beispiele hierfür sind massiv ethnozentrisch vorgenommene Personalbesetzungsmaßnahmen oder zu schnell vollzogene Um-Brandings im Marketing.

Angesichts der Komplexität dieser Problemstellungen interkulturellen Handelns lassen sich universelle Lösungsmöglichkeiten natürlich nicht formulieren. Was aus der skizzierten „Theorie territorialer Übertretungen" für die Praxis interkulturellen Handelns in der Wirtschaft resultiert, kann thesenartig jedoch wie folgt zusammengefaßt werden:

1. Jedes „going international" vollzieht sich – direkt oder indirekt – als eine Form interkultureller Interaktion in den Dimensionen verbalen, non-verbalen, paraverbalen und außerverbalen Handelns. Zu berücksichtigen ist hierbei einerseits die Interdependenz von Inhalts- und Beziehungsebene und andererseits der Systemcharakter der Dimensionen untereinander, was vor allem bei der Konzeption schriftlicher Texte deutlich wird (Schröder 1993; Bolten/Dathe/Kirchmeyer 1994).

2. Die Inhaltsebene vermittelt Daten über die Interaktionspartner und über das Vorhaben, um dessen Realisierung es in der Interaktion geht. Betriebs- und volkswirtschaftliche Analysen orientieren sich hierbei an „harten" Faktoren der beteiligten Unternehmen und ihrer Aufgabenumwelten (Finanzen, Steuern, Wirtschaftsrecht, Distribution etc.). Sie verfahren im wesentlichen synchronisch. Ergänzt werden sie im Rahmen der kulturvergleichenden Managementforschung durch diachronisch-ursachenanalytische Untersuchungen des unternehmerischen Handlungsfeldes der Zielkultur im Vergleich zur Ausgangskultur (Wirtschaftsethik, Unternehmenskultur, Selbst-, Fremd-, Metabilder etc.).

3. Die Analyse der Beziehungsebene baut auf dem Wissen um die unter (2) ermittelten Daten auf. Ihr Gegenstand ist die Prozessualität der Interkultur. Sie zielt dabei einerseits auf eine Bestandsaufnahme, andererseits auf eine Folgeabschätzung der Interaktion kulturell unterschiedlich konstituierter Selbstkonzepte. Im Mittelpunkt steht hierbei ineins mit einer Markierung möglicher Handlungsspielräume die Bestimmung der jeweiligen Akzeptanzgrenzen vollzogener oder geplanter Handlungen. Zum Zweck einer langfristigen Erfolgssicherung des Projekts (und damit der Interkultur) ist es notwendig, die Kompatibilitätsgrenzen tiefenstruktureller Handlungsvoraussetzungen im Prozeß ihres interaktiven Zusammenwirkens zu klären.[24] Dies gelingt, wenn die unterschiedlichen Handlungsvoraussetzungen gemäß (2) bekannt sind, und wenn die Beteiligten über ein hohes Maß an Interaktionsbewußtheit verfügen.

Selbstredend folgt hieraus, daß punktuelle Vorbereitungsmaßnahmen wie landeskundliche Seminare oder interkulturelle Trainings[25] allein nicht ausreichen, um den Erfolg internationaler Projekte langfristig zu sichern. Allgemeine Fähigkeiten wie Rollendistanz, Kommunikationsbewußtheit, Empathie und Ambiguitätstoleranz sind für erfolgreiches interkulturelles Handeln zweifellos unabdingbar und können in entsprechenden Trainingsmaßnahmen auch – zumindest partiell – vermittelt werden. Internationale Projekte bedürfen aus genannten Gründen allerdings einer *kontinuierlichen* Analyse ihrer Prozessualität, die stets einen *konkreten* Einzelfall darstellt, der auch als solcher reflektiert werden will. Erfahrungsgemäß kann dies von den unmittelbar Beteiligten allein in immer geringerem Maße bewältigt werden, je komplexer der Systemzusammenhang ist, in dem sie arbeiten. Vor diesem Hintergrund erlangt das neu geschaffene Berufsbild des „Consultant für Interkulturelles Management"[26] einen Stellenwert, dessen Bedeutung in den kommenden Jahren erheblich zunehmen wird.

Anmerkungen

1 Vgl. Gamillscheg (1993, 11).
2 Vgl. die Forschungsberichte bei: Hentze (1987) und Kumar (1988).
3 Vgl. den Überblick bei Thomas/Hagemann (1992).
4 Vgl. Pfaller/Heibutzki (1991, 33).
5 Hofstede hat in 66 Ländern insgesamt 117.000 IBM-Angestellte u.a. zu persönlichen Werten und Zielen, zur Wahrnehmung der Arbeitssituation und zur Arbeitszufriedenheit befragt und damit die bislang umfangreichste empirische Studie zum kulturvergleichenden Management erstellt. Vgl. Hofstede (1980; 1993).
6 Vgl. Knapp (1990, 75).
7 Vgl. Usunier (1993).
8 Vgl. den Forschungsüberblick bei Knapp (1990). Knapp konstatiert zu Recht, daß interaktionistische Ansätze in der interkulturellen Kommunikationsforschung gegenüber kulturkontrastiven Konzeptionen bislang noch eine sehr untergeordnete Rolle spielen.
9 Vgl. z.B. Dichtl/Issing (Hg.), Vahlens Großes Wirtschaftslexikon. München 1987, Bd.1, S.1026 oder Beger u.a (1989, 37).
10 Das gilt sowohl für komplementäre als auch für symmetrische Formen der Reziprozität. So macht Youniss (1984, 40f) darauf aufmerksam, daß auch dann, wenn die Teilnehmer unter ungleichen Voraussetzungen miteinander kommunizieren, keineswegs eine einseitige Handlung vollzogen wird. Als Beispiel verweist er darauf, daß Erwachsene Mitteilungen wie Befehle o.ä. den (erwarteten) Reaktionen der Kinder anpassen. J.Youniss, Moral, kommunikative Beziehungen und die Entwicklung der Reziprozität.
11 Vgl. u.a. Kretzenbacher (1992) sowie Bühl (1987), Brackert/Wefelmeyer (1990) sowie J.S.Krulis-Randa (1990, 7ff).
12 Unter Artefakt wird in der Anthropologie und Ethnologie alles das verstanden, was vom Menschen gemacht ist; also z.B. Werkzeuge, Häuser etc.
13 Vgl. hierzu die Überlegungen bei Loenhoff (1992, 138ff).
14 Vgl. z.B. v. Keller (1982) sowie den Forschungsbericht bei Scholz/Hofbauer (1990).
15 so z.B. Dethloff (1993, 40 u.ö.). Gleiches betrifft freilich auch die Stilisierung eines realter „kulturellen" Vergleichs zum „interkulturellen Vergleich". Vgl. z.B. Müller (1992, 115).

16 Daß diese Perspektive i.S. kulturvergleichender Arbeiten eine unabdingbare Voraussetzung für interaktionstheoretische Untersuchungen darstellt, belegen eindrucksvoll die Beiträge in: Reimann (1992).

17 Auch Hofstedes stets unter dem Ettikett „interkulturell" zitierte Untersuchung „Cultures Consequences" erfüllt diese Ansprüche nicht, da sie letztlich auf einen Kulturvergleich hinausläuft.

18 Genau genommen handelt es sich um eine Wechselbestimmung, da das Vorverständnis während des Interaktionsprozesses ebenfalls verändert werden kann.

19 Ein Beispiel hierfür ist die Interpretation ostasiatischen Lächelns durch Europäer.

20 Im Sinne der Definition Bubners: „Das Ethos entstammt den jeweils gegebenen Lebensbedingungen, es unterliegt dem Wandel der Umstände, verändert sich in neuen sozialen Lagen und bewahrt doch wieder und wieder seine Leistung der Ermöglichung kollektiven Handelns. Als Ethos wollen wir die bestimmten Formen der eingelebten, von Erziehung und Tradition weitergereichten, im konkreten Tun bestätigten Regelungen des gemeinsamen Handelns bezeichnen, die alle oder doch eine weit überwiegende Mehrzahl der Handelnden eint. Diese gesellschaftliche Institution ist weder bewußt geschaffen noch von zuständigen Instanzen weise ins Werk gesetzt worden." R. Bubner (1984, S.177).

21 Die Anwendung derartiger Strategien ist selbst natürlich wiederum kulturell determiniert.

22 Dies gilt in gewisser Hinsicht auch intrakulturell, wenn man z.b. an die Marketing-Erfolge westdeutscher Produzenten in Ostdeutschland bis etwa 1991/92 und die nachfolgende Rückbesinnung ostdeutscher Konsumenten auf „heimische" Produkte denkt.

23 So ist beispielsweise die geplante Fusion von Renault und Volvo genau zu dem Zeitpunkt gescheitert, als Volvo im Gegensatz zu Renault plötzlich erhebliche Umsatzsteigerungen verzeichnen konnte. Die Folge war ein erneutes Aufflammen anti-europäischer Standpunkte auf schwedischer Seite, denen sich letztlich auch die beschlußfassende Aktionärsversammlung beugen mußte. Ein „Renaulvo"-Konzern mit den im Namen angedeuteten französischen Führungsansprüchen war damit undenkbar geworden.

24 Hierzu zählt z.B. die Frage, wie und in welchem Umfang die Sozialisation in einem bestimmten religiösen Kontext direkt oder indirekt Auswirkungen auf das Führungsverhalten hat, und was resultiert, wenn entsprechend unterschiedliche Führungskonzeptionen interagieren: Wie formulieren sich Synergiepotentiale und wo können tiefenstrukturell Selbstkonzept-Netzwerke in bestandskritischer Weise verletzt werden?

25 Zur Struktur eines interaktionstheoretisch konzipierten interkulturellen Trainingsprogramms vgl. Bolten (1993).

26 Die Ausbildung wird bislang lediglich an der Universität Jena im Rahmen eines achtsemestrigen Magister-Nebenfachstudiums „Interkulturelle Wirtschaftskommunikation" durchgeführt (seit 1992). Zu den Studieninhalten zählen Lehrveranstaltungen zur wirtschaftsbezogenen Kulturgeschichte der Eigen- und einer frei wählbaren Zielkultur (Frankreich, Großbritannien, Italien, Japan, Rußland, USA), zum Bereich „Interkultur" einschließlich interkulturellem Handlungstraining und Joint-Venture-Analysen sowie Seminare in den Fächern BWL/VWL, Internationales Management, Kulturanthropologie, Kommunikationstheorie, Wirtschaftslinguistik und Didaktik interkulturellen Lehrens und Lernens. Teile des Studiums sind identisch mit dem Diplomstudiengang „Betriebswirtschaftslehre/Interkulturelles Management", so daß ein Auslandspraktikum und der Erwerb von zwei Wirtschaftsfremdsprachen obligatorisch sind.

Literatur

Assmann 1988 = Kultur und Gedächtnis. Hrsg. v. Jan Assmann, Tonio Hölscher. Frankfurt/M. 1988.
Assmann 1991 = A. Assmann: Kultur als Lebenswelt und Monument. In: Kultur als Lebenswelt und Monument. Hrsg. v. A. Assmann, D. Harth. Fft. 1991, 11-25.

Beger 1989 = Rudolf Beger, Hans-Dieter Gärtner, Rainer Mathes: Unternehmenskommunikation. Grundlagen, Strategien, Instrumente. Frankfurter Allgemeine. Wiesbaden, Frankfurt/Main 1989.

Bergemann 1992 = Interkulturelles Management. Hrsg. v. Niels Bergemann, A.L.J. Sourissaux. Heidelberg 1992.

Berndt 1993 = Ralph Berndt: Das Management der Internationalen Kommunikation. In : Handbuch Marketing-Kommunikation. Strategien – Instrumente – Perspektiven – Werbung – Sales Promotion – Public Relations – Corporate Identity – Sponsoring – Product Placement. Hrsg. v. Ralph Berndt, Arnold Hermanns. Wiesbaden 1993, 769-808.

Bolten 1993 = Jürgen Bolten: Grenzziehungen als interaktionaler Prozeß. In: Jahrbuch DaF 19. 1993, 255-276.

Bolten 1993a = Jürgen Bolten: Life-World Games. In: European Journal of Education 28. 1993. H.3. 339-348.

Bolten/Dathe/Kirchmeyer 1994 = Jürgen Bolten, Marion Dathe, Susanne Kirchmeyer, Marc Roennau, Peter Witchalls, Sabine Ziebell-Drabo, Interkulturalität, Interlingualität und Standardisierung bei der Öffentlichkeitsarbeit von Unternehmen. Gezeigt an amerikanischen, britischen, deutschen, französischen und russischen Geschäftsberichten. In: Fachliche Textsorten hrsg. v. D. Baumann/H. Kalverkämper. Tübingen 1994.

Bolten 1995 = Jürgen Bolten: Interkulturelles Management. Consulting und Training aus interaktionstheoretischer Perspektive. Erscheint in: Jahrbuch DaF 21. 1995.

Brackert/Wefelmeyer 1990 = Kultur. Bestimmungen im 20.Jahrhundert. Hrsg. v. H.Brackert /F. Wefelmeyer. Frankfurt/Main 1990.

Bubner 1984 = Geschichtsprozesse und Handlungsnormen. Frankfurt/Main 1984.

Bühl 1987 = W.L. Bühl: Kulturwandel. Für eine dynamische Kultursoziologie. Darmstadt 1987.

Dethloff 1993 = U. Dethloff, Interkulturalität und Europakompetenz. Tübingen 1993.

Dülfer 1992 = Eberhard Dülfer: Internationales Management in unterschiedlichen Kulturbereichen. München, Wien, 2. Auflage 1992.

Gamillscheg 1993 = Hannes Gamillscheg: Ultima Thule – oder wie der 'Renolvo' in den Graben gefahren wurde. In: Frankfurter Rundschau v. 4.12.93, S.11.

Goffmann 1991 = Erving Goffman: Interaktionsrituale. Über Verhalten in direkter Kommunikation. 2. Aufl. Frankfurt/Main 1991.

Goffmann 1982 = Erving Goffman: Das Individuum im öffentlichen Austausch. Mikrostudien zur öffentlichen Ordnung. Frankfurt/Main 1982.

Goodenough 1971 = Ward H. Goodenough: Culture, language and society. Reading, Massachusetts 1971.

Gumperz 1977 = John J. Gumperz: The Conversational Analysis of Interethnic Communication. In: Interednic Communication. edited by E.L. Ross. University of Georgia Press 1977.

Habermas 1981 = Jürgen Habermas: Theorie des kommunikativen Handelns. Bd. 2. Frankfurt/Main 1981.

Hentze 1987 = J. Hentze: Kulturvergleichende Managementforschung. In: Die Unternehmung 41. 1987. Nr.3. 170-185.

Hofstede 1980 = Geert Hofstede: Culture's Consequences. Beverly Hills u. a. 1980.

Hofstede 1993 = Geert Hofstede: Interkulturelle Zusammenarbeit. Kulturen – Organisationen- Management. Aus dem Engl. von Nadia Hasenkamp und Anthony Lee. Wiesbaden 1993.

Kiechl 1990 = Rolf Kiechl: Ethnokultur und Unternehmungskultur. In: Die Unternehmenskultur: ihre Grundlagen und ihre Bedeutung für die Führung der Unternehmung. Hrsg. v. Charles Lattmann. Heidelberg 1990, 107-130.

Knapp 1990 = K. Knapp, A. Knapp-Potthoff: Interkulturelle Kommunikation. In: Zeitschrift für Fremdsprachenforschung 1. 1990, 62-93.

Kretzenbacher 1992 = H.L. Kretzenbacher: Der „erweiterte Kulturbegriff" in der außenpolitischen Diskussion der Bundesrepublik Deutschland. In: Jahrbuch DaF 18. 1992, 157-169.

Krulis-Randa 1990 = Jan S. Krulis-Randa: Einführung in die Unternehmenskultur. In: Die Unternehmenskultur: ihre Grundlagen und ihre Bedeutung für die Führung der Unternehmung. Hrsg. v. Charles Lattmann. Heidelberg 1990, 1-20.

Kumar 1988 = Nino Kumar: Interkulturelle Managementforschung. In: Wirtschaftswissenschaftliches Studium 17. 1988. H.8. 389-394.

Keller 1982 = Rechtfertigungen. Zur Entwicklung praktischer Erklärungen. In: Soziale Interaktion und soziales Verstehen. Beiträge zur Entwicklung der Interaktionskompetenz. Hrsg. v. W. Edelstein und Jürgen Habermas. Frankfurt/Main 1982, S. 253-299.

Leach 1978 = Kultur und Kommunikation. Frankfurt/Main 1978.

Loenhoff 1992 = J. Loenhoff: Interkulturelle Verständigung. Opladen 1992.

Luhmann 1988 = Niklas Luhmann, Organisation. In: Mikropolitik. Rationalität, Macht und Spiele in Organisationnen hrsg. v. W. Küpper/G. Ortmann. Opladen 1988, S. 165-186.

Merten 1977 = K. Merten: Kommunikation. Eine Begriffs- und Prozeßanalyse. Opladen 1977.

Müller 1992 = Stefan Müller, Entscheidungsfindung. Eine interkulturelle Beziehung am Beispiel Japan. In: Interkulturelles Management. Hrsg. v. N. Bergemann/A.L.J. Sourisseaux. Heidelberg 1992, S. 111-140.

Münch 1991 = R. Münch: Dialektik globaler Kommunikation. In: Transkulturelle Kommunikation. Hrsg. v. H. Reimann. 1991.

Perlitz 1993 = Manfred Perlitz: Internationales Management. Stuttgart, Jena 1993.

Pfaller 1991 = P. Pfaller, H.J. Heibutzki: Kulturschock durch Scheuklappen. In: Management Wissen, H. 10, 1991, 16-35.

Reimann 1992 = Transkulturelle Kommunikation und Weltgesellschaft. Hrsg. v. H. Reimann. Opladen 1992.

Schlote 1994 = S. Schlote: Pläne durchkreuzt. In: Wirtschaftswoche, Nr. 6 vom 4.2.1994, 63.

Scholz 1990 = C. Scholz, W. Hofbauer: Organisationskultur. Wiesbaden 1990.

Schröder 1993 = Hartmut Schröder: Interkulturelle Fachkommunikationsforschung. Aspekte kulturkontrastiver Untersuchungen schriftlicher Wirtschaftskommunikation. In: Fachsprachentheorie: FST. Betreut und hrsg. v. Theo Bungarten. Bd. 1. Tostedt 1993, 517-550.

Schröder 1993a = Hartmut Schröder: Semiotische Aspekte multimedialer Texte. In: Fachtextpragmatik. Hrsg. v. Hartmut Schröder. Tübingen 1993, 189-214.

Sell 1994 = Axel Sell: Internationale Unternehmenskooperationen. München, Wien 1994.

Thomas 1992 = A. Thomas, K. Hagemann: Training interkultureller Kompetenz. In: Bergemann, Sourrisseaux 1992, 174-200.

Thomas 1992a = A. Thomas: Aspekte interkulturellen Führungsverhaltens. In: Interkulturelles Management. Hrsg. v. N. Bergemann u.a. Heidelberg 1992, 35-58.

Usunier 1993 = C. Usunier: Interkulturelles Marketing. Wiesbaden 1993.

v. Keller 1982 = E. v. Keller: Management in fremden Kulturen: Ziele, Ergebnisse und methodische Probleme der kulturvergleichenden Managementforschung. Berlin 1982.

Watzlawick 1990 = P. Watzlawick u. a.: Menschliche Kommunikation. Bern, 8.Auflage 1990.

Witzer 1992 = Brigitte Witzer: Kommunikation in Konzernen. Konstruktives Menschenbild als Basis neuer Kommunikationsstrukturen. Opladen 1992.

Youniss 1984 = James Youniss: Moral, kommunikative Beziehungen und die Entwicklung der Reziprozität. In: Soziale Interaktion und soziales Verstehen. Beiträge zur Entwicklung der Interaktionskompetenz. Hrsg. v. Wolfgang Edelstein, Jürgen Habermas. Frankfurt/Main 1984, 34-60.

Sekundärerfahrung und Fremdverstehen

Bernd-Dietrich Müller

Fremderfahrungen in institutionellen Vermittlungskontexten

Der Anstieg direkter Kontakte zwischen Personen verschiedener Kulturen hat sich in den 90er Jahren ungebrochen fortgesetzt. Hier sind nicht unbedingt die Millionen von Touristen zu nennen, die neben ihrem Erholungsinteresse Kontakte zu den Menschen fremder Kulturen suchen, vielmehr die weitaus intensiveren, d.h. themen- und berufsbezogenen Kontakte im Rahmen internationaler Partnerschaften[1] und Wirtschaftskooperationen. Überraschenderweise scheinen jedoch diese direkten Kulturkontakte und die Qualität dieser primären Erfahrungen (Austausch alltagskulturellen Erfahrungswissens, Verhandlung, Beratung, Zusammenarbeit in internationale Arbeitsgruppen) keine Stagnation, sondern vielmehr eine verstärkte Nachfrage nach sekundärer Erfahrung mit Fremdem nach sich zu ziehen: So ist ein Anwachsen von Vorbereitungsseminaren (u.a. Culture Awareness Trainings, vgl. Thomas/Hagemann 1992) zu verzeichnen, in denen grundlegendes Fremdheitswissen und allgemeine Techniken des Umgangs mit Fremdem vermittelt werden, bis hin zu gezielten Vorbereitungen auf bestimmte internationale Aufgabenbereiche.

Dem letzteren Aspekt verschreiben sich auch neuere, auf internationale Aufgabenbereiche vorbereitende universitäre Ausbildungsgänge[2], indem sie postulieren, mögliche Probleme interkultureller Kommunikation und Zusammenarbeit (direkte Kulturerfahrung) durch Sekundärerfahrungen, d.h. durch vorbereitende Lernmaßnahmen (*orientation programs*) sowie durch Aufarbeitung von Primärerfahrungen (z.B. aufgrund integrierter Auslandsstudien oder Praktika) eingrenzen zu können. Gleiches gilt für interkulturelle Trainingsmaßnahmen in Unternehmen.

Die grundsätzliche Frage, ob direkte Fremderfahrung weitervermittelt werden kann, wird in diesem Beitrag zugunsten der Frage zurückgestellt, mit welchen Mitteln Fremdes denjenigen, die es nicht selbst erfahren haben, so präsentiert wird, daß sie es nachvollziehen können – oder es zumindest nachzuvollziehen glauben. Es stehen also in institutionellen Vermittlungskontexten, d.h. in der Praxis interkultureller Trainingsmaßnahmen diejenigen Methoden im Vordergrund, in denen fremdkulturelles Verstehen mit Hilfe von Varianten der 'Beispielrede' (Keppler 1988) erarbeitet werden soll. Beides, das Reden über Fremdes anhand von Beispiel-Episoden und das Reden über solche Beispiele in der auslandsorientierten Weiterbildung soll als Prozeß der Episodisierung dargestellt und aus interaktionistischer Sicht einer grundsätzlichen Kritik unterzogen werden.

Episoden als Forschungsgegenstand

Die wohl häufigste Art, Fremdkulturelles begreifbar zu machen, ist, es in Episoden zu formen. Sowohl generell

- beim *Erzählen im Alltag* (z.B. über Erlebnisse im Ausland, Begegnungen oder Arbeitsbeziehungen mit Fremden im Inland)

- bei *Berichten aus dem Alltag der Fremde* (journalistische Reiseberichte, Mentalitätsvergleiche, Arbeitsberichte von DAAD Lektoren, Stellenübergabe-Gespräche von Auslandspersonal der Auswärtigen Kulturarbeit) wie auch

- im *Bereich der „Didaktisierung des Fremdverstehens"* (Weiterbildung, Vorbereitung auf internationale Tätigkeiten)

werden Episoden systematisch verwendet, um fremdes Denken, Handeln, bzw. fremdkulturelle Gegebenheiten zu illustrieren.

Die bisherige Verwendung von Episoden und die Rede von „Schilderungen von Episoden" (s.u.) machen eine vorläufige Begriffsbestimmung notwendig. Dabei ist aus Sicht verschiedener wissenschaftlicher Disziplinen zu fragen, wie die *Episodisierung* von Fremderfahrung definiert und bewertet werden kann, ob sie beispielsweise Ausdruck genereller Probleme fremdkultureller Wahrnehmung oder auch der Erfahrungsvermittlung ist und in welchen Formen sie sich äußert.

Episoden als Gegenstand handlungs-, erfahrungs- und kommunikationswissenschaftlicher Forschung

Den unten referierten theoretischen Positionen ist gemeinsam, daß sie Episoden mit dem *Alltagshandeln* verbinden, mit *routineartigen Bewältigungen von Situationen*. So werden Episoden sozialpsychologisch als sogenannte *social episodes* wie folgt definiert:

> ...typical recurring interaction units within a specified subculture, which constitute 'natural units' in the stream of behaviour, and about which members of a given subculture have a shared, implicit cognitive representation (Forgas 1983).[3]

Als Beispiele gibt Forgas „automatisch ablaufende", d.h. ohne größere Alternativen zu berücksichtigende Handlungen wie

- ein Bier bestellen,
- ein Angebot zurückweisen,
- sich anfreunden,
- nach weiteren Informationen fragen,

die er auch *interaction scripts* (Forgas 1988, 190) nennt. Damit werden sie handlungstheoretisch den sogenannten *Schemata* gleichgesetzt, die die Organisation unseres Alltagshandelns bestimmen.

Gedächtnispsychologisch werden Episoden als *Repräsentationen von bestimmten Ereignissen* bestimmt, d.h. als Resultate kognitiver Prozesse unter Berücksichtigung *konkreter situativer Details* einschließlich möglicher sprachlicher Äußerungsformen.[4] Der Routinecharakter von Episoden bewirkt, daß sich Subjekte der Gründe, Ausformungen und Konsequenzen der entsprechenden Teilhandlungen kaum bewußt sind. Diejenigen Episoden jedoch, die Störungen aufweisen, in denen also *routinisierte Handlungspläne gescheitert* oder grob in Frage gestellt wurden, werden von den Subjekten gut memorisiert:

Der zielgerichtete *Handlungsplan* erteilt dem Individuum entweder externe oder interne Anweisungen zum Agieren. Die Anweisungswirkung erlischt im Prinzip erst mit der erfolgreichen Ausführung. Somit scheint das der Angelpunkt zu sein für die langfristige Speicherung (Quasthoff 1980, 53; Hervorhebung im Original).

Die hier skizzierten sozialwissisenschaftlichen Ansätze weisen Episoden als routinisierte kognitive Konstrukte über kooperative Handlungen (Interaktionen) aus; intrakulturell können diese in der Regel nur im Falle des Scheiterns einzelner Teilhandlungen einen gewissen Bewußtheitsgrad erlangen. Interkulturell müßten Episoden als *Routine*handlungen *per definitionem* infrage gestellt werden, da sie Teil einer kulturellen Überschneidungssituation (Winter 1994) sind, die von verschiedenkulturellen Teilnehmern in unterschiedlicher, „sich überschneidender" Weise konstituiert werden. Damit entfällt der Gemeinsamkeitsanspruch der Routine.

In der Textlinguistik werden Episoden als zusammenhängende, schriftlich oder mündlich formulierte Teile von Geschichten[5] aufgefaßt. Im übergeordneten Rahmen einer Geschichte sind sie signifikante Einheiten, die miteinander im Verbund stehen. Als narrative Diskurseinheiten weisen sie folgende Charakteristika auf:

a. *Inhalt*: Der Inhalt ist bezogen auf eine zeitlich zurückliegende Handlung, ein singuläres Erlebnis; die Geschichte enthält etwas Ungewöhnliches (Quasthoff 1980), und der Sprecher ist einer der Beteiligten.

b. *Form*: Die Rede ist in direkter Rede gehalten und enthält evaluativ-expressive Spachformen, Nennungen wichtiger Details, oftmals im 'historischen Präsens'.
c. *Interaktionsgeschehen*: Das Erzählen umfaßt mindestens einen *Zuhörer*, der die Geschichte nicht erlebt hat und einen *Erzähler*[6], der das Geschehen miterlebt hat und die narrative Diskurseinheit initiiert.[7]

Zusammenfassung

Die bisherigen Überlegungen ergeben, daß Episoden zum einen alltägliche Handlungsmuster und zum andern *erklärende, sach- und beziehungskonstituierende Geschichten der Alltagswelt* sind. Sie beruhen auf *der Spannung Eigenes-Fremdes*, d.h. sie *enthalten eine Gegensatzrelation*. Als Resultate einer kognitiven „Konstruktion, die über dem Ausschnitt sozialer Wirklichkeit ansetzt" (Quasthoff 1980, 48), d.h. als 'kognitive Geschichten' unterscheiden sie sich von narrativen Geschichten dadurch, daß sie in geringerem Maß spezifische Erzählsituationen voraussetzen, schaffen oder beziehungsstiftend eingesetzt werden.

Mit Episoden appelliert ein Sprecher an Schemata, d.h. an komplexe Wissenseinheiten des Hörers, in denen typische Eigenschaften von Mitgliedern in allgemeinen Kategorien kodiert sind (Anderson 1988, 103), genauer an *Erlebnis*schemata, die „stereotype Abfolgen von Handlungen wie den Besuch eines Restaurants repräsentieren" (Anderson 1988, 103)[8].

Im folgenden beschränkt sich der Verfasser auf Episoden als Berichte über *interkulturelle Situationen* (Müller 1991, 42ff.), die Personen erlebt oder von denen sie indirekt erfahren haben. Damit enthalten sie in der Regel

- alltagstypische – episodische – Handlungen, die von Mitgliedern einer fremden Kultur C_2 als Ausdruck kulturtypischer C_1-Einstellungen interpretiert werden und

- *critical incidents*, welche sich aus der Tatsache der zugrundeliegenden *kulturellen Überschneidungssituation* ergeben, d.h. als 'kritische Ereignisse' eine Gegensatzrelation enthalten.

Erlebte oder berichtete Episoden haben in interkulturellen Traininskursen die Funktion, durch die *Klärung der jeweiligen Gegensatzrelationen* Prozesse des Fremdverstehens einzuleiten. Diese Episoden mit Erklärungsfunktion sollen also zeigen, warum Handlungspläne gescheitert sind. Hierfür werden in der Regel fremde, mit den eigenen inkompatible Handlungsmuster angeführt. Es wird erwartet, daß mit der Kenntnis solcher fremder Handlungsorientierung die eigene Handlungsfähigkeit in interkulturellen Situationen wiederhergestellt bzw. gestützt wird.

Dieser erklärende Wirkungsanspruch von Episoden provoziert generelle kritische Fragen dazu, welcher Erklärungsgehalt in einzelnen und welches Gewicht im allgemeinen solchen Episoden in Prozessen der Didaktisierung des Fremdverstehens zugeschrieben werden kann, welche Funktionen sie im Prozeß der Erklärung des Fremden einnehmen und ob dieser Status unter wissenschaftlichen Gesichtspunkten haltbar ist.

Zur Rolle der Episoden bei der Didaktisierung des Fremdverstehens

Als „Didaktisierung des Fremdverstehens"[9] werden alle Versuche bezeichnet, mit denen Menschen auf die Begegnung mit Fremdem und auf den Umgang mit Fremden vorbereitet werden, einschließlich der retrospektiven Analyse von Eigenerfahrungen in kulturellen Überschneidungssituationen. In interkulturellen Trainingsmaßnahmen[10] spielen die erwähnten *critical incidents* eine wichtige, für die Ausbildung einer fremdkulturellen Verstehenskompetenz sicherlich sogar dominierende Rolle. Vergleicht man nämlich die vielfältigen methodischen Konzepte zum interkulturellen Training, kann eine Dominanz sogenannter *culture assimilators* festgestellt werden.[11] Diese bestehen formal aus einer Aneinanderreihung von Episoden, die Mitglieder von C_1 in C_2 erlebt haben. Sie sind nach Prinzipien des Programmierten Lernens angeordnet – also: Lerngeschichten – und werden mit Problemlösungsaufgaben versehen. Strukturell sind sie folgendermaßen aufgebaut:

a. *Aufgabe* (z.B: Lesen Sie die folgende Episode und bestimmen Sie den Grund/die Gründe für das Mißverstehen mithilfe einer Auswahlantwort),
b. Episodische Beschreibung einer interkulturellen Situation, die einen critical incident enthält,
c. *Auswahlantworten*, von denen nur eine richtig, d.h. „für die Sichtweise der fremdkulturellen Interaktionspartner am typischsten" (Müller/Thomas 1991, 9) ist,
d. *Feed back* zu jeder Antwortmöglichkeit bezüglich richtig/falsch und ein *Kommentar* zur gewählten Antwort aus Sicht der jeweiligen Fremdkultur,
e. (fakultativ) *Gruppierungen von Erklärungen* über C_2 in *themes* (Brislin/Cushner et al. 1986, 39ff) oder *Zentrale Kulturstandards* (Thomas)[12],

Der gesamte interkulturelle Lernprozeß wird also um Episoden herum konstruiert und gilt als kumulatives Produkt. Denn es wird angenommen, daß sich mit dem Lernen kritischer Standardsituationen schrittweise eine Kompetenz im Umgang mit Vertretern der Zielkultur entwickelt.

Etappen des Fremdverstehens

Zu der geschilderten Verwendung von Episoden in Prozessen des Fremdverstehens sind zum einen einige Detailkritiken angebracht, zum andern kann die Verwendung von Situationsbeschreibungen aus der C_2-Perspektive jedoch auch fundamental infrage gestellt werden. Dies gilt für spontane episodische Alltagsbeschreibungen des Fremden wie für empirisch erhobene Episoden. Die letzteren werden nach einer für *Culture Assimilators* validierten Methodik[13] erhoben.

Handlungstheoretisch kann man das Verfahren der Culture Assimilators folgendermaßen darstellen: Handlungen, d.h. Alltagshandlungen, die zwar von Person zu Person und von Situation zu Situation differieren, aber dennoch in immer wieder gleicher Weise durchgeführt werden und von daher einen empirisch quantifizierbaren (s.o. Befragung) Kern enthalten, werden zusammengestellt, und zwar so, als habe man für diese „reflex-nahen Verhaltensweisen" eine „interpretationsfreie Beschreibung" (Schwemmer 1987, 50) zuhand. Dagegen steht die handlungstheoretische Erkenntnis, daß „wir für die *Beschreibung von personen- und situationsabhängigen Verhaltensweisen... ebenso wie bei unseren 'Geschichten' auf Interpretationen angewiesen* (sind), um die im Detail verschiedenen Verhaltensweisen überhaupt als die gleichen identifizieren und also als dieses oder jenes Verhalten beschreiben zu können" (Schwemmer 1987, 50, Hervorhebung im Original).

Die Erhebung berücksichtigt also nicht oder nur unzureichend, daß zwischen dem Ausschnitt der sozialen Wirklichkeit (s.u.: A) und der Situations- und Episodenkonstitution seitens des Subjekts (B) ein wahrnehmungspsychologisch beschreibbarer *Interpretationsprozeß* liegt. Dies gilt auch für monokulturelle Situationen. Wie oben gezeigt wurde, ergibt sich in interkulturellen Situationen jedoch ein fundamentaler Unterschied: das Auftreten von *critical incidents* indiziert in jedem Fall eine Infragestellung der routinemäßigen Bedeutungsattribution und Situationsteilhabe. Zu fragen ist, ob diese Infragestellung auch Teil der Beschreibung wird, inwieweit also deutlich wird, daß wir bereits auf der Faktenebene „erklären..., schlimmer noch: erklären wir Erklärungen" (Geertz 1987, 14).

Angesichts des Prozeßcharakters des didaktisierten Fremdverstehens ist es angebracht, die Entwicklungsstufen der Episode von einem singulären Erlebnis zu einem möglichst aussagefähigen Lerngegenstand zu rekapitulieren:

Etappe A	Etappe B	Etappe C	Etappe D
Ausschnitt der soz. Wirklichkeit	Situations- und Episodenkonstitution	Berichts- und Erzählfassung	Generalisierung/ Handlungsanweisung für den Interaktionspartner
(= interk. Situation)	(= Interpretation)	(= Episode)	(= Lerngegenstand)

Die bisherigen Ausführungen betrafen vor allem Etappe (B) und (C); die Beziehung zwischen (A) und (B), d.h. die Überformung der interkulturellen Ausgangssituation wurde nicht thematisiert: Wie aus der Definition der kulturellen Überschneidungssituation in den meisten Kulturassimilatoren hervorgeht, wird (A) aus *fremd*kultureller Perspektive erfaßt und beschrieben.

Dies erlaubt die These, daß bereits die *Beschreibung* der Ausgangssituation, vor allem die Zuschreibung von Handlungsintentionen allein durch ihre Benennung Unrichtigkeiten enthält und Fehldeutungen provoziert. In Müller (1993) wird ein Beispiel der Beschreibung einer Überschneidungssituation in den USA zitiert, in der eine südamerikanische Schülerin nach dem Unterricht zu ihrer neuen Lehrerin geht und sie – aus Sicht ihrer Lehrerin – bittet, etwas fragen zu dürfen. Die dann folgenden Fragehandlungen (danach, ob sie verheiratet sei, Kinder habe, wo sie wohne, etc.) sind jedoch nur oberflächenstrukturell als solche zu kategorisieren. Es ist aufgrund der kulturellen Herkunft der Schülerin zu vermuten, daß ihre von der Lehrerin als *Fragen aufgefaßten* kommunikativen Handlungen vor allem der *Beziehungskonstitution* dienten, eine Funktion, die Schanen (1986, § 873/4) mit *Kontaktiv* bezeichnet. Wenn dies so ist, sind die Ausgangsbeschreibung (C), die als Grundlage für fremdkulturelles Lernen herangezogen wird, wie konsequenterweise auch die Generalisierung (D) fehlerhaft: Nordamerikanische Lehrer lernen mit Hilfe von Episoden aus einem empirisch begründeten Kulturassimilator, daß Schüler südamerikanischer Herkunft in ihren Klassen dazu neigen, ihnen „zu persönliche Fragen" zu stellen. Dabei wird nicht beachtet, daß das dargestellte Kommunikationsproblem bereits selbst Produkt ethnozentrischer Interpretation ist und als solches die Ausgangssituation teilweise erst zum Problem *macht*.

Eine analytischere Beschäftigung mit der Rolle von Episoden aus interkultureller Sicht müßte solche Konsequenzen der Brechungen zwischen (A) und (B) nicht nur beachten, sondern systematisch thematisieren: ein Lernprogramm, dessen Ziel die empathische Rekonstruktion von Handlung, Bedeutung und Intention ist, kann in der Beschreibungsphase (C) nicht auf einer unhinterfragten Gleichsetzung von (A) und (B) aufbauen.

Hätte im Beispiel oben also eine genauere Situationsbeschreibung vorgelegen, hätte die Zielgruppe des Kulturassimilators u.U. weniger über *fremde* Verhaltensmuster gelernt als über die *eigenen Kriterien der Situationsanalyse*, die ein adäquates Erfassen der Redeintention des Gegenüber systematisch verstellen. Würden in den erwähnten Lernprogrammen zudem auch allgemeinere Mechanismen des Erfahrens von Fremdem und des Umgangs mit Fremden erläutert, hätten die Bearbeiter die Möglichkeit, ihre eigenen kulturgeformten Attributionshaltungen und -kriterien zu überprüfen. Beispielsweise ist wie bei vielen Sprechhandlungen die Beziehung zwischen 'Kontaktiv' und 'Fragehandlung' eine *indem-Relation* und damit hierarchisch: Die südamerikanische Schülerin möchte einen persönlichen Kontakt zu ihrer Lehrerin herstellen (Intention: Herstellung eines persönlichen Kontakts), *indem* sie nach X, Y oder Z fragt. Die prüfende Rekonstruktion fremdkultureller Handlungen auf der Grundlage möglicher *indem-Relationen* müßte zur methodischen Grundausstattung aller Versuche der Didaktisierung des Fremdverstehens gehören.

Fallstudien zum Problem fremdkultureller Beschreibung

Die oben erarbeiteten Vorschläge zur Verbesserung fremdkultureller episodischer Beschreibungen stimmen mit gängigen Forderungen bezüglich der Beschreibung von Handlungssituationen allgemein[14] wie auch zur Bewältigung fremdkultureller Situationen überein, die eine *Verlangsamung* spontaner Bedeutungszuschreibung fordern, um damit wenigstens versuchsweise empathische Attributionen[15] zu erreichen. Das eigene Handeln, die wechselseitigen Bezüge auf den gemeinsamen Handlungsgegenstand und das fremde Handeln soll unter beiden, eigenen und fremden Kriterien der Situationskonstitution und Realisierung von Intentionen – einschließlich der möglichen *Wirkungen* auf den Gegenüber – betrachtet werden:

Fallbeispiel 1: Die Entwicklungsversion eines deutsch-spanischen Kulturassimilators (Herbrich, in Vorbereitung) enthält entsprechend der oben genannten Struktur folgende Episode:

Situation 38

Herr Ö. ist seit einigen Monaten bei einem deutschen Anlagenbauunternehmen in Spanien tätig. Aufgrund seiner Aufgabe muß Herr Ö. mehrmals täglich verschiedene Bereiche der Firma aufsuchen. Dabei fällt ihm auf, daß sich seine spanischen Mitarbeiter anscheinend häufig vor den zahlreichen Kaffeeautomaten zu einem kleinen Plausch treffen und dann seiner Meinung nach die Arbeit ruht.

Wie würden Sie das spanische Verhalten begründen?

a) Durch private Gespräche geht für die Spanier der Arbeitstag eher zu Ende.
b) In Spanien vergißt man während des Arbeitens das „Leben" nicht.
c) Der Kaffeeautomat dient zum Austausch rein persönlicher Gespräche, die am direkten Arbeitsplatz nicht gerne gesehen werden.
d) Die Spanier treffen sich nur am Kaffeeautomaten, wenn es wenig zu arbeiten gibt.

Rückmeldungen zur Situation 38

Zu der Antwort a):
Durch private Gespräche geht für die Spanier der Arbeitstag eher zu Ende.
Das ist mit Sicherheit nicht nur für Spanier so. Es hat aber eher den Anschein, daß Spanier lieber zur Arbeit gehen als Deutsche, jedenfalls herrscht im Betrieb eine viel freundlichere Atmosphäre als in deutschen Unternehmen.
=> Zurück zur Situation 38, S....

Zu der Antwort b):
Spanier vergessen während der Arbeit das „Leben" nicht.
Das ist die beste Antwort. Ein Spanier kann noch soviel Streß haben, er nimmt sich trotzdem öfter am Tag die Zeit, eine kleine Ruhepause einzulegen und sich mit seinen Kollegen zu unterhalten. D.h. allerdings nicht, daß Spanier z.b. am Kaffeeautomaten nur untätig rumstehen würden. Diese Treffen haben durchaus sehr wichtige Aspekte in Spanien. Z.B. dienen sie der Kontaktpflege und der für Spanien sehr notwendigen Aufrechterhaltung des Info-Netzes. Außerdem machen Spanier auch völlig zwanglos Überstunden, wenn sie mit ihrer Arbeit nicht fertig werden.
=> Weiter mit der Situation 39, S....

Zu der Antwort c):
Der Kaffeeauftomat dient zum Austausch rein persönlicher Gespräche, die am direkten Arbeitsplatz nicht gerne gesehen werden.
Das ist nicht richtig. Gerade in diesen kleinen, anscheinend zwanglosen Unterhaltungen wird oft über geschäftliche Angelegenheiten gesprochen, und es werden Entscheidungen bzw. Vorentscheidungen getroffen. Außerdem werden persönliche Beziehungen in Spanien unabhängig von den Hierachiestufen besser gepflegt als in Deutschland.
=> Zurück zur Situation 38, S...

Zu der Antwort d):
Die Spanier treffen sich nur am Kaffeeautomaten, wenn es wenig zu arbeiten gibt.
Das ist nicht unbedingt richtig. Die Intensität der Arbeit hat auf den hier angesprochenen Sachverhalt nur einen untergeordneten Einfluß.
=> Zurück zur Situation 38, S...

Die Präsentation dieses *critical incident* (C) über die interkulturelle Situation (A) beschreibt eine Situationskonstitution (B), die sich vom o.g. Martha-Beispiel unterscheidet: Sie enthält Hinweise auf eine Perspektivierung der Darstellung (*dabei fällt ihm auf, anscheinend, seiner Meinung nach*), d.h. eine Verdeutlichung der C_2-Perspektive und damit der Möglichkeit, daß die aufgebaute Gegensatzrelation mit dieser kulturspezifischen Sichtweise zusammenhängt.

Die unter (b) ausgewiesene richtige Antwort weist eine im Grunde widersprüchliche Doppelattribution auf: Die Situation am Kaffeeautomaten wird erst mit einer allgemeinen Lebenseinstellung der Spanier (Kulturstandard: Gelassenheit, d.h. trotz Streß Ruhepausen für persönliche Gespräche einhalten) begründet. Daneben wird als Funktion dieser Treffen die Weiterarbeit mit anderen Mitteln beschrieben. Hier liegt offensichtlich eine Um-Attribution vor, und zwar von einer kulturgeprägten deutschen Situationsinterpretation einer Ruhe-Pause zu einer isomorphen Attribution der Aufrechterhaltung des arbeitsbezogenen Informationsaustausches.[16]

Die Fähigkeit zur Erarbeitung von Attributionsalternativen ist Kernpunkt eines jeden interkulturellen Trainings. In der Behandlung von Episoden in Trainingsmaterialien müßten diese jedoch systematisch herausgearbeitet werden. Vordergründig stellen solche Erklärungsalternativen zwar die Beschreibungen der Beispielsituationen infrage (s.o. Beispiel 38, in der das Verhalten der Spanier am Kaffeeautomaten nach dem oben Gesagten nicht mehr mit „zu einem kleinen Plausch treffen" und gleichzeitig mit „Arbeit ruhen lassen" beschrieben werden kann), andererseits fördert das Auftreten konkurrierender Attributionen die Ausbildung einer für interkulturelle Situationen notwendigen Ambiguitätstoleranz.

Teil der oben geforderten Verlangsamung des Attributionsprozesses ist demnach zum einen der Prozeß der Umattribution (hypothetische Alternativattributionen), vor allem aber auch – und das scheint in bisherigen Trainingsansätzen ebenfalls zu fehlen – die Erarbeitung der Frage, aufgrund welcher eigenen Kulturstandards, Kommunikationsgewohnheiten und Interpretationsschemata von Alltagssituationen der C_1-Beobachter überhaupt zu den gegebenen Beschreibungen der interkulturellen Situation gelangt ist.

Eine weitere Frage ist, ob die Vorlage von C_1-perspektivierten Beschreibungen eine adäquate Methode darstellt, um von situationsunbeteiligten Vertretern aus C_1 fremdkulturell valable Attributionen zu erhalten. Denn je deutlicher eine Beschreibung aus C_1-Perspektive die Handlungsintentionen von C_2-Vertretern benennt, desto enger ist der Interpretationsspielraum der Bearbeiter von Episoden. Eine ergänzende Alternative wäre, die an der Situation beteiligten Personen selbst nach möglichen Motiven ihres Handelns zu fragen[17] und ihre Kommentare in eine mehrperspektivische Beschreibung (z.B. in Form einer Collage) einzubeziehen.

Fallbeispiel 2: Die folgende Episode stammt aus dem Forschungsprojekt *Interkulturelles Verhaltenstraining*. Sie diente als Ausgangsbeispiel für den Versuch, in Beschreibungen interkultureller Situationen C_1-typische Interpretationsmuster zu rekonstruierten und offenzulegen. Im Unterschied zu den o. g. *Culture Assimilators* konnte die unten geschilderte Überschneidungssituation durch eine Video-Aufzeichnung der Ausgangssituation (A) genauer analysiert sowie durch Interviews der Beteiligten neu attribuiert werden.

> Franzosen nehmen alles nicht so ernst. Wir hatten beispielsweise in den letzten beiden Jahren welche, die in den Projektsitzungen ständig lachten, oder besser: grinsten und sich gegenseitig kleine Zettelchen zuschoben. Es war oft unmöglich, mit denen ernsthaft die Dinge der Tagesordnung abzudiskutieren. So haben wir viel Zeit verloren, meine deutschen Kollegen waren oft sauer, und ich habe mich manchmal gefragt, wie die eigentlich arbeiten wollen, wenn sie müssen. (Deutscher Ingenieur über seine französischen Arbeitskollegen; Ottobrunn 1992).

Dieser Erfahrungsbericht erfüllt einige Kriterien zur Aufnahme als *critical incident* in einen *Culture Assimilator*: er enthält eine Gegensatzrelation und ist Ausdruck einer auch von anderen Deutschen erlebten, also „typisch deutsch-französischen Arbeitssituation". Bevor jedoch deutsche Geschäftsleute versuchen, sich auf 'unernstes Verhalten' von Franzosen einzustellen, müssen Beschreibung und Attribution überprüft werden:

Videoanalysen bestätigen das phasenweise 'unkooperative' Verhalten der französischen Ingenieure in der deutsch-französischen Projektgruppe. Ihr nonverbales Verhalten (zurückgelehnte Oberkörper, verschränkte Arme, Vermeidung eines Blickkontakts durch Starren auf die Tischplatte, Hin- und Herschieben kleiner Zettel, die zu offen gezeigter Heiterkeit führten) wie auch ihr verbales Verhalten (erheiternde Nebendiskussionen, die offensichtlich nichts mit dem Besprechungsthema zu tun hatten, aktive Teilnahme am Gespräch vor allem nach Aufforderung etc.) bestätigten den Eindruck des Deutschen über das destruktive Kommunikationsverhalten seiner Partner.

Bezüglich der Anlässe und Gründe dieses Verhaltens wurden folgende hypothetische Fragen formuliert:

– Handelt es sich um den Ausdruck eines allgemeinen kulturspezifischen Verhaltens von Franzosen (lockere Umgangsformen in Besprechungen)?

– Liegt hier ein eher individuell zu attribuierendes Verhalten vor, d.h. die besondere Neigung der anwesenden französischen Projektmitglieder, dieses Verhalten zu zeigen?

– Ist das Verhalten situativ auf eine aktuelle gruppendynamische Phase der französischen Untergruppe zurückzuführen?

– Ist das Verhalten Ausdruck einer gruppenspezifischen Besonderheit (nach Auskunft des zuständigen Personalentwicklungsfachmanns waren die französischen Mitglieder der deutsch-französischen Arbeitsgruppe in der Regel höher qualifiziert als ihre deutschen Kollegen; wenn dadurch die Deutschen weniger qualifizierte Diskussionsbeiträge leisteten, könnte dies als Grund des beschriebenen Ironisierens der Situation angenommen werden)?

– Handelt es sich um ein situatives Verhalten, das durch die deutschen Kommunikationspartner in irgend einer Form provoziert wurde?

Bis auf die letzte Hypothese waren auch die Mitglieder des Forschungsprojekts anfangs eher bereit, das Verhalten als Ausdruck allgemeiner Einstellungen, Kulturstandards oder anderer personenbezogener Voraussetzungen der Kommunikationssituation zu attribuieren. Nachforschungen ergaben jedoch, daß dieses Verhalten schon länger gezeigt wurde und für viele Arbeitsbesprechungen typisch war. Als plausible Erklärung erschien den Beteiligten schließlich die These, unterschiedliche fachliche Qualifikationen als Auslöser für das von deutscher Seite als unkooperativ empfundene Verhalten anzunehmen.

Eine ausführlichere Studie, die u. a. auch Interviews mit den Beteiligten einschloß (v. Helmolt, im Druck) ergab dann jedoch eine andere plausible Hypothese zur Erklärung des Kooperationsproblems: Bei einer Befragung[18] über besondere Probleme in der deutsch-französischen Projektgruppe erwähnte ein Franzose, mit den Deutschen könne man nicht *complice*[19] sein, man könne keine *complicité* herstellen. Was er meinte ist, daß man mit (diesen) Deutschen keine persönliche, auf eine 'augenzwinkernde Gemeinsamkeit' hinauslaufende Beziehung herstellen könne, die für sie als Franzosen eine wichtige Voraussetzung für eine längere und intensive Zusammenarbeit darstelle[20]. Ein solches Handlungsschema bezeichnet v. Helmolt als beziehungsbezogene Interaktionsmodalität, „weil hier – obwohl das Thema 'Konzeptbesprechung' beibehalten wird – ...die *Demonstration der Verbundenheit* zum eigentlichen Handlungsziel wird" (v. Helmolt, im Druck, 132; Hervorhebung im Original).

Eine Rekonstruktion der Erstkontaktsituationen zwischen den deutschen und den französischen Projektmitgliedern ergab, daß die Franzosen bereits dort kleine Provokationen vorgebracht haben mußten, über die sie mit den Deutschen eine *complicité*-Beziehung herstellen wollten. Diese wiesen sie jedoch systematisch zugunsten von anstehenden Arbeitsaufgaben zurück. Der Konflikt war vorprogrammiert: Während einige Franzosen diese kleinen Provokationen vermehrten und auch (ohne Erfolg) deutlicher gestalteten, um die gewünschte persönliche Basis für die weitere Kooperation zu erstellen, intensivierte die irritierte deutsche Seite vor allem die fachbezogene Ausrichtung des Gesprächs, vielleicht auch in der Erwartung, die neuen Partner später 'bei einem Bier' auch persönlich besser kennenlernen zu können. – Da dieses systematische gegenseitige Mißverstehen von der Gruppe nicht gelöst werden konnte, haben sich die diskursregulierenden Verhaltensweisen, mit denen beide Gruppen die ihnen gewohnten Arbeitsformen durchsetzen wollten, möglicherweise verselbständigt und wurden damit Teil immer wiederkehrender Kommunikations- und Handlungsblockaden.

Konsequenzen

Die Beispiele illustrieren eine Reihe grundsätzlicher Erfahrungen mit Episoden in Prozessen der Didaktisierung des Fremdverstehens:

1. Beschreibung der Episoden
   Durch nachträgliche Befragungen der Beteiligten kann die Darstellung (C) der Ausgangssituation (A) substantiell klarer gestaltet werden. Denn selbstverständlich hat die beteiligte französische Gruppe ihre Arbeitsaufgaben und auch ihre deutschen Kooperationspartner sehr ernst genommen. Das haben

sie u.a. gerade durch das appellative, von den Deutschen kritisierte Verhalten gezeigt. Und sicherlich haben sie mit ihrer Bereitschaft, trotz der von deutscher Seite abgewiesenen Beziehungsdefinitionen weiter und fachlich konstruktiv mitzuarbeiten, eine nicht zu unterschätzende Anpassungsleistung gezeigt. Dies gilt auch für die deutsche Seite, die sich bemüht hat, mit diesen ständigen Provokationen umzugehen.

2. Attributionspriorität
Viele von den Situationsbeteiligten im Bereich nationaler oder individueller Mentalität attribuierten Interaktionsprobleme lassen sich letztendlich doch auf Unterschiede im *Kommunikations*verhalten zurückführen.

3. Verhaltensmanifestationen als interkulturelles Produkt
Genauere Analysen durch Spezialisten, die typische französische Eigenheiten des Arbeitsverhaltens bzw. der Arbeitskommunikation kennen, müßten weiterhin zeigen, ob das von Franzosen gezeigte Verhalten typisch – im Sinne von „typisch französisch" – ist. Nach dem im Forschungsprojekt durchgeführten Befragungen kann dies nur sehr eingeschränkt bejaht werden (vgl. v. Helmolt/Müller 1991). Beziehungsstiftende Provokationen sind sicherlich in französischen monokulturellen Situationen häufiger als in deutschen. Sie spielen – besonders wenn die Erstkontaktphasen abgeschlossen sind – jedoch eine deutlich geringere Rolle, als im analysierten deutsch-französischen Projektteam. Als Arbeitshypothese soll daher gelten, daß die offene und für Deutsche sehr provozierende Art weniger ein typisches französisches Verhalten, als vielmehr ein *situationstypisches, auf deutsche Verhaltensweisen reagierendes* Mittel der Kooperationsbemühungen darstellen. Ähnlich – und dies müßten weitere Studien zeigen – verhält es sich mit den sehr ausgeprägten deutschen Bemühungen, zu einer sukzessiv thematischen Abhandlung der Tagesordnungen zu kommen, deren Intensität sicherlich von der Interpretation des französischen „unernsten" Verhaltens (v. Helmolt, im Druck) beeinflußt wurde.
Eine solche Vermutung einer Verhaltens-Synergie stimmt mit den Grundannahmen des symbolischen Interaktionismus überein, der nicht nur unterschiedliche Verhaltensweisen, sondern vor allem ihre Wirkungen und Handlungskonsequenzen in die Analyse mit einbezieht. Für die Beschreibung von Episoden bedeutet dies, daß bei der künftigen Erstellung von Kulturassimilatoren nicht nur die oben dargestellte Problematik einer kulturengebundenen C_1-Perspektive auf interkulturelle Situationen beachtet werden muß. Vielmehr muß auch die Tatsache in die Rekonstruktion episodischer Beschreibungen einbezogen werden, daß die von den jeweilige Vertretern der beteiligten Kulturen gezeigten Verhaltensweisen vor allem auch dynamisches Produkt der wechselseitigen situativen Konstitutionsleistungen darstellen. Dies

stellt kontrastive Gegenüberstellungen von „typisch X"- mit „typisch Y"-Verhaltensbeschreibungen bezüglich interkultureller Situationen radikal in Frage.

Im Rahmen der fremdheitswissenschaftlichen Disziplin „Interkulturelle Wirtschaftskommunikation" müssen Episoden generell mehrperspektivisch oder von einer Mittler-Position aus analysiert und dargestellt werden. Sie können nicht als authentisierte Beschreibungen fremder Handlungssituationen gelten, sondern als Konstrukte, kognitive Geschichten, die aus der Perspektive eines *kulturspezifischen* Blickwinkels erstellt wurden und auf Situationen beruhen, die nicht additiv als Konglomerat kulturspezifischer Handlungen, sondern als interaktiv erstelltes Produkt von Handelnden gelten müssen. Beides, Perspektiven und Handlungen als Resultat und gleichzeitiges Produkt einer gemeinsamen Situation, müssen Gegenstand einer rekonstruierenden Analyse werden. Diese sollte zumindest folgende Schritte enthalten:

a. Eine *Rekonstruktion der kulturellen Gebundenheit von Beschreibungsperspektiven*, insbesondere bezüglich der Kategorie der kausalen und finalen Interpretation von Handlungen;
b. Eine systematische *sprachliche Perspektivierung*, die Handlungen aus der Sicht bestimmter kulturengeprägter Interpretatoren darstellt;
c. Entwicklung einer allgemeinen *Metasprache* zur Beschreibung von „indem-Relationen" in interkulturellen Situationen, d.h. zum Ausdruck der Beziehungen zwischen Handlungsintention und -realisierung.

Dies wird erlauben, die Etappen der Episodisierung (A) – (D) um eine Analyse aus der Meta-Ebene (E) zu ergänzen. Ausgehend von der Berichts- und Erzählsituation (C) soll diese

– das Verhältnis zwischen dem Ausschnitt der sozialen Wirklichkeit (A) und der Situations- und Episodenkonstitution (B) rekonstruieren,

– die Etappe (A) unter der Beachtung der Perspektivierung neu fassen und

– über diesen Prozeß die vierte Etappe der Wirkung, Orientierung und Handlungsanweisung (D) entsprechend neu formulieren.

Eine solche Ergänzung würde methodisch die Reflexion des eigenkulturellen Regelapparats zur Erfassung fremdkultureller Situationen systematisch in die geschilderten Ansätze zur Didaktisierung des Fremdverstehens einbeziehen und damit einer Forderung nachkommen, die zwar oft gestellt, in vielen Fällen jedoch nur unzureichend realisiert wird.

Anmerkungen

1 Allein im Rahmen des deutsch-französischen Jugendwerks werden pro Jahr über 100 000 Personen ausgetauscht.

2 U.a. an den Universitäten/Studiengängen
   Jena   Interkulturelle Wirtschaftskommunikation
                 Interkulturelles Management
   München   Interkulturelle Kommunikation
   Saarbrücken   Interkulturelle Kommunikation
   Passau   Kulturwirt
   Bayreuth   Interkulturelle Germanistik
   Chemnitz   Angewandte Interkulturelle Kommunikation.

3 Zitat nach Forgas 1988, 190.

4 Vgl. die Unterscheidung semantisches vs. episodisches Gedächtnis in: Lindsay/Norman 1981, 306.

5 auch als Referenten von Texten bezeichnet, Vgl. Gülich 1976.

6 Erzähler und Zuhörer werden hier als Bezeichnungen für Interaktionsrollen (und nicht als Sprecher-Hörer) definiert.

7 Diese Bestimmungsmerkmale gelten entsprechend texttypischer Modifikationen auch für schriftliche Darstellungen von Episoden und sind in Anlehnung an Quasthoff 1980 formuliert.

8 Diese werden auch Skripts genannt.

9 Der Terminus entstand im Rahmen des „Forschungsprojekts Interkulturelles Verhaltenstraining" (unter Leitung des Verfassers und gefördert durch das Bayerische Aktionsprogramm zur Förderung der Internationalen Zusammenarbeit zwischen Wirtschaft und Hochschulen vom Bayerischen Staatsministerium für Wirtschaft und Verkehr und der Deutschen Aerospace AG, München). Auch die im folgenden entwickelte Argumentation stützt sich auf die Forschungsarbeit dieses Projekts sowie auf die in seinem Rahmen erstellte Spezialbibliothek über Trainingsmaterialien.

10 Vgl. die im Entstehen begriffene Datenbank Intertrain, die eine Übersicht über Trainingskonzepte und -materialien enthält (v. Helmolt/Müller, in Vorb.) oder auch Gudykunst/Hammer 1983.

11 Eine Übersicht gibt Albert 1983; hinzu kamen in Deutschland Müller/Thomas 1991 und Thomas 1989.

12 Vgl. die Übersicht in Müller/Thomas 1991, 142 ff.

13 Vgl. u.a. die Darstellung in Thomas 1990, 15 ff.

14 „Das Ausschreiben von Handlungsgeschichten unterscheidet sich damit deulich von einer beliebigen Detailanhäufung. Es besteht vielmehr darin, die Bedeutung einzelner Handlungen und die Sinnstruktur des gesamten Kontextes aufzudecken und dabei sowohl die 'externen' schematischen und typischen Regeln zu berücksichtigen als auch der 'internen' historischen Entwicklung des Handlungssinns zu folgen."(Schwemmer 1987, 66).

15 meist „isomorphe Attribution" genannt, Vgl. Triandis 1977, 249 oder Dadder 1987, 75.

16 Der Grund für das beobachtete Verhalten liegt möglicherweise auch darin, daß vielerorts in Spanien Informationen weniger eine Bring- als vielmehr eine Hol-Schuld darstellen und damit weniger mit Hilfe schriftlicher Mitteilungen, welche über Postkästen und Computer-Mailboxen verteilt werden, zirkulieren, als eher über persönliche Kontakte.

17 auch wenn nicht sicher ist, ob diese Personen genug Abstand zu ihrem Alltagsverhalten haben, um ihre Motivation benennen zu können.

18 durchgeführt von Katharina v. Helmolt und beschrieben in v. Helmolt (in Vorb.).

19 s. auch Carrolls Hinweise auf die französische Grundeinstellung (1986, 53-55).

20 Die complicité (amusée, Vgl. Ledru-Menot 1993, 113) ist m.E. auch wichtig für viele flüchtige Kontakte in Frankreich, in denen z.T. nur ein Einverständnis über eine mögliche complicité angestrebt wird.

Literatur

Albert 1983 = R.D. Albert: The Intercultural Sensitizer or Culture Assimilator. In: Handbook of Intercultural Training, Dan Landis/Richard W. Brislin (eds.), Vol II: Issues in Training Methodology, New York 1983, 190-217.

Anderson 1988 = John A. Anderson: Kognitive Psychologie. Eine Einführung. Heidelberg (Spektrum) 1988.

Brislin/Cushner et al. 1986 = Richard W. Brislin/Kenneth Cushner/Craig Cherrie/Mahealani Yong: Intercultural Interactions. A Practical Guide. Newbury Park: Sage 1986. (= Vol. 9, Cross Cultural Research and Methodology Series).

Carroll 1987 = Raymonde Carroll: Évidences invisibles. Americains et Français au quotidien. Paris: Seuil 1987.

Dadder 1987 = Rita Dadder: Interkulturelle Orientierung. Analyse ausgewählter interkultureller Trainingsprogramme. Saarbrücken/Fort Lauderdale: Breitenbach 1987.

Forgas 1988 = Joseph P. Forgas: Episode Representations in Intercultual Communication. In: Theories in Intercultural Communication. Young Yun Kim/William B. Gudykunst (eds.). Newbury Park: Sage 1988, 186-212. (= International and Intercultural Communication Annual XII).

Geertz 1987 = Clifford Geertz: Dichte Beschreibung. Beiträge zum Verstehen kultureller Systeme. Frankfurt/M.: Suhrkamp 1987.

Gudykunst/Hammer 1983 = William B. Gudykunst/Mitchell R. Hammer: Basic Training Design: Approaches to Intercultural Training. In: Handbook of Intercultural Training. Dan Landis/Richard W. Brislin (eds). Vol. I (Issues in Theory and Design), New York u.a. 1983, 118-154.

Gülich 1976 = Elisabeth Gülich: Ansätze zu einer kommunikationsorientierten Erzähltextanalyse (am Beispiel mündlicher und schriftlicher Erzähltexte). In: Erzählforschung I. Theorien, Modelle und Methoden der Narrativik. Hrsg. v. W. Haubrichs. Göttingen: Vandenhoeck & Ruprecht, 1976, 224-256.

v. Helmolt, im Druck = Katharina v. Helmolt: Kommunikation in multikulturellen Arbeitsgruppen. Eine Fallstudie über divergierende Konventionen der Modalitätskonstituierung (Arbeitstitel). Unveröffentl. Dissertation (im Druck).

v. Helmolt/Müller 1991 = Katharina v. Helmolt/Bernd-Dietrich Müller: Französisch-deutsche Kommunikation im Management-Alltag. Unveröff. Manuskript, Bayreuth 1991.

v. Helmolt/Müller 1993 = Katharina v. Helmolt/Bernd-Dietrich Müller: Zur Vermittlung interkultureller Kompetenzen. In: Interkulturelle Wirtschaftskommunikation. Hrsg. v. Bernd-Dietrich Müller. München 1993, 509-548.

v. Helmolt/Müller, in Vorb. = Katharina v. Helmolt/Bernd-Dietrich Müller: InterTrain. Datenbank und Handbuch zum interkulturellen Handlungstraining. (in Vorb.).

Herbrich, in Vorb. = Martin Herbrich: Deutsch-spanischer Kulturassimilator. Komplement zu: Entwicklung eines Attributions-Trainings zur interkulturellen Orientierung von Führungskräften auf einen Auslandseinsatz in Spanien. Unveröffentlichte Diplomarbeit (Betriebswirtschaft, Personalwesen) an der Universität Bayreuth (in Vorbereitung).

Keppler 1988 = Angela Keppler: Beispiele in Gesprächen. Zu Form und Funktion exemplarischer Geschichten. In: Zeitschrift für Volkskunde 84, 1988, 39-56.

Ledru-Monet 1993 = Odile Ledru-Monet: Oralité et communications: d'autres clés pour l'accès au sens et l'analyse des „malentendus". In: Intercultures 23, 1993, 85-122.

Lindsay/Norman 1981 = P.H. Lindsay/D.A. Norman: Einführung in die Psychologie. Informationsaufnahme und -verarbeitung beim Menschen. Berlin et al.: Springer 1981.

Müller/Thomas 1991 = Andrea Müller/Alexander Thomas: Interkulturelles Orientierungstraining für die USA. Saarbrücken 1991.

Müller 1991 = Bernd-Dietrich Müller: Kulturstandards in der Fremdsprache. In: Kulturstandards in der internationalen Begegnung. Hrsg. v. Alexander Thomas. Saarbrücken/Fort Lauderdale 1991, 41-54.

Müller 1993 = Bernd-Dietrich Müller: Die Bedeutung der interkulturellen Kommunikation für die Wirtschaft. In: Interkulturelle Wirtschaftskommunikation. Hrsg. v. demselben. München: iudicium 1993^2, 27-51.

Quasthof 1980 = Uta Quasthoff: Erzählen in Gesprächen. Linguistische Untersuchungen zu trukturen und Funktionen am Beispiel einer Kommunikationsform des Alltags. Tübingen: Narr 1980.

Schanen 1986 = François Schanen/Jean-Paul Confais: Grammaire de l'Allemand. Formes et fonctions. Paris: Nathan 1986.

Schwemmer 1987 = Oswald Schwemmer: Handlung und Struktur. Zur Wissenschaftstheorie der Kulturwissenschaften. Frankfurt/M.: Suhrkamp 1987.

Thomas/Hagemann 1992 = Alexander Thomas/Katja Hagemann: Training interkultureller Kompetenz. In: Interkulturelles Management. Hrsg. v. Niels Bergemann/Andreas L.J. Sourisseaux. Heidelberg: Physika 1992, 173-199.

Thomas 1992 = Alexander Thomas: Interkulturelles Handlungstraining als Personalentwicklungsmaßnahme. In: Zeitschrift für Arbeits- und Organisationspsychologie 3/1990, 149-154.

Triandis 1977 = Harry Triandis: Interpersonal Behavior. Monterey, Ca: Brooks & Cole 1977.

Winter 1994 = Gerhard Winter: Was eigentlich ist eine kulturelle Überschneidungssituation? In: Psychologie und multikulturelle Gesellschaft. Hrsg. v. Alexander Thomas. Göttingen/Stuttgart: Verlag für Angewandte Psychologie 1994, 221-227.

Vom Import-Exportmodell zur regional-komplementären Zusammenarbeit

Ein Paradigmenwechsel in der internationalen Unternehmenskommunikation

Jürgen Beneke

1. Begriffsdefinitionen

„Unternehmen" ist eine Subkategorie von „Organisation," ein Spezialfall. Insofern ist Unternehmenskommunikation ein Spezialfall von „Organisationskommunikation" (Theis 1994) oder „organizational communication" (Goldhaber/Barnett 1988). Unternehmen sind Zusammenschlüsse von Individuen mit dem Zweck, das wirtschaftliche Handeln nach den Maximen der jeweiligen Organisationskultur und der damit verbundenen Auffassung vom Zweck und Ethos wirtschaftlichen Handelns zu organisieren. Unter „Unternehmenskommunikation" ist sowohl die Kommunikation in Unternehmen als auch zwischen Unternehmen[1] zu verstehen. „International" impliziert das Überschreiten von Staats-, Sprach- und Kulturgrenzen, wobei eine der genannten Bestimmungen als hinreichend angesehen wird. So kann man etwa sagen, daß beim wirtschaftlichen Austausch zwischen Österreich und Deutschland oder zwischen den USA und Großbritannien zwar keine Sprachgrenzen (im gängigen Sinne des Wortes) überschritten werden, wohl aber Staats- und durchaus auch Kulturgrenzen.

In unserem Zusammenhang beschränkt sich die Untersuchung der Unternehmenskommunikation auf die Formen kommunikativen Handelns, das im wesentlichen von Personen getragen wird; damit soll die rein EDV-gestützte Kommunikation als Transfer und Austausch von „Daten" ausgeklammert werden.

2. Fernhandel und Fremdsprachen

Wer war der erste Händler? War es der geschickte Neolithiker, der entdeckte, daß seine Pfeilspitzen und Faustkeile besonders begehrte Tauschobjekte waren und der daraufhin „in Serie ging" und für den Tauschhandel statt nur für seinen unmittelbaren Eigenbedarf und den seiner Gruppe produzierte? Irgendwann jedenfalls ist es zum Handel und wohl bald auch zu einem Austausch über weite Entfernungen, zum Fernhandel, gekommen, wie archäologische Funde aus der Jungsteinzeit beweisen.

Der Handel hat seit alters her Sprachgrenzen überschritten; wir können oft jedoch nur ahnen, wie sich die Händler in vor- und frühgeschichtlicher Zeit verständigt haben. Sprachmittler (Dolmetscher) als Grenzgänger zwischen den Sprachen wird es schon sehr früh gegeben haben, und man kann annehmen, daß der Wunsch, Handel zu treiben, eine der wichtigsten Triebfedern für das Erlernen fremder Sprachen war (und heute noch ist). Mit zunehmender Intensität und Dauerhaftigkeit des Handels einigten sich die Beteiligten aus praktischen Gründen auf *eine* Sprache, die sie für ihre Transaktionen verwendeten. Auf diese Weise wurde bei dauerhaften Handelsbeziehungen das Dolmetschen weitgehend entbehrlich. Diese von mindestens einem Partner als Fremdsprache gelernte Sprache konnte die Sprache eines Handelspartners sein, und zwar dann, wenn dieser eine starke wirtschaftliche Stellung einnahm und man sich nach der „Marktmacht" richtete. Hier wird sich schon sehr früh die „Sprache des Kunden" durchgesetzt haben. Damit wurde die Sprache des stärkeren Partners von den anderen als Fremdsprache verwendet. Wir haben also eine asymmetrische Machtverteilung vor uns, die zu einer ebenso asymmetrischen Sprachenwahl führt. Andererseits ist schon aus der Antike das Modell der „Verkehrssprache" bekannt; im östlichen Teil des Mittelmeerraums wurde das hellenistische Griechisch, im westlichen das Lateinische in mehr oder weniger reiner Form von Händlern unterschiedlicher Herkunft und Sprache, mit zahlreichen lokalen Beimengungen versetzt, verwendet. Syrer, Juden, Griechen, Germanen, Ägypter und viele andere bedienten sich einer Sprache, die häufig für die meisten oder für alle Beteiligten nicht die Muttersprache war. Insofern haben wir es in diesem Modell mit einer tendenziell symmetrischen Sprachenwahl zu tun, die nicht eine Gruppe zu Privilegierten macht, da deren Muttersprache von den übrigen als Fremdsprache gelernt und angewendet wird. In der frühen Neuzeit wurde dieser Anwendungstyp von Fremdsprachen als *lingua franca* bezeichnet; wörtlich bedeutet dies die Sprache der Franken. Die Bezeichnung bezog sich auf die Handelssprache, die im östlichen Mittelmeerraum unter den Kaufleuten (und Piraten) in Gebrauch war, die mit genuesischen und venezianischen Kaufleuten Handel trieben. Sie war vom 13. bis zum 18. Jahrhundert in Gebrauch und basierte auf einer romanischen Grundsprache, möglicherweise Provenzalisch (daher wohl: lingua *franca:* Sprache der Südfranzosen), mit Elementen des Arabischen und Griechischen. Die Bezeichnung *lingua franca* wird inzwischen als Gattungsbegriff für internationale Verkehrssprachen verwendet. Im Ostseeraum wurde zur Zeit der Hanse das Niederdeutsche (Plattdeutsche) als eine derartige Verkehrssprache zwischen Deutschen, Skandinaviern, Russen, Engländern und Niederländern verwendet. Mit dem Niedergang der Hanse und der imperialen Ausbreitung des britischen Einflusses nach Nordamerika (englische Besiedelung des nordamerikanischen Kontinents und spätere Gründung der USA und Canadas, Handelsniederlassungen und Kolonien in Asien und Afrika) verlagerte sich der Schwerpunkt des Handels vom Ostseeraum auf den Atlantik und die übrigen internationalen Meere. Das Englische wurde zur Welthandelssprache, zunächst für die Zwecke des britischen, später des weltweiten Handels.

3. Das Import-Export-Paradigma: Bündelung der Kommunikationsflüsse

Die herkömmliche Form der wirtschaftlichen Zusammenarbeit basiert auf dem Austausch von Gütern und Dienstleistungen über volkswirtschaftliche Grenzen hinweg. Diese Grenzen zwischen den Volkswirtschaften waren (und sind Gutteils noch immer) zugleich Sprachgrenzen, wie etwa die Grenze zwischen Deutschland und Frankreich. In diesem Paradigma der wirtschaftlich-technischen Zusammenarbeit wurden bzw. werden, beispielsweise von deutschen Firmen, Güter oder Waren, wie Autos oder Maschinen oder auch sogenannte Blaupausen (d.h. technisches Wissen) oder andere Dienstleistungen wie Versicherungen in einem Land produziert. Diese werden dann in ein anderes Land exportiert, z.B. nach Frankreich oder Japan. Andere Firmen, z.B. solche in Indien, Frankreich oder Japan, liefern entweder Rohstoffe, Halbfabrikate oder auch komplexe, hochtechnische Produkte. Aus deutscher Perspektive werden diese dann importiert. In der Summe ergibt sich die bekannte Handels- und Zahlungsbilanz als Ergebnis des Austauschs zwischen den jeweiligen Volkswirtschaften.

Dieses Import-Export-Paradigma etablierte sich in der frühen Neuzeit als Standardmodell und blieb bis weit in dieses Jahrhundert hinein der Normalfall des internationalen Austauschs zwischen Unternehmen. Die Anbieter, die exportieren wollten, gingen in der Regel nicht selber auf die Märkte in fremden Ländern, sondern bedienten sich der Dienste von Händlern als „Agenten des Austauschs." Es entstanden die großen lombardischen, venezianischen und florentinischen Handelshäuser, später die niederländischen, englischen und deutschen. Die Hanse als mehr oder weniger lockerer Zusammenschluß von handelstreibenden Städten richtete im gesamten Ostseeraum ihre Kontore ein, von London bis Nowgorod.

3.1. Das Import-Export-Paradigma I: Das Hanse-Modell

Das Import-Export-Paradigma I: Das Hanse-Modell

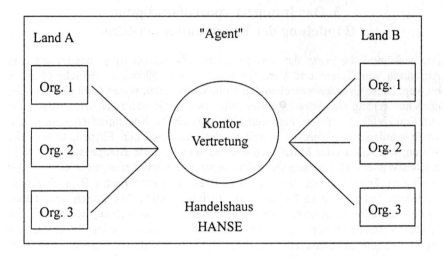

Abb. 1: Die Organisationen 1 bis 3 aus Land A treten über einen „Agenten" in Gestalt eines Kontors oder einer Vertretung mit den Organisationen 1 bis 3 aus Land B in Beziehung.

Wir können dieses Modell als Hanse-Modell bezeichnen und haben darin eine erste Reifeform der internationalen Unternehmenskommunikation vor uns. Die beauftragten „Agenten" bündeln die fremdsprachigen Kommunikationsflüsse und entwickeln im Laufe der Zeit ein Erfahrungswissen, das sowohl sprachpraktischer Art ist als auch eine Handlungskompetenz im „richtigen Umgang" mit ausländischen Partnern beinhaltet. Derartige Fertigkeiten und Fähigkeiten bezeichnen wir heute als „interkulturelle Kompetenz." Diese wichtige, den Austausch unterstützende, ja ihn oft erst ermöglichende Kompetenz wurde von „Spezialisten des Austauschs" entwickelt und innerhalb der Kontore und Niederlassungen als Erfahrungswissen an neu hinzukommende Mitglieder der Organisation weitergegeben.

3.2. Das Import-Export-Paradigma II: Fachabteilungen

Gegen Ende des 19. und zu Beginn des 20. Jahrhunderts, also erst seit relativ kurzer Zeit, entstand eine neue Variante des Hanse-Modells; große, exportorientierte Firmen, typischerweise in der Maschinenbaubranche, richteten interne Import- und Exportabteilungen ein. Es bildete sich das Import-Export-Paradigma mit Fachabteilungen heraus:

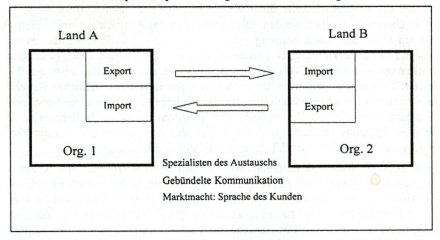

Abb. 2: Ein Unternehmen in Land A (Organisation 1) kommuniziert über die unternehmensinterne Import-Export-Abteilung mit dem kooperierenden Unternehmen in Land B. Dieses geschieht über die hausinternen Fachabteilungen.

Dieses Paradigma hatte weitreichende Folgen für die Kommunikation zwischen den Unternehmen; die wichtigste kommunikative Konsequenz daraus war (und ist vielfach heute noch), daß in den Organisationen mit speziellen Im- und Exportabteilungen die durch den Waren- und Dienstleistungsverkehr ausgelösten Kommunikationsprozesse von Spezialisten in Gang gehalten werden. Es entstehen die neuen, austauschorientierten Dienstleistungsberufe. Diese lassen sich unter kommunikativem Aspekt als *Kommunikationsdienstleister* bezeichnen.

Wirtschaftsassistenten und -assistentinnen, Fremdsprachensekretärinnen, Im- und Exportkaufleute mit Fremdsprachenkenntnissen oder Exportsachbearbeiter sowie professionelle Sprachmittler (Übersetzer und Dolmetscher) sind für alle fremdsprachigen Kommunikationsflüsse „zuständig" und bündeln die Kommunikation. Auch in diesem Paradigma der Zusammenarbeit ist daher der Kreis der fremdsprachig kommunizierenden Angehörigen eines Unternehmens relativ eingeschränkt und überschaubar. Auch die thematische Bandbreite und die vorkommenden Textsorten sind eingegrenzt; ein typisches Beispiel ist die weitgehend standardisierte Handelskorrespondenz.

Ein zentrales Problem dieses Paradigmas besteht in der *Abschottung* der Austauschspezialisten von der übrigen Organisation. Die Besonderheiten des „richtigen Umgangs" mit den ausländischen Partnern und Kunden, also das in der Abteilung erworbene interkulturelle Erfahrungswissen, ist nur schwer an die übrigen Abteilungen vermittelbar.

Noch schwerer wiegt, daß die Besonderheiten des ausländischen Marktes und speziell die Kundenwünsche innerhalb dieses Modells kaum berücksichtigt, ja selten überhaupt gesehen werden. Die Spezialisten des Austauschs werden häufig erst am Ende der Wertschöpfungskette hinzugezogen. Das Produkt, das es im Ausland zu vermarkten gilt, ist bereits vorhanden, z.b. eine numerisch gesteuerte Werkzeugmaschine (CNC-Werkzeugmaschine) oder ein modernes, leistungsfähiges LKW-Getriebe. Beide wurden nach rein ingenieurwissenschaftlichen Kriterien als *state of the art*-Produkt ohne direkten Kundenkontakt entwickelt und „suchen nun ihren Markt". Die Aufgabe der Exportabteilung besteht darin, Käufer für diese Produkte zu finden und den Prozeß des Austauschs, also aus der Perspektive des produzierenden Unternehmens den Export, zu organisieren.

Geradezu „klassisch" ist innerhalb eines derartigen Ansatzes das von Kennern ausländischer Märkte häufig beklagte *overengineering*. Dabei handelt es sich um die Auslegung einer Maschine oder eines Aggregats ohne Rücksicht auf die spezifischen Bedürfnisse und Leistungsansprüche des Einsatzgebietes oder der Einsatzart. Wenn z.B. ein LKW-Getriebe für den Einsatz in den USA in Auftrag gegeben wird und bekannt ist, daß die LKW-Flotte, für die es vorgesehen ist, überwiegend oder ausschließlich in den Ebenen des amerikanischen mittleren Westens zum Einsatz kommt, ist es sinnvoll, die Spezifikationen an die Einsatzbedingungen anzupassen, das heißt, die maximale Leistungsfähigkeit, die von der Konstruktion her z.B. für den Einsatz unter Extrembedingungen (etwa stark gebirgiges Gelände, schlechte Straßen) gedacht ist, etwas zurückzunehmen. Die Überlegung müßte sein: Ist die Konstruktion „gut genug" für den vorgesehenen Zweck („*Good enough*-Prinzip"). Dies geschieht jedoch häufig nicht, weil eine solche Einschränkung der technischen Leistungsfähigkeit nicht mit den Wertorientierungen z.B. deutscher Entwicklungsingenieure übereinstimmt. Die berufliche „Ehre" gebietet es, das nach dem Stand der Technik beste Produkt zu entwikkeln. Dieses „beste Produkt", so wird unausgesprochen angenommen, wird „für sich selbst sprechen" und sich damit auch „von selbst" verkaufen. Dies ist zugegebenermaßen eine Überzeichnung, und es ist auch in Deutschland in jüngster Zeit ein gewisser Wandel in der Einstellung zu erkennen, weil der Preisdruck auf den Weltmärkten keine andere Wahl läßt. Aber da es sich beim *overengineering* um ein Verhalten handelt, das auf tiefsitzende Wertvorstellungen zurückgeht, wird es möglicherweise noch lange dauern, bis sich eine stärkere Berücksichtigung betriebswirtschaftlicher Überlegungen und eine Orientierung an den Kundenwünschen allgemein durchsetzen wird. Die rechtzeitige Einbindung der auslandserfahrenen Mitarbeiter (oder interkulturell geschulter Consultants), die über die „interkulturelle Kompetenz" verfügen, wird erst dann möglich werden, wenn die Auslandsspezialisten aus der Abschottung der Fachabteilung herausgenommen und „von Anfang an" mit ihrer Marktkenntnis und ihrem Erfahrungswissen im „richtigen Umgang" mit ausländischen Partnern in die Produktentwicklung und die Konzeption der Vermarktung einbezogen werden. Das gleiche gilt sinngemäß für die Kundendienstspezialisten mit Auslandserfahrung.

Eine ganzheitliche Internationalisierungsstrategie müßte durch Maßnahmen der Organisationsentwicklung dafür Sorge tragen, daß das Unternehmen die Marktkenntnisse und die vorhandene interkulturelle Kompetenz der Spezialisten des Austauschs innerhalb des gesamten Wertschöpfungsprozesses nutzt.

3.3. Spitzenkommunikation mit Einzelentsendungen

Nach dem Zweiten Weltkrieg hat sich in der ersten, großen Internationalisierungswelle eine weitere Variante der internationalen Zusammenarbeit herausgebildet. Im Rahmen von Absprachen und strategischen Allianzen vereinbarten einzelne Unternehmen, wie z.B. deutsche und französische Banken (beispielsweise die Commerzbank und Crédit Lyonnais) eine Zusammenarbeit auf einzelnen, genau definierten Gebieten. Diese Form der Zusammenarbeit führte dazu, daß im wesentlichen die Unternehmensspitzen miteinander kommunizieren, die übrige Organisation davon jedoch weitgehend unberührt bleibt. Ergänzt wird diese Form durch die wechselseitige Entsendung einzelner Mitarbeiter für befristete Aufenthalte im befreundeten Unternehmen.

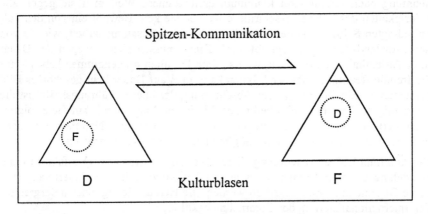

Abb. 3: Die Kommunikationsflüsse erfassen nur die Unternehmensspitzen; die übrige Organisation bleibt davon weitgehend unberührt. Es gibt einzelne Entsendungen, hier in unserem Modell einen Franzosen, der zu Gast in der deutschen Unternehmung ist, und parallel dazu einen Deutschen in Frankreich. Die Unternehmensspitzen bewegen sich innerhalb der „Kulturblasen" der internationalen Geschäftskultur; sie sind durch ihre Eigenschaft als VIPs gegen die fremde Alltagswelt und damit auch die Schwierigkeiten der andersartigen kulturellen Prägung abgeschirmt. Konflikte, die auf der Arbeitsebene entstehen, werden notfalls durch Entscheidungen „ganz oben" gelöst (bildlich gesprochen im deutsch-französischen Kontext auf der Ebene Kohl-Mitterand).

Direkte *face-to-face*-Kontakte, telefonische Kontakte sowie schriftlicher Austausch waren bzw. sind wenigen Angehörigen der Unternehmen vorbehalten, nämlich den Führungskräften (bei Grundsatzentscheidungen und Verhandlungen) und wenigen Spezialisten der auslandsorientierten Abteilungen. Von ihnen wird beispielsweise die Fähigkeit erwartet, Verhandlungen in der jeweiligen Fremdsprache oder in einer gemeinsam verabredeten Verständigungssprache (lingua franca, häufig Englisch) führen zu können oder eine Vorgesetztenfunktion im Ausland auszuüben.

Der moderne Luftverkehr hat dieses Modell weiter begünstigt; es ist heute möglich, fast überall in Europa einen Geschäftstermin wahrzunehmen und noch am selben Tage wieder zu Hause zu sein. Die Führungskräfte dieser Kategorie leben in der künstlichen „Kulturblase" der internationalen Geschäftskultur (mit an der Oberfläche gleichen Gesprächsthemen, Hobbys, Wertvorstellungen, Vorstellungen von Arbeit und wirtschaftlicher Effizienz). Sie werden mit ausgesuchter Höflichkeit als VIPs behandelt und bekommen gut präsentierte, entscheidungsreife Vorlagen zu sehen. Vom Alltag der anderen Kulturen und damit von deren Fremdheit erfahren sie wenig. Die kulturbedingten Konflikte entstehen meist auf der sogenannten Arbeitsebene, als Ergebnis länger andauernden Kontakts. Diese Führungskräfte erleben ihre Situation meist so, daß sie selbst ihrer eigenen Wahrnehmung nach reibungsfrei kommunizieren können. Weil man sie gegen alle Widrigkeiten des Alltags abschirmt, erwerben sie kein Bewußtsein von den kulturbedingten Schwierigkeiten einer längerfristigen Zusammenarbeit, wie sie von den „Auslandsdelegierten" erlebt wird. Diese müssen sich – wegen der Dauer ihres Aufenthalts und oft auch, weil sie ihre Familien mitgenommen haben – auf die fremde Realität „einlassen". Ihnen kann man auf Dauer kein geschöntes Bild präsentieren. Ein Resultat dieser Abschirmung der oberen Führungskräfte ist die Leugnung der Existenz kulturbedingter Friktionen. Man kann ja auf die erfolgreichen Verhandlungen und Gespräche mit Vertretern anderer Nationen verweisen und „zeigen", daß es problemlos möglich ist, international zu arbeiten.

Die kommunikative Auswirkung dieses Modells besteht also ebenfalls in einer Bündelung der fremdsprachigen Kommunikation; zugleich verhindert sie, wenn keine Gegenmaßnahmen ergriffen werden, die Herausbildung einer tiefergreifenden Internationalisierung der Unternehmenskultur.

3.4. Das Statthaltermodell: Nabe und Speichen

Ein weiteres, sehr verbreitetes Modell der internationalen Unternehmenskommunikation läßt sich als Statthaltermodell beschreiben. Große, dominante Muttergesellschaften gründen in Ländern außerhalb ihres Stammsitzes Tochtergesellschaften. Die Kommunikationsflüsse sind in der Regel nach dem *Prinzip von Nabe und Speiche* eines Wagenrades organisiert: Die Tochtergesellschaften berichten an die Zentrale, kommunizieren aber kaum untereinander. In dieser Modellvorstellung entspricht die Zentrale der Radnabe, die mit den Tochtergesellschaften über die „Speichen" der Organisationsstruktur verbunden sind. Die „Töchter" erhalten ihre Vorgaben aus der Zentrale; die Kommunikation wird in der Sprache der Muttergesellschaft abgewickelt. Sie erfolgt in zwei Richtungen, zum Zentrum hin und vom Zentrum nach außen. Zum Zentrum hin werden diverse Performanzdaten sowie Abweichungen von den Sollvorgaben kommuniziert. Aus dem Zentrum fließen Direktiven aller Art. Beispiele für dieses Modell sind die „alten" multinationalen Konzerne, häufig US-amerikanische Gesellschaften wie EXXON oder 3M, aber zunehmend auch deutsche, wie Siemens, Bosch oder Daimler Benz.

Statthaltermodell: Nabe und Speichen

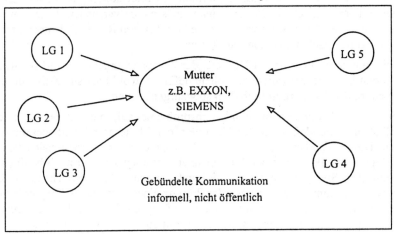

Abb. 4: Die Muttergesellschaft bildet die „Radnabe", die Tochtergesellschaften kommunizieren über die „Speichen" die Performanz-Daten in Richtung Zentrale und empfangen Direktiven von der Zentrale. Häufig gehört zum Management der Töchter ein Vertreter der Muttergesellschaft, dessen Rolle als die eines Statthalters wahrgenommen wird. Kommunikation zwischen den Töchtern findet in der Regel nicht direkt, sondern nur über die Zentrale statt. Dieses Modell ist charakteristisch für die „alten" multinationalen Konzerne.

Die kommunikative Konsequenz dieses Modells ist einerseits die Eindimensionalität der Kommunikation und der ständige Versuch, die Unternehmenskultur der Mutter auf die jeweiligen Töchter zu übertragen. Die Umwelt des Unternehmens, auch bei den Töchtern, wird interpretiert mit den Wahrnehmungskategorien und Bewertungsschemata der Mutter. Dabei kommt es immer wieder zu Unverträglichkeiten, weil die „Passung" zwischen den vorgegebenen Erfassungskategorien, die von der Zentrale kommen, und der nationalen Umgebung, in der die Töchter operieren, nicht gegeben ist. Ein Beispiel von vielen ist die Schwierigkeit, die Mitbestimmungsregelungen des deutschen Betriebsverfasssungsgesetzes oder die Vereinbarungen zur Abfederung der sozialen Folgen bei Betriebsschließungen, die hier als Sozialpläne bezeichnet werden, angemessen zu kommunizieren. „Betriebsrat" läßt sich zwar näherungsweise mit „works council", „Mitbestimmung" etwa mit „industrial democracy" wiedergeben, aber der Begriffsinhalt bleibt dennoch meist fremd. Mitarbeiter der Tochterfirmen müssen also ständig versuchen, ihre eigene politisch-gesellschaftliche und kulturelle Realität in der Sprache der Muttergesellschaft zu kommunizieren und ihre eigenen Vorstellungen zur Erreichung des Unternehmenszieles in der dominanten Sprache der Mutter, die für sie Fremdsprache ist, durchzusetzen. Für deutsche Mitarbeiter bedeutet dies z.B., deutsche wirtschaftliche und gesellschaftliche Realität auf Englisch darzustellen und begreifbar zu machen. Darüber hinaus müssen sie versuchen, Unterschiede, z.B. solche in der Auffassung von der gesellschaftlichen Rolle des Unternehmens oder vom Umweltschutz, zu kommunizieren.

Was die Statthalterfunktion der Vertreter der Zentralen angeht, so wird sie offiziell von den Unternehmen nicht als solche definiert, wohl aber subjektiv von den Mitarbeitern der Tochtergesellschaften so wahrgenommen.

Dabei treten erhebliche Kommunikationsprobleme auf, die mit der je unterschiedlichen Rollendefinition des Vertreters der Muttergesellschaft zusammenhängen. Die Auslandsdelegierten, in der Fachsprache des internationalen Personalmanagements als „expatriates" bezeichnet, stammen zur Zeit noch häufig aus den Zentralen. Sie sprechen häufig die Landessprache nicht ausreichend, so daß die gesamte Kommunikation wegen der Präsenz eines „Statthalters" in der jeweiligen Sprache der Mutter stattfindet, wie etwa Deutsch bei deutschen „Landesgesellschaften" (Töchtern) oder Englisch bei Töchtern amerikanischer Firmen.

Der Ausdruck „expatriates" ist kennzeichnend für die Perspektive; es ist die Sichtweise vom Zentrum (der „Heimat") ins Ausland, die Auslandsentsandten sind gewissermaßen „Heimatvertriebene." Aus der Sicht der aufnehmenden Firmen wird gelegentlich schon eine Umbenennung und damit ein Perspektivenwechsel vorgenommen; so bezeichnet die EXXON die im Rahmen eines europäischen Austauschprogramms zwischen den europäischen EXXON-Töchtern ausgetauschten Nachwuchsmitarbeiter als „impatriates," also Menschen, die in die Landesgesellschaft „eingebürgert" werden und denen Heimatrecht gewährt wird.

Die Kommunikation mit den Vertretern der Zentralen wird von einer Rollenunsicherheit belastet. Sind es

— Missionare der Unternehmenskultur der Zentrale?

- Spione, die Know-how in die Zentrale mitnehmen wollen?
- Statthalter, die Direktiven der Zentrale durchsetzen?
- Zwingherren, die gnadenlos Arbeitsplätze wegrationalisieren wollen?

Die Auslandsentsandten aus den Zentralen erleben ihrerseits die Kommunikation als belastet, weil sie von der Alltagskommunikation des Unternehmens abgeschnitten sind.

Die Probleme, die sich aus dem Statthaltermodell ergeben, sind also vielfältig; es herrscht eine stark verengte Kommunikation vor. Die Integration in die aufnehmende Organisation ist schwierig, insbesondere, was die Entscheidungskompetenzen und die bestehenden, lokalen Beurteilungskategorien angeht. Werden amerikanische Performanzkriterien oder französische oder thailändische Kriterien angewendet? Hier trifft man häufig auf verdeckte Kommunikationsstrukturen. Offiziell werden z.B. amerikanische Kriterien der Leistungsbeurteilung angewandt, inoffiziell jedoch die lokal üblichen. Die Zentralen erfahren davon in der Regel kaum etwas. So ist z.B. für das Fortkommen eines Mitarbeiters in asiatischen Ländern, etwa in Thailand, die bedingungslose Loyalität gegenüber dem Vorgesetzten ein wichtiges Kriterium. In einem an US-amerikanischen Maßstäben orientierten System dürfte dies jedoch offiziell gegenüber der „objektiv" meßbaren Performanz (z.B. Umsatzzahlen) keine Rolle spielen. Und schließlich bereitet die Re-Integration nach dem Auslandsaufenthalt Probleme.

3.5. Fluide Konstellationen und die arbeitsteilige regional-komplementäre Zusammenarbeit

Im Zuge der ständig intensiver werdenden internationalen Verflechtung der Volkswirtschaften haben sich in jüngster Zeit die wirtschaftsbedingten Kommunikationsprozesse entscheidend verändert, so daß man davon sprechen kann, daß sich ein *neues Paradigma der wirtschaftlichen Zusammenarbeit* herausgebildet hat, die *arbeitsteilige regional-komplementäre Zusammenarbeit*. Regional-komplementär bedeutet hier, daß regionale Schwerpunkte entstehen, in denen einzelne wirtschaftliche Funktionen verdichtet werden, beispielsweise Produktion, Forschung und Entwicklung, Lagerhaltung, Personal. So werden z.B. in der Automobilbranche, in der fast nur noch global tätige Konzerne überlebt haben, an einem Standort Motoren für alle oder viele Modelle eines Herstellers produziert, während die Forschung und Entwicklung oder der Verwaltungssitz an einem anderen Standort in einem anderen Land angesiedelt sind. Mit Hilfe eines komplexen logistischen Systems werden die regional hergestellten Bauteile zu einem ganzen zusammengefügt. Das wohl bekannteste Beispiel hierfür ist der Airbus als internationales europäisches Produkt.

Innerhalb dieses neuen Paradigmas verlieren die Bezeichnungen „Volkswirtschaft" ebenso wie „Nationalökonomie", die ja noch auf den auf eine Nation und damit meist auch auf eine Nationalsprache beschränkten Wirtschaftsraum hinweisen, zunehmend an Berechtigung.

Die regionalen Zentren befinden sich in intensiver und ständiger Abstimmung untereinander und mit der Zentrale. Dieser notwendige Koordinationsprozeß löst zahlreiche fremdsprachige Kommunikationsprozesse aus, und zwar bis tief in die Organisation hinein und auf allen Hierarchieebenen, von der Unternehmensspitze bis zum Buchhalter und Pförtner.

Da nicht mehr nur Güter und Dienstleistungen ausgetauscht werden, sondern immer mehr und intensiver in den unterschiedlichsten und ständig wechselnden Konstellationen auch *zusammengearbeitet* wird, kommt dem Aufbau einer tragfähigen sozialen Beziehung als Voraussetzung für produktive Zusammenarbeit auf allen Ebenen immer größere Bedeutung zu.

Als Formel gefaßt, kann man sagen:

> *Sehr viele Menschen im Wirtschaftsprozeß, tendenziell fast alle, müssen über (fast) alles so kommunizieren können, daß sie in die Lage versetzt werden, arbeitsfähige Gruppen oder Teams zu bilden, die konstruktiv miteinander arbeiten und tolerant miteinander leben können.*

Die wichtigste kommunikative Konsequenz des oben beschriebenen Paradigmenwechsels ist die notwendige Fähigkeit, sich in ständig wechselnden Konstellationen zu arbeitsfähigen Gruppen und Teams zu organisieren. Während alle bisherigen Modelle eine relative Stabilität der Beziehungen zwischen den kommunizierenden Partnern aufwiesen, so daß die miteinander Handelnden sich auf die Besonderheiten eines Landes und seiner Kultur einstellen konnten, nimmt die internationale Unternehmenskommunikation jetzt eine neue Qualität an. Die Interaktanten müssen in rasch wechselnden *fluiden Konstellationen*, zum Teil sogar gleichzeitig oder in kurzen Zeitabständen in mehreren verschiedenen, kulturell und sprachlich unterschiedlich strukturierten Gruppen arbeitsfähig sein.

Fluide Konstellationen und meta-kulturelle Regeln

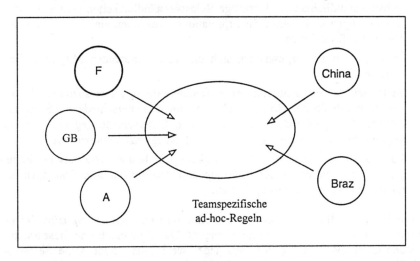

Abb.5: In diesem neuen Paradigma der internationalen Unternehmenskommunikation arbeiten kulturell unterschiedlich geprägte Menschen auf eine gemeinsam vereinbarte Zielsetzung hin. Dabei gelten nicht mehr ausschließlich die Regeln (Kommunikationsstile, Entscheidungs- und Führungsstile) einer (dominanten) Kultur. In unserem Modell gehören Franzosen, Briten, Österreicher, Brasilianer und Chinesen zur Arbeitsgruppe. Es ist Aufgabe der Gruppe, die für diese Konstellation tragfähigen Kommunikationsregeln auszuhandeln und einzuhalten. Es werden team-spezifische, für genau diese Situation bestimmte Regeln entwickelt, die jede in der Runde vertretene Einzelkultur transzendieren und die daher metakulturell genannt werden.

3.6. Kulturelle Differenz als Synergiechance: Metakulturelle Prozeßkompetenz

Die Bewältigung fluider Konstellationen erfordert neue Fähigkeiten und Fertigkeiten, die in den jeweiligen Fremdsprachen verfügbar sein müssen. Dabei geht es im wesentlichen um die Befähigung zur aktiven Gestaltung der Kommunikationsprozesse unter Einbeziehung der kulturspezifischen Variation in bezug auf Kommunikationsregeln, Arbeitsstile, Wertvorstellungen u.ä. (also alles dessen, was gemeinhin als von „Kultur" beeinflußt gefaßt wird).

Kulturbegriff

Zur Klärung des vielschichtigen Kulturbegriffs wird hier eine kommunikationsorientierte Arbeitsdefinition von Kultur vorangestellt, die sich für die Beschreibung und Analyse von Kontakt- und Überschneidungssituationen in der Unternehmenskommunikation bewährt hat:

1. Kultur ist ein erlerntes System von welterklärenden und handlungsleitenden Selbstverständlichkeiten. Derartige Selbstverständlichkeiten sind z.b. Wertorientierungen und Standardinterpretationen von kommunikativen Signalen, Rollen und Situationen.
2. Über ihre Kultur vergewissern sich die ihr angehörenden Mitglieder ihrer sozialen Identität.
3. Im Prozeß des Erwerbs und der Aufrechterhaltung dieser sozialen Identität werden innerhalb der Gruppe wahrgenommene Unterschiede zur Schaffung größerer Gruppenkohäsion minimiert und Unterschiede gegenüber Nicht-Angehörigen der Kultur („Fremde") durch Ausgrenzung maximiert.
4. Auf diese Weise entstehen Zugehörigkeitsgefühle und Loyalitätsempfindungen, die zur Bildung einer In-Group und Ausgrenzungsempfindungen, die zur Bildung einer Out-Group führen.

Die Selbstverständlichkeiten in obiger Definition sind auch als *implizites Wissen* beschreibbar, das in jede Interaktion eingeht. Das Problematische dieses selbstverständlichen „Wissens" („das, was jeder weiß") ist gerade seine Selbstverständlichkeit. Diese verhindert, daß die Mitglieder unterschiedlicher Systeme von Selbstverständlichkeiten sich der Relativität dieser Orientierungen (im Vergleich zu anderen Selbstverständlichkeiten) bewußt werden können. Daher ist eine ausdrückliche Schulung im fremdperspektivischen Hin-Sehen auf die eigene Kultur (als ein System von Selbstverständlichkeiten) dringend nötig.

Für die erfolgreiche Bewältigung beruflicher fremdsprachiger Kommunikationsprozesse kommt es zunächst darauf an, die kulturellen Orientierungen derer, die für eine gewisse Zeitspanne zusammenarbeiten wollen (oder müssen), und zwar die eigenen und die der anderen Gruppenmitglieder, zu ermitteln und anschließend einen „gemeinsamen Nenner" zu finden, tragfähige Kompromisse „auszuhandeln", auf deren Basis vereinbarte Ziele erreicht werden können.

Konkret kann dies bedeuten:

- die kulturelle Überschneidungssituation beruflich und sozial aktiv zu bewältigen, z.B. durch das Aushandeln von gemeinsamen Kommunikationsregeln und „Vereinbarungen" über den Arbeitsstil und die Zuweisung von Aufgaben auf der Basis des ermittelten und akzeptierten Stärken- und Schwächenprofils („Wer kann was am besten?").

- der kontrollierte Umgang mit ermittelten Eigen- und Fremdbildern und mehr oder weniger latenten Stereotype.

- die Fähigkeit, aktiv zuhören zu können und sich gegenseitig Feedback zur Kommunikation zu geben.

Für die Erfüllung dieser Forderungen sind die üblichen Lernzielkataloge für die fremdsprachige Kommunikation über die Vermittlung von Wörtern, Strukturen und Redemitteln hinaus um eine spezifische *metakulturelle Dimension* zu erweitern. Diese Dimension wird als metakulturell bezeichnet, weil es darum gehen muß, für die Überschneidungssituation einen „Vorrat an Gemeinsamkeiten" zu definieren und nicht etwa darum, die Regeln eines einzelnen Teilnehmers der Interaktion auf alle zu übertragen. Diese vereinbarten Regeln sollen für die Dauer der Zusammenarbeit gelten.

3.6.1. „Künstliche Vereinbarungskulturen" von begrenzter zeitlicher Geltung und die Bildung von Interkulturellen Teams

Die Gesamtheit der Regeln und Vereinbarungen, die die miteinander kooperierenden Mitglieder einer Gruppe beschließen, kann als eine künstliche Team- oder Vereinbarungskultur angesehen werden. In mancher Hinsicht, wenn auch nicht vollständig, entspricht dieses Konzept der von Casmir vorgeschlagenen Third Culture (Casmir 1993). Casmir hat eher mittel- bis langfristige synkretistische Mischformen zwischen etablierten realen Kulturen im Auge, die das Ergebnis dauerhafter Adaptationsprozesse sind. Für die interkulturelle Arbeitssituation in fluiden Konstellationen ist jedoch der künstliche und vorübergehende Charakter dieser „Kulturen" von Interesse. Die Mitglieder derartiger Gruppen bleiben „sie selber" und können jederzeit ihre „authentische" kulturelle Identität reaktivieren. Die hierzu notwendigen psychischen Dispositionen sind an die Verfügbarkeit eines breiten Rollenrepertoirs gebunden, aus dem auf der Basis eines „disponiblen Verhaltens"[2] Handlungsmuster abgerufen werden können. Ein weiterer wichtiger Unterschied ist der bewußte Vereinbarungscharakter.

Zur Entstehung eines Teambewußtseins in interkulturellen Teams gehört die bewußte Förderung der Gruppenkohäsion. Dies kann durch „starke Symbole" der Zusammengehörigkeit bewirkt werden, die aus einer gemeinsamen Wert- und Zielorientierung gespeist werden. Es zur Zeit jedoch festzustellen, daß die Notwendigkeit, nicht-konfrontative Loyalitäten, die die Voraussetzung für eine echte transnationale Unternehmenskultur bilden, zwar erkannt ist. Es fehlt jedoch noch an geeigneten Verfahren, dies in das praktische Handeln von interkulturellen Teams umzusetzen.

3.6.2. Landeskunde und metakulturelle Prozeßkompetenz

In diesem Zusammenhang stoßen wir auf die Frage der „Landeskunde" als sprachliches oder (inter)kulturelles Lernziel.

Für die hier ins Auge gefaßte Form der internationalen Unternehmenskommunikation ist auf explizite landeskundliche Lernziele zu verzichten. Stattdessen wird die *metakulturelle Prozeßkompetenz* definiert; diese besteht darin, daß Lerner (und künftige Anwender) in der Lage sind,

- kulturbedingte Unterschiede im Kommunikationsverhalten in berufsorientierten Kontakten zu thematisieren
- mit derartigen Unterschieden in produktiver Weise fertig zu werden
- kulturelle Divergenz aktiv als Synergiechance einzusetzen.

Dies bedeutet im einzelnen, ansatzweise über eine *Metasprache* zur Thematisierung von kulturellen Phänomenen der eigenen (muttersprachlichen) Herkunftskultur sowie der Kultur der deutschen und der internationalen Arbeitswelt zu verfügen.

Darüber hinaus müssen die Anwender über die sprachlichen Voraussetzungen verfügen, auf der Ebene der bewußtgemachten Kommunikationsunterschiede, Wertorientierung und Arbeitsstile ein Klima der Zusammenarbeit herzustellen (Synergie).

Insofern ist die Redeweise von der „Zielsprache" und der dazugehörigen „Zielkultur" (die dann in Lernzielkatalogen zur „Landeskunde" des Ziellandes wird) für die hier im Mittelpunkt stehenden Teilnehmer am internationalen Wirtschaftsprozeß unangemessen.

Die Lerner müssen also sprachlich in die Lage versetzt werden,

- kulturbedingte Kommunikationsstile und damit zusammenhängende Kommunikationsprobleme, kulturtypische Arbeitsweisen und Wertorientierungen im Prozeß der Kommunikation zu *ermitteln* (durch *Explorationssequenzen)* und

- die Fähigkeit besitzen, über spezifische Institutionen und soziale sowie politische Gegebenheiten des eigenen Herkunftsraums im Vergleich zur der zu ermittelnden Realität der anderen Beteiligten angemessen sprechen zu können („prozeßorientierte vergleichende Landes – und Systemkunde").

Gefordert ist daher die Befähigung der in fluiden Konstellationen tätigen Mitarbeiterinnen und Mitarbeiter zur *fremdperspektivischen Wahrnehmung der eigenen Kultur* und zum Vergleich mit deutschen Verhältnissen unter weitestgehender Vermeidung von Wertungen und Stereotypen.

Nach der Ermittlung (Exploration) der jeweiligen Orientierungen der Interaktanten muß es gelingen, einen kommunikativen Kompromiß auszuhandeln. In diesem Prozeß sind sozusagen klassische landeskundliche Fakten und Orientierungen „aufgehoben", in dem Sinne, daß Lerner/Anwender sie im Gespräch oder durch Begegnung mit der Lebenswelt der anderen Beteiligten ermitteln und in Kontrast zu ihren eigenen kulturellen Orientierungen setzen.

Da es nicht mehr um die Absicherung eines positiven Wissens über eine „Zielkultur" geht, sondern um die aktive Gestaltung des Kommunikationsprozesses, auch im Hinblick auf kulturbedingte Einflußfaktoren, wird hier von *Prozeßkompetenz* gesprochen.

Und da darüber hinaus nicht mehr die Normen einer Kultur übernommen werden sollen, sondern ein *kommunikativer Kompromiß jenseits einer Einzelkultur* (sei es der eigenen oder der eines deutschsprachigen Landes) ausgehandelt wird, bezeichnen wir diese Prozeßkompetenz als *metakulturell;* denn es werden von den Einzelkulturen abweichende „Zwischennormen" zwischen den Interaktionspartnern ausgehandelt.

Die Forderung nach einer *metakulturellen Prozeßkompetenz* für die Ausübung einer Tätigkeit in den beschriebenen fluiden Konstellationen (die im übrigen keineswegs nur „im Ausland", sondern potentiell auch in jedem inländischen Besprechungsraum gegeben sein können) muß deswegen nachdrücklich betont werden, weil die mit der beruflichen Tätigkeit verbundenen kommunikativen Anforderungen in starkem Maße abhängen von der strukturellen Organisation des Unternehmens und der dort vorherrschenden Unternehmenskultur („corporate culture"). Diese ist ihrerseits wiederum in die jeweilige Geschäftskultur („business culture"), die „Professionskultur" (z.B. die der Ingenieure oder Handwerker) und in die jeweilige Regional- oder Nationalkultur eingebettet, wie folgendes Schaubild verdeutlichen soll:

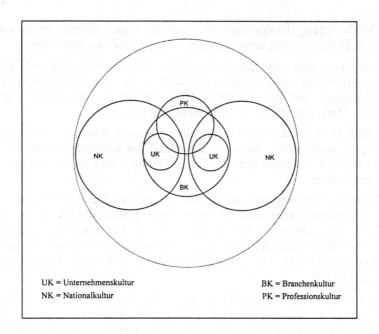

UK = Unternehmenskultur
NK = Nationalkultur
BK = Branchenkultur
PK = Professionskultur

Abb. 6: Modellhaft vereinfacht können wir von Einbettungen unterschiedlicher Teilkulturen in übergeordnete Kulturen sprechen, die zum Teil sehr unterschiedliche Schnittmengen bilden. Berufsgruppen haben eine Professionskultur, wie z.B. Ärzte oder Ingenieure oder Facharbeiter verschiedener Branchen. Es gibt einen gemeinsamen Vorrat an Selbstverständlichkeiten darüber, was das berufliche Ethos vorschreibt, was „gute Arbeit" ausmacht usw. Eine Professionskultur deckt sich zum Teil, jedoch nie vollständig, mit einer Branchenkultur, z.B. Maschinenbau. Unternehmenskulturen sind ihrerseits in die Branchenkultur und letztlich in die jeweilige Nationalkultur eingebettet.

Wie das obige Schaubild zeigen soll, gehören die Mitglieder einer Organisation gleichzeitig mehreren nur teilweise deckungsgleichen Teilkulturen an. Die zwei wohl wichtigsten Teilkulturen der modernen westlichen Industriegesellschaften sind die der „Techniker" und die der „Kaufleute". Ihr teilweise problematisches Zusammenspiel bestimmt einen Großteil des kommunikativen Geschehens in modernen Unternehmen. Die jeweiligen nationalkulturellen Selbstverständnisse von Technikern und Ingenieuren divergieren schon innerhalb Europas stark. So ist z.B. das Selbstverständnis (Selbstkonzept) deutscher und französischer Ingenieure und damit auch ihr Rollenverständnis innerhalb eines Unternehmens aufgrund historisch unterschiedlicher Entwicklungen oft fundamental anders. Dies führt in gemischt-kulturellen Arbeitsgruppen zu vorhersagbaren Spannungen (Beneke 1991).

Auf der anderen Seite können Angehörige einer Profession gewissermaßen quer zu den nationalkulturellen Grenzen untereinander mehr Gemeinsamkeiten haben als mit Angehörigen einer anderen Profession. Es bilden sich also sehr komplexe *Loyalitätsbünde* heraus, die zu unterschwelligen Konflikten in der internationalen Zusammenarbeit führen können.

3.6.3. Unterschiedliche Selbstkonzepte als Konfliktpotential in der internationalen Zusammenarbeit

Das folgende Beispiel aus der deutsch-französischen Zusammenarbeit soll das Gemeinte verdeutlichen. In einem deutsch-französischen Entwicklungsprojekt im Bereich der Luft- und Raumfahrt kam es immer wieder zwischen den deutschen und den französischen „Entwicklern", in der Regel jüngeren, ehrgeizigen Ingenieuren, zu erheblichen Spannungen. Als eine der Ursachen wurde folgende französische Aussage ermittelt. Die Franzosen bewerteten die Voraussetzungen für eine gelingende, reibungslose Kooperation als besonders glücklich, denn

die Zusammenarbeit zwischen Deutschen und Franzosen ist optimal. Es sind alle Voraussetzungen für eine perfekte komplementäre Ergänzung der Qualitäten gegeben. Wir Franzosen liefern die kreativen Ideen. Die Stärke der Deutschen liegt in der Prototypenentwicklung und in der Entwicklung zur Serienreife eines marktfähigen Produktes – eine perfekte Synergie.

Doch anstatt die ihnen zugedachte Rolle der soliden „Handwerker" zu akzeptieren, setzten die deutschen Ingenieure alles daran, nachzuweisen, daß die Franzosen gar nicht „kreativ" sind und die Deutschen mindestens ebenso kreativ. Aus der Distanz der kaufmännischen Perspektive betrachtet, hätte die „Synergie" tatsächlich so, wie von den Franzosen formuliert, funktionieren können. Aber es ging ja um sehr viel mehr, um Ehre und Ehrgeiz, um die Vorstellung eines „guten Ingenieurs" und vieles andere. In derartigen Konfliktfällen – besser noch: bevor sich ein derartiger Konflikt aufschaukelt – muß die geschilderte metakulturelle Prozeßkompetenz innerhalb des Teams einsetzen.

Für die Effizienz der Arbeit und damit den beruflichen Erfolg der Mitarbeiterinnen und Mitarbeiter sind deshalb grundlegende Kenntnisse über kulturspezifische Unterschiede in Arbeitsstilen, Wertvorstellungen, Motivationen ebenso unerläßlich wie die aktive Beherrschung unterschiedlicher Strategien für Verhandlungsführung und Entscheidungsfindung. Weiterhin spielen u.a. das unterschiedliche Verständnis von Zeit und Planung, vom Umgang mit Raum und Nähe, von der Angemessenheit des Rollenverhaltens und von anderen außersprachlichen Komponenten der Unternehmenskommunikation eine wichtige Rolle.

„Kenntnisse über kulturspezifische Unterschiede" bedeutet jedoch nicht enzyklopädisches Wissen, sondern die Fähigkeit, in der konkreten Arbeits- und Kontaktsituation derartige Kenntnisse zu erwerben, vor allem durch die oben erwähnte Explorationstechnik.

4. Konsequenzen für das Training der internationalen Unternehmenskommunikation

Aus dem oben beschrieben Paradigmenwechsel in der wirtschaftlich-technischen Zusammenarbeit lassen sich drei Tendenzen der internationalen Unternehmenskommunikation und damit auch der *fremdsprachlichen Anforderungsprofile* ableiten:

– eine *vertikale Erweiterung* des Anforderungsprofils (Fremdsprachenkenntnisse für alle, „vom Manager zum Pförtner").

– eine *horizontale Erweiterung* des Anforderungsprofils, weil über eine Vielzahl von Themen und in zahlreichen Szenarien kommuniziert wird.

– eine *qualitative Erweiterung* des Anforderungsprofils, nämlich die interkulturelle Dimension, als Folge der und zugleich Voraussetzung für grenzüberschreitende Zusammenarbeit.

Im Zusammenhang mit der vertikalen Erweiterung des Anforderungsprofils ist darauf hinzuweisen, daß durch den Einsatz moderner Arbeitsmittel und Kommunikationsmedien wie Arbeitsplatzrechner und „elektronische Post" (z.B. e-mail) und durch die Tendenz zur „Verschlankung" der Organisationen (Stichworte: „lean management," „lean production") eine Verflachung der Hierarchien bewirkt wird.

In der Unternehmenskommunikation wirkt sich dies u.a. darin aus, daß immer mehr Mitarbeiter Zugriff auf Informationsbestände und Datenbanken einerseits, aber auch Zugang zu anderen Mitgliedern der Organisation andererseits haben. Die ständige, direkte Kommunikation mit ausländischen Mitarbeitern des gleichen Konzerns auf der Arbeitsebene ist Teil des Arbeitsalltags. Diese Tatsache hat Auswirkungen auf die „klassischen" Rollen der *Kommunikationsdienstleister*.

Die Rolle der Kommunikationsdienstleister verändert sich auch insofern, als rein schreibtechnische Leistungen oder Dateneingaben immer mehr zurücktreten, da in naher Zukunft fast jeder über einen Bildschirmarbeitsplatz verfügen oder Zugang zu einem solchen hat oder haben wird. Damit verändert sich sowohl die klassische Sekretariatsfunktion als auch die der Fremdsprachendienstleister (Fremdsprachenkorrespondentinnnen und -korrespondenten, Übersetzer und Dolmetscher) mit der Konsequenz, daß die früher mögliche Bündelung fremdsprachiger Kommunikation noch seltener werden wird. Man wird die Verantwortung für das Gelingen der internationalen Unternehmenskommunikation auf die gesamte Organisation verlagern, statt sie an die speziellen Dienstleister zu delegieren. Das bedeutet auch, daß die *Organisation als ganze* lernen muß, interkulturell zu werden.³

Dabei ist die innereuropäische Zusammenarbeit nur ein, wenn auch sehr wichtiger, Aspekt. Es kommt der beruflich motivierte Kontakt zu außereuropäischen Regionen hinzu, beispielsweise zu den USA oder zu Japan.

Anmerkungen

1 Vgl. Theis (1994), dort mit bezug auf Organisationen im allgemeinen.
2 Vgl. zum disponiblen Verhalten Beneke (1992a).
3 Vgl. zum interkulturellen Organisationslernen Beneke (1992b).

Literatur

Beneke 1991 = Jürgen Beneke: „When the European Airbus Becomes a French Airbus (and why)- Or: Do We Need 'The Other' to Define Ourselves?" In: European Business Review 1991, Vol. 91, No. 2, II-V.

Beneke 1992a = Jürgen Beneke: „Das Hildesheimer Profil Interkulturelle Kompetenz (HPIK) – Vorschläge für ein Interkulturelles Assessment Centre." In: Beneke, Jürgen (Hrg.): Kultur, Mentalität, Nationale Identität. Bonn 1992, 93-08.

Beneke 1992b = Jürgen Beneke: „Auslandseinsatz als Organisationslernen." In: Beneke, Jürgen (Hrg.): Kultur, Mentalität, Nationale Identität. Bonn 1992, 109-129.

Casmir 1993 = Fred L.Casmir: „Third-Culture Building: A Paradigm Shift for International and Intercultural Communication." In: Communication Yearbook 1993, 16, 407-424.

Goldhaber /Barnett 1988 = G.M. Goldhaber /G.A.Barnett,(eds.): Handbook of organizational communication. Norwood 1988.

Theis 1994 = Anna Maria Theis: Organisationskommunikation. Opladen 1994.

Zum Profil des Euro-Managers – Aufgabe und Anforderungen

Wolfgang Kramer

Europäisierung und Internationalisierung der Märkte

Durch die Einführung des Gemeinsamen Binnenmarktes 1993 erhält die Europäisierung und Internationalisierung der Märkte eine zusätzliche Schubkraft. Noch vermag niemand die künftigen Chancen und Risiken des Zusammenschlusses annähernd abzuschätzen. Fest steht aber, daß:

— die Unternehmensstandorte sich weiter europäisieren werden;

— die Produktion zunehmend globaler wird;

— die praktische Freizügigkeit zunehmen wird und damit die Wanderungsbewegungen der Bevölkerungen;

— Forschung und Wissenschaft, die schon heute miteinander kooperieren, sich weiter verzahnen werden und

— die europäischen Kulturen und Sozialsysteme sich annähern werden.

Die Notwendigkeit, sich noch stärker auf den internationalen Wettbewerb mit allen damit verbundenen Herausforderungen einzustellen, ist in den letzten Jahren deutlicher bewußt geworden, und zwar in allen europäischen Ländern, wenn auch in unterschiedlicher Weise und mit unterschiedlichen Konsequenzen.

Im Mai 1988 beispielsweise ergab sich bei einer Telephonumfrage des Münchener Ifo-Instituts, daß nur eine kleine Minderheit der deutschen Unternehmen (14 Prozent) „voll ausreichend" über den EG-Binnenmarkt informiert waren, während sich 30 Prozent „mehr oder weniger ausreichend" und über 50 Prozent der befragten Unternehmen sich „nicht ausreichend" informiert fühlten (vgl. Ackermann 1990, 96). Die Diskussion über Maastricht mag hier manche zusätzliche Information gebracht haben. Dennoch bleiben viele Defizite in allen EG-Ländern.

Kommende Veränderungen sind von Menschen zu bewältigen. Was erwarten die Unternehmen von ihren Managern als Ingenieuren oder Wirtschaftlern?

Ganz allgemein betrachtet, lautet die nüchterne Feststellung eines Personalexperten: „Trotz des allgemein akzeptierten Slogans: 'Mitarbeiter sind unsere wichtigste Ressource!' stehen betriebliche Personalprobleme nicht im Zentrum der aktuellen Europa-Diskussion in Wissenschaft und Praxis – ganz im Gegensatz etwa zur Diskussion europabezogener Bilanzierungs-, Finanzierungs- und Logistikprobleme (ebenda, 95).

Woran liegt das?

1989 beschäftigte sich eine empirische Studie (Meffert-Studie, vgl. Wilhelm 1989) mit der wahrgenommenen Beschaffenheit einzelner Funktionsbereiche durch Europa '93. Dabei ergab sich auch, daß erhebliche branchen- und betriebsspezifische Unterschiede im Ausmaß der Betroffenheit durch den europäischen Binnenmarkt vorhanden sind. So dominieren in der Unternehmensgruppe mit hoher Betroffenheit Dienstleistungsunternehmen, vor allem Spediteure, Banken und Versicherungen.

In der Gruppe der weniger stark betroffenen Industrieunternehmen befinden sich auffallend viele, die schon seit längerer Zeit europa- oder gar weltweit tätig sind und sich daher für Europa '93 gut vorbereitet fühlen. In ihrer Vorstellung bietet Europa '93 nichts oder höchstens graduell etwas Neues.

Bemerkenswert ist, daß in dieser Studie, wie auch in anderen, von über 60 Prozent der befragten Großunternehmen in Europa die Internationalisierung der Personalbeschaffung im Bereich der Führungskräfte als personalpolitische Anpassungsmaßnahmen genannt werden. Natürlich war manches schon geplant und wäre auch ohne Europa '93 durchgeführt worden.

Diese knappen Hinweise deuten bereits an, daß die Auffassungen über Anforderungen an Manager und Führungskräfte sehr unterschiedlich ausfallen müssen.

Was den Grad der Betroffenheit und den Grad der EG-bezogenen Maßnahmen durch die zu erwartende Europäisierung angeht, so identifiziert die erwähnte Studie vier Unternehmenstypen:

— 'Industriepioniere' mit relativ hoher Betroffenheit, aber weniger hoher Maßnahmenintensität. Ihre Europa-Konzepte sind häufig Teil einer Globalisierungsstrategie.

— 'Dienstleistungspioniere' mit noch höherer Betroffenheit, aber weniger hoher Maßnahmenintensität.

— 'Opportunisten' mit eher niedriger Betroffenheit und selektiv begrenzter Maßnahmenintensität.

— 'Gelassene', das sind diejenigen Unternehmen, die von Europa '93 am wenigsten betroffen sind und außerdem die geringste Maßnahmenintensität zeigen, sei es, weil die Binnenmarktharmonisierung für sie keine Relevanz besitzt oder weil die Vorbereitung durch Europäisierung bzw.

Internationalisierung bereits weitgehend abgeschlossen ist und kein Anlaß für zusätzliche Maßnahmen besteht (ebenda, 103).

Nicht zu übersehen ist der hohe und weiter wachsende Internationalisierungsgrad vieler Unternehmen in Deutschland, der sich teilweise durch Produktionsverlagerungen in kostengünstigere Auslandsstandorte, in Großfusionen und -beteiligungen und nicht zuletzt in Kooperationsprojekten mit international bekannten Unternehmen niederschlägt. Dadurch ist eine Vielzahl von historisch gewachsenen, unternehmensindividuellen Ansätzen eines Euro-Managements bzw. weltweit angelegten Managements entstanden.

Aus der Sicht vieler Personalexperten steht dahinter jedoch nur selten ein wohldurchdachtes, konsistentes und mit den Unternehmens- und Geschäftsstrategien abgestimmtes Konzept, vor allem in Hinblick auf den Euro-Personalmanagementbereich. Häufig sind, bezogen auf das Personalmanagement, Inland und Ausland organisatorisch und personell streng getrennte Funktions- und Verantwortungsbereiche, zwischen denen keine oder kaum Kooperations- oder Koordinationsbeziehungen bestehen.

Nicht allein neue organisatorische Hürden müssen von den Managern angesichts des erhöhten Internationalisierungsgrades genommen werden. Sie stehen auch vor weiteren Problemen, die hier nur kurz angedeutet werden können: Es sind der zeitliche und fachliche Zusammenhang mit Marktveränderungen, neue Technologien, Arbeitsmarkttrends, Wertewandel und andere wesentliche Veränderungen in der Umwelt der Unternehmen, die – beispielsweise durch Europa '93 – sich wechselseitig beeinflussend, verstärken, abschwächen oder in ihrer Richtung verändert werden.

Alle diese Entwicklungen erfordern betriebsspezifische Anpassungsreaktionen, die letztlich auch dazu führen, Anforderungen an das Management teilweise neu zu definieren.

Eine besondere Rolle wächst vielen Managern bei Firmenübernahmen und -zusammenschlüssen zu. Gründe dafür sind:

- die zunehmende Anzahl von Mitarbeitern in Europa und anderwärts, die direkt oder indirekt von Übernahmen und Zusammenschlüssen betroffen werden und

- die hohe Mißerfolgsrate von Übernahmen und Zusammenschlüssen.

Neben betriebswirtschaftlichen und anderen wichtigen Kriterien fallen besonders personalrelevante Kriterien erheblich ins Gewicht.

Für Mitarbeiter in übernommenen Unternehmungen stellt die Übernahme in der Regel ein einschneidendes Ereignis dar, das mit Hoffnungen und Erwartungen verbunden ist, das jedoch auch Ängste und Befürchtungen über künftige Arbeitsbedingungen zur Folge haben kann.

Ob und inwieweit das Management den besonderen Anforderungen im Übernahmefall gewachsen ist, hängt von der Wahrnehmung, gerade auch im Hinblick auf personalbezogene Übernahmeprobleme, ab. Mit der Bewältigung dieser Probleme steht und fällt in den meisten Fällen der Manager, zumindest hängt sein langfristiger Erfolg entscheidend von einer allseits akzeptierten Lösung ab.

Arbeitsmarktaspekte

Welche Folgen zeichnen sich für Führungskräfte auf dem europäischen Arbeitsmarkt ab? Arbeitsmarktexperten gehen davon aus, daß es durch den europäischen Binnenmarkt nicht zu einer Massenbewegung kommen wird. Vielmehr sehen sie eine international und EG-weite Nachfrage von Fach- und Führungskräften. Erwartet wird ein fließender Austausch von Personen mit besonderen Qualifikationen. Zukünftig werde es deshalb eine verstärkte „intra-industrielle Mobilität" geben, also eine Mobilität zwischen Industrienationen, die auf bestimmte Berufsgruppen begrenzt, sowie auch teilweise zeitlich befristet bleibe. Dabei werde diese Mobilität vor allem Führungskräfte, Ingenieure, Wissenschaftler und qualifizierte Fachkräfte betreffen. „Für einzelne Unternehmen ... ist ein internationaler Arbeitsmarkt für Hochschulabsolventen heute schon Realität" (Baur et al. 1991, 38).

Derzeit weist keine amtliche Statistik den Anteil ausländischer Erwerbspersonen unter der Gesamtzahl der Führungskräfte aus. Eine genaue Qualifizierung ausländischer Führungskräfte läßt sich ebensowenig vornehmen, wie sich ihre Verteilung nach den einzelnen EG-Staaten genau angeben läßt.

Auch für deutsche Führungskräfte, die im EG-Ausland tätig sind, gibt es keine exakten Angaben. Es läßt sich lediglich vermuten, daß aufgrund intensiver wirtschaftlicher Verflechtungen zwischen der Bundesrepublik Deutschland und den anderen hochindustrialisierten Mitgliedsstaaten der EG (Frankreich, England, Benelux-Länder) auch der Austausch von Führungskräften zwischen diesen Ländern intensiver ist. Gestützt wird diese Annahme durch eine Reihe von Arbeitsmarktbeobachtungen solcher Institutionen, die sich mit der Arbeitsvermittlung von Hochqualifizierten befassen.

So zeigt eine neue Übersicht des Nürnberger Instituts für Arbeitsmarkt- und Berufsforschung, daß die Beschäftigung von EG-Arbeitnehmern mit Fach- oder Hochschulabschluß in den vergangenen Jahren laufend angestiegen ist (Walwei/ Werner 1992, 2135).

Bemerkenswert ist in diesem Zusammenhang auch die Beobachtung der Arbeitsverwaltung, wonach eine Auslandstätigkeit von Führungskräften in bundesdeutschen Unternehmen je nach dem Land, in dem diese Tätigkeit ausgeübt wurde, auch unterschiedlich bewertet wird. Auslandstätigkeiten in Frankreich und England gelten als besonders gute Referenz und eröffnen dementsprechend Aufstiegsmöglichkeiten (Manz 1989, 14 f).

Aufgaben und Anforderungen an das interkulturelle Management (Cross-Culture)

Ingenieure und Wissenschaftswissenschaftler sind die wichtigsten Hochschulabsolventengruppen für die Wirtschaft. Von den zur Zeit in der alten Bundesrepublik beschäftigten Hochschulabsolventen in der Wirtschaft sind etwa 43 Prozent Ingenieure, 35 Prozent Wirtschaftswissenschaftler, 11 Prozent Naturwissenschaftler, je 5 Prozent Juristen und Sonstige (v. Landsberg 1982, 35).

Man kann davon ausgehen, daß nicht wenige dieser sogenannten Hochqualifizierten zu den Führungskräften zählen, die wiederum von der Europäisierung bzw. Internationalisierung am meisten tangiert sind. Bis zum Jahr 2000 wird sich die Zahl der Arbeitsplätze für hochqualifizierte Manager durchweg in allen EG-Staaten um mehr als 30 Prozent erhöhen. Das Anforderungsprofil des interkulturellen Managers zeichnet sich erst in vagen Umrissen ab.

In den nicht reglementierten Berufen, und dazu zählen auch die Absolventen von wirtschafts- und ingenieurwissenschaftlichen Studiengängen, bietet Europa neue Chancen, aber auch Risiken. Fast alle Großunternehmen, aber auch zunehmend mittelständische und kleinere Unternehmen, orientieren sich am künftigen europäischen Binnenmarkt. Zunächst ist da die Orientierung wirtschaftlicher Art; aber bereits heute verstärken sich die Trends, Personal ebenfalls unter „europäischen Gesichtspunkten" zu rekrutieren. Je mehr das Fachwissen vergleichbar wird, desto mehr werden sprach- und landeskundliche Qualifikationen eine Rolle spielen.

Absolventen deutscher Hochschulen haben auf diesem europäischen Arbeitsmarkt gleich zwei Handicaps zu überwinden: Einmal sprechen sie als Muttersprache keine Weltsprache, wie die Engländer und mit Einschränkung die Franzosen und auch die Spanier. Zum anderen sind die zu langen Studienzeiten der Deutschen ein großes Hindernis.

Die durchschnittliche Fachstudienzeit an deutschen Hochschulen ist insgesamt von 5,6 auf 6,1 Jahre gestiegen. Deutsche Hochschulabsolventen sind im Schnitt 28 Jahre, wenn sie in den Beruf einmünden. Wesentlich schneller verlassen die Absolventen in Großbritannien – mit 23 Jahren –, in Frankreich – mit 26 Jahren – und in Italien – mit 27 Jahren – die Hochschulen.

Die zu langen Studienzeiten könnten sich für deutsche Absolventen als Nachteil erweisen. Angesichts dieser Entwicklung werde sich, so erklärte der Präsident des Instituts der deutschen Wirtschaft in Köln, Manfred Lennings, die Zeitspanne der produktiven Tätigkeit im Unternehmen noch weiter verringern. Darüber hinaus reduziere sich auch die Mobilität am Ende des dritten Lebensjahrzehnts aufgrund zunehmender sozialer Bindungen. Schließlich kommen psychologische Effekte einer durch lange Ausbildungszeiten bedingten wirtschaftlichen Unselbständigkeit hinzu (Lennings 1990, 43).

Wir fragen uns, ob diese verlängerte Kindheitssituation letztendlich nicht zentrale Schlüsselqualifikationen wie Eigenständigkeit und Eigeninitiative beeinträchtigt. Alle diese möglichen Beeinträchtigungen: Kürzere produktive Lebensarbeitszeit, höhere Einarbeitungskosten, geringere Mobilität, stagnierende Persönlichkeitsentwicklung veranlassen heute schon viele Unternehmen, jüngere manchmal auch ausländische Bewerber vorzuziehen. Natürlich bringt ein 23jähriger englischer Ingenieur mit Bachelor-Degree weniger Fach- und Methodenwissen mit als ein 28jähriger deutscher Diplomingenieur. Aber wenn die erwähnten Negativfolgen in Zukunft immer häufiger auftreten, dann werden immer mehr Unternehmen diese Qualifikationsunterschiede in Kauf nehmen und durch Weiterbildungsmaßnahmen selbst ausgleichen (ebenda, 44).

Pauschale Qualitätsurteile über ausländische Hochschulabsolventen sind nicht angebracht. Viele Firmen halten sie insgesamt weder für besser noch schlechter als die inländischen; „sie haben zum Teil bestimmte Vorzüge, zum Teil bestimmte Nachteile, die in der Art des Einsatzes und bei der Weiterbildung berücksichtigt werden müssen" (Baur et al. 1991, 38).

Auf den wachsenden Einsatz ausländischer Hochschulabsolventen wies kürzlich ein Vertreter der Bayer AG Leverkusen hin. Es sei nicht nur die erklärte Unternehmenspolitik, sondern bereits in der statistischen Bewegung nachvollziehbar, daß man sich bemühe, mindestens ebenso viele ausländische Fachkräfte einzustellen, wie man pro Jahr in die eigenen Niederlassungen herausschicke. Noch sei die Bilanz ungleichgewichtig, aber die Zahl der Ausländer in Spezialpositionen und Managementpositionen – darunter in erster Linie Europäer und Nordamerikaner – wachse erheblich. Dabei sei die Frage der Vergleichbarkeit beruflicher Qualifikationen für seine Firma „in den meisten Fällen ziemlich irrelevant" (Kuratorium 1991, 28 f).

Bei der Rekrutierung von Führungskräften aus anderen Ländern zeigt sich bisher noch eine eher restriktive Haltung vieler europäischer Unternehmen. Während nur 37,5 Prozent der deutschen Unternehmen lediglich einheimische Führungskräfte beschäftigen, gibt es in mehr als der Hälfte aller europäischer Unternehmen nur Führungskräfte aus dem Heimatland (Handelsblatt 1990, K 1 f).

Der Anspruch an die Europäisierung unserer Hochschulausbildung wächst. Das wird evident, wenn man sich vor Augen führt, daß wir mit einem Anteil von 11,9 Prozent vor den USA kürzlich noch Exportweltmeister waren. Hierbei hatten vor allem die Exporte der Gesamtexporte und die Importe aus der EG (1990 52,1 Prozent der Gesamtimporte) einen erheblichen Umfang.

Fach- und Führungskräfte für den EG-Binnenmarkt sind also gefragt. Das heißt beispielsweise für Ingenieure, die in Managementaufgaben hineinwachsen: Sie brauchen häufiger als früher einen internationalen Zuschnitt. Damit sind nicht zuletzt auch Mehrfach- und Mischqualifikationen (z.B. Betriebswirtschaft plus technische Kenntnisse und fremdsprachliche Kompetenzen oder für Betriebswirte technische, juristische Kenntnisse und Sprachen) gefordert, die bei oft einseitiger Fachausbildung nicht selbstverständlich sind.

Viele Unternehmen sehen die Europäische Gemeinschaft in einer Schlüsselrolle für ihre wirtschaftliche Entwicklung in den nächsten zehn bis fünfzehn Jahren. Ein großer Teil von ihnen will das Angebot an Produkten oder Dienstleistungen verändern oder ausweiten, um vollen Nutzen aus dem Binnenmarkt ab 1993 schöpfen zu können.

Um den neuen Anforderungen gerecht zu werden, kommen viele Betriebe nicht daran vorbei, auch das Management zu „europäisieren". Dies ist das Ergebnis einer Studie der Hochschule für Wirtschaft in Rouen/Frankreich (FAZ, 11.10.1989). Zum Thema „Europäische Integration und Unternehmensführung" wurden 126 europäische Unternehmen in sieben Ländern der EG befragt, die meisten aus der Bundesrepublik, Frankreich und Großbritannien. Etwa die Hälfte der Unternehmen will sich der Studie zufolge durch Aufkäufe, die Gründung von weiteren Niederlassungen im EG-Ausland oder durch Kooperation auf den Binnenmarkt vorbereiten. Ziel dieser Anstrengungen sei es, in die Produktions- und Vertriebssysteme der übrigen EG-Länder zu gelangen.

Mehr als drei Viertel der Unternehmen erwartet vor allem im Hinblick auf die Unternehmensführung große Veränderungen durch den Binnenmarkt. Knapp 40 Prozent der Befragten halten ein internationales Management Team für notwendig. Sie fordern von Führungskräften in einem „Europäischen Management" mehr Mobilität und Sprachkenntnisse.

Sie stellen fest, daß für junge Führungskräfte die Chancen einer internationalen Karriere größer als früher seien. Noch böten allerdings die wenigsten Gesellschaften vorgezeichnete Wege für „Euromanager". Einstellungspraxis und Auswahlkriterien der Unternehmen hängen nach Erfahrung der Autoren wesentlich von nationalen Faktoren ab. Mehr als die Hälfte der befragten Unternehmen schrieben Stellen nur im eigenen Land, nicht in anderen EG-Ländern aus. Von entscheidender Bedeutung seien die unterschiedlichen Hochschulausbildungen in den Mitgliedsstaaten. Der ideale Bewerber sollte nach Ansicht der Unternehmen das Studium, mit Arbeitseinsätzen im Ausland kombinieren.

Die Erwartungen sind hoch: Der potentielle Euro-Manager soll zwei bis drei Sprachen beherrschen, möglichst technische und kaufmännische Fähigkeiten vereinen, Auslandserfahrungen vorweisen, sich im Recht auskennen und überdies anpassungsfähig und offen sein.

Ein doppelter Abschluß in zwei EG-Ländern oder ein (noch nicht existenter) „Europäischer Abschluß" werden von vielen Unternehmen als wünschenswert angesehen. Der Absolvent müsse in einer solchen Ausbildung auf eine „Europäische Karriere" vorbereitet werden. Über die Ausgestaltung gehen die Meinungen jedoch auseinander. Eine harmonisierte Ausbildung in Europa halten die Unternehmen jedenfalls nicht für geeignet. Die Antworten der Unternehmen zum Alter der Bewerber – der „Traumbewerber" ist 23 Jahre – und zur Ausbildungsdauer beweisen, daß es Deutsche wegen der langen Studien künftig schwer haben dürften, auf einem europäischen Stellenmarkt konkurrenzfähig zu sein.

Fast einhellig wird – besonders in der mittelständischen Wirtschaft – ein Mangel an Führungskräften mit Europaerfahrung beklagt. Denn es geht bei den neuen Aufgaben auch verstärkt um den wechselseitigen Personalaustausch zwischen Auslandsgesellschaften und Stammhaus. Immer mehr Unternehmen errichten Filialen in anderen EG-Ländern, die für die Mitarbeiter angemessen qualifiziert sein müssen.

Zunehmend werden mit Hilfe von international zusammengesetzten Projektteams einheitliche Produkte für den europäischen Markt entwickelt. In steigendem Maße sind in europaweit tätigen Unternehmen Marketing- und Distributionsentscheidungen zu treffen, die eingehende Erfahrungen der betroffenen Länder voraussetzen. Die internationale Zusammenarbeit verlangt deshalb, daß die Europäer auch ihre sozialen Fähigkeiten stärker entwickeln (Affemann 1991, 188).

Der ehemalige Chef des Unternehmerzentrums in französischen Colmar, Hans Werner, charakterisierte die Anforderungen an europäische Führungskräfte treffend mit den Worten:

Über die Wettbewerbsfähigkeit von Unternehmen entscheidet in Zukunft wesentlich, ob sie genügend Führungskräfte haben, die auch interkulturell zu partnerschaftlichem Verhalten in der Lage sind. Der Manager von morgen muß mit Franzosen genausogut kooperieren wie mit Engländern. Er muß zwischen einem zentralspanischen, eher bürokratischen Unternehmertyp und einer mobilen norditalienischen Händlerkultur vermitteln können und diese Bündnisse wie eine gute Ehe langfristig pflegen.

Viele zukünftige Führungskräfte haben bereits die Zeichen der Zeit erkannt. Sie nehmen entsprechende Vorlesungs- und Seminarangebote schon während des

Studiums wahr oder besuchen eine Sommeruniversität, um zu Beginn des Studiums bereits Weichen für das Euromanagement zu stellen.

Schon heute konkurrieren international tätige Firmen um die neue Generation der 23- bis 28jährigen an vielen Hochschulstandorten. „Diese Gruppe werden wir in Zukunft verstärkt auch in den Nachbarländern schon beim Verlassen der Hochschulen umwerben" – erklärte beispielsweise kürzlich ein Vertreter des Bayer-Konzerns (Kuratorium 1991, 28).

Der Auslandsaufenthalt ist häufig ein wichtiger Karrierebaustein für Führungskräfte, die in Deutschland Top- Positionen bei international orientierten Unternehmen einnehmen wollen. Im Hinblick auf den europäischen Binnenmarkt ab 1993 wird die Zahl dieser Unternehmen weiter wachsen. Doch nicht nur für Spitzenpositionen, auch für das mittlere Management werden derartige Erfahrungen immer wichtiger. Neun von zehn Unternehmen halten, so geht aus einer neuen Umfrage hervor, bei einem steilen Karriereverlauf eine Tätigkeit im Ausland für ein absolutes Muß, zumindest aber für wünschenswert.

Allerdings kann eine Karriere nicht allein auf einem Auslandsaufenthalt aufgebaut werden, der Auslandsaufenthalt ist zwar karrierefördernd, jedoch nicht karrierebegründend. Gleichwohl lehrt die Erfahrung, daß gute Karrieren inzwischen überwiegend von Führungskräften gemacht werden, die auch wichtige Berufserfahrung im Ausland erworben haben.

Was kann und was muß getan werden, um Handicaps und Defizite europaweit oder weltweit tätiger Führungskräfte zu beseitigen?

Erfreulich ist die Entwicklung in den Universitäten, besonders auch bei den Fachhochschulen, die immer mehr Studiengänge mit integrierten Auslandssemestern eingerichtet haben. Sehr erfolgreich sind die EG-Programme auf Hochschulebene wie z.B. Erasmus und Lingua, mit denen sowohl fachliche als auch kulturell-sprachliche Kompetenzen erworben werden.

Hierzu zählt auch der Studiengang der Wirtschaftswissenschaften mit dem Schwerpunkt „Interkulturelle Weirtschaftskommunikation", wie er an der Universität Jena gelehrt wird.

Für Berufstätige und Führungskräfte spielt die Weiterbildung eine immer bedeutendere Rolle. Auf einem großen Kongreß des Deutschen Industrie- und Handelstages (1990), der sich mit den Perspektiven der Weiterbildung im sich wandelnden Europa beschäftigte, stimmten alle Arbeitsgruppen darin überein, daß die Weiterbildung im zusammenwachsenden Europa zunehmend eine wirtschaftliche Dimension gewinnt und neben dem fachlichen Wissen das Wissen im Kulturellen immer wichtiger wird.

Grundvoraussetzung dieser Schlüsselqualifikationen seien Fremdsprachenkenntnisse, außenwirtschaftliche Handlungskompetenzen und die Fähigkeit, sich in fremden Kulturen selbstsicher zu bewegen (Kuntz 1990).

Multikuturelle Weiterbildung (Cross-Culture-Training) ist inzwischen zum Schlagwort geworden, auch in den Chefetagen großer Konzerne. Der multikulturelle Manager ist der Idealtypus des künftigen Geschäftsmannes, der sich bei unternehmerischen Entscheidungen in die Mentalität und Eigenart der fremden Menschen einfühlt, mit denen er Geschäfte machen will. Personalberater bezeichnen ihn häufig auch als „global player", als Spielertyp, der fremden Ländern und Kulturen offen begegnet und das dabei erworbene Wissen für sein Unternehmen zu nutzen versteht (Gesterkamp 1991).

Alle diese Bemühungen im Bereich der Hochschulen und der Weiterbildung können jedoch nicht darüber hinwegtäuschen, daß die Deutschen als besonders provinziell gelten. Deutsche Techniker und Manager, so heißt es, würden noch viel zu selten im Ausland studieren. Nur drei Prozent der Studenten absolvieren überhaupt eine zeitlang ein Studium im Ausland; nur 4,9 Prozent der angehenden Wirtschaftswissenschaftler.

Hinzu kommt eine ausgeprägte Immobilität der Jungakademiker, die hauptsächlich in familiären Zwängen zu suchen ist. So fand das Institut für Interkulturelles Management heraus, daß von Freude auf den ersten Auslandseinsatz kaum die Rede sein kann. Eine Auslandstätigkeit werde vielmehr nur notgedrungen als unvermeidlich akzeptiert. Gerade die 34- bis 38jährigen, die in den meisten Unternehmen für einen ersten Auslandsaufenthalt gebraucht würden, seien „nur schwach interessiert". Offenbar dämpfen Heirat, Kindererziehung und Wohnungssuche in dieser Lebensphase den Karrierewunsch, der mit einem Auslandseinsatz verknüpft sei (FAZ, 24.8.1991, 41).

Die Vorbereitung auf den Auslandseinsatz deutscher Manager läßt noch viel zu wünschen übrig. Es ist nicht leicht, Unternehmen zu finden, die systematisch und innovativ internationale Personalentwicklung betreiben. Nach einer Studie der Bundeswehrhochschule in Hamburg beschränkt sich die Vorbereitung deutscher Manager auf Einsätze im Ausland zumeist auf die Vermittlung von Fachwissen. „Interkulturelles Verhaltenstraining", das auf Schwierigkeiten in einem anderen Kulturraum und auf die interkulturelle Zusammenarbeit mit lokalen Mitarbeitern vorbereite, werde so gut wie nicht angewandt.

Um welche Schwierigkeiten und Konfliktfelder handelt es sich in anderen Kulturräumen?

Eberhard Dülfer, Betriebswirtschaftler in Marburg, hat in einer Typologie die Spannungsfelder aufgezeigt, die im interkulturellen Miteinander die größte Rolle spielen. In dem von ihm herausgegebenen Buch „Personelle Aspekte im interkulturellen Management" nennt er:

- unterschiedliche Denkmuster im Zusammenhang mit verschiedenartigen Sprachsystemen der jeweiligen Muttersprache;
- unterschiedliche Arbeitseinstellungen und Lebensgewohnheiten;
- unterschiedliche Auffassungen über angemessenes Führungsverhalten (Rollenverständnis, Führungsstil);
- mangelnde Übereinstimmung zwischen der innerbetrieblichen funktionalen Bedeutung der Position und dem außerbetrieblich bedingten sozialen Status der Person,
- Klientelbildung innerhalb des Betriebes;
- Zuteilung von Führungspositionen nach nationalem oder rassisch-ethischem Proporz, unabhängig von der fachlichen Qualifikation. (zit. nach Pfaller 1992, 37).

Arbeitsstil, Umgang mit Zeit, Akzeptanz von Hierarchien, mündliche versus schriftliche Kommunikation und Führungsstil werden von auslandserfahrenen Managern, internationalen Unternehmensberatern und Trainern unisono als die hauptsächlichen Krisenherde in der Praxis bezeichnet. So 'beißt' sich etwa die absolut gruppenbezogene Entscheidungsfindung in Japan, das Besetzen der Führungspositionen nach dem Senioritätsprinzip in Korea genauso mit deutschen Managementprinzipien wie die in Frankreich übliche Vorliebe, mehrere Dinge gleichzeitig zu erledigen, exakte Zeitpläne oder Tagesordnungen zu ignorieren und Zusagen am Telefon in letzter Sekunde rückgängig zu machen. Und im Gegensatz zu deutschen Managern agieren etwa schwedische Führungskräfte nach Auskunft von Albert Nußbaum, Geschäftsführer Deutschland der schwedischen Unternehmensberatung Mercuri Urval, 'geradezu anarchistisch', wenn es um das Einhalten von Regeln und Vorgaben geht. „Ein Manager, der etwa die Devise '1120 Prozent Kosten senken' ausgibt, meint damit einfach nur, daß gespart werden soll, und erwartet am Jahresende keinesfalls konkrete Zahlen." (ebenda)

Natürlich kostet die Vorbereitung auf Auslandseinsätze Zeit. Aber speziell für bestimmte Kulturen müssen auch Führungskräfte einen anderen als bisher gewohnten Umgang mit der Zeit lernen.

Will zum Beispiel ein Mitarbeiter in einem ostasiatischen Land erfolgreich sein, benötigt er bis zum Vertragsabschluß viel Zeit. Er muß sich damit über die im Westen geltende Devise „Zeit ist Geld" hinwegsetzen. Der lange Atem muß für den Aufbau von Vertrauen genutzt werden, was den kulturellen Gepflogenheiten entspricht. Wer hier *schnell* zum Ziel kommen will, kommt hier meist *gar nicht* zum Ziel (FAZ, 10.11.1990, 43).

Firmen sind teilweise dazu übergegangen, ihre Mitarbeiter zur Vorbereitung auf Auslandseinsätze in der Weise zu trainieren, daß sie die im Land der fremden Kultur üblichen Bedingungen zuvor im Rollenspiel üben lassen. Die Simulation kritischer Gesprächsmomente kann helfen, daß ein von sich sehr überzeugter deutscher Manager nicht notwendig scheitern muß.

Experten für die Auslandsvorbereitung empfehlen, zu solchen Trainings auch mitreisende Familienangehörige einzuladen. Denn die Zeiten seien vorbei, in denen die Familienangehörigen „quasi im Gepäck des Mannes" mit ins Ausland gegangen seien. Es gelte, die möglichen familiären Konflikte eines längeren Auslandsaufenthaltes weit im Vorfeld zum Thema zu machen.

Bei der Vorbereitung ihrer Führungskräfte auf internationale Positionen gehen die meisten Firmen unterschiedlich vor.

Martin Posth, Mitglied des Vorstandes der VW AG, empfiehlt für obere Führungskräfte *job rotation*, verstanden als gezielter, in der Laufbahnplanung integrierter Wechsel von Positionen auf nationaler und internationaler Ebene. Kritisch stellte er jüngst fest, die Auslandserfahrung und Internationalisierung des Managements sei immer noch zu gering; die „Kamin-" oder „Röhren"-Karrieren gehörten noch längst nicht der Vergangenheit an (FAZ, 23.3.1991).

Posth plädiert für den *„one world manager"* : Wir brauchen Mitarbeiter, die sich überall zu Hause fühlen, sich in allen Kulturen zurechtfinden, Manager, die heute in Asien, morgen in Amerika und übermorgen in Europa tätig sein können und damit im Stande sind, global zu denken und lokal zu handeln. Dies setzt Internationalität voraus, die man früh fordern und fördern muß." (Industriemagazin, März 1990, 123 f). VW hat dazu ein spezielles IPD-Programm entwickelt, d.h. ein Instrument zur Rotation zwischen den verschiedenen internationalen Standorten. Parallel zu diesen Maßnahmen werden jüngere Leute durch internationale Traineeprogramme geschleust.

Andere Firmen wählen ähnliche Wege: Die Firma Henkel betrachtet den europäischen Markt als Gesamtmarkt. Seit Jahren ist das „Internationale Trainingsprogramm Marketing" auch international besetzt. Mit seiner Hilfe sollen international einsetzbare Marketingmanager für das Markenartikelgeschäft der gesamten Gruppe herangebildet werden.

Die BASF hat zwei internationale Führungsprogramme entwickelt, und zwar in den Bereichen Marketing/Verkauf sowie im Finanz- und Rechnungswesen, in denen kürzere Auslandsaufenthalte vorgesehen sind. Für Absolventen dieser Programme sowie für die zahlenmäßig überlegenen *on-the-job* Einsteiger gilt, daß sie sich bei Beginn ihrer Laufbahn als international einsetzbar erklären sollen. Wo aber eine längere Entsendung erst sinnvoll ist, wenn die Akademiker berufserfahrener geworden sind und mit ihrem Auslandsaufenthalt zum Know-how-Transfer beitragen können, bestehen nicht selten Mobilitätshemmer in der Form, wie sie vorhin schon zur Sprache kamen. Sie können den Traum von der internationalen Karriere zunichte machen.

Ein Beispiel dafür, wie internationale Karrieren künftig häufiger aussehen können, zeigt die Deutsche Bank als weltweit arbeitendes Institut.

Die Deutsche Bank in Italien – hier hat sie die Banca d'America et d'Italia (BAI) erworben – wirbt um italienische Hochschulabsolventen, die neben Italienisch auch Deutsch und Englisch können und in Deutschland ein Traineeprogramm absolvieren. Die ersten Teilnehmer haben dieses Programm mit Erfolg abgeschlossen.

Es ist keine Frage, daß den Deutschen auch hier die internationale Konkurrenz auf diesem Teilarbeitsmarkt ins Haus steht. Einen interessanten Aspekt zu diesem Problemkreis beleuchtet eine im vergangenen Jahr erschienene Stuttgarter Dissertation mit dem Titel „Managementkarrieren in Europa" (Bröcker 1991).

Attraktivität deutscher Unternehmen für Euro-Manager

Beim Vergleich von Managementkarrieren in Europa zeigt sich, daß die Chancen für Manager in verhältnismäßig jungen Jahren in eine Führungsposition zu gelangen, in den einzelnen Ländern recht unterschiedlich ist. Da die Unternehmenshierarchien in Deutschland vergleichsweise sehr flach sind, erhalten jüngere Manager in Deutschland gegenüber anderen europäischen Ländern schon früh die Chance, Führungsverantwortung auf den beiden höchsten Hierarchiestufen zu übernehmnen.

So sind vor allem bei entsprechenden sprachlichen Voraussetzungen deutsche Führungspositionen begehrt. Ihre Attraktivität dürfte in Zukunft sogar noch wachsen. Denn zum einen brauchen europäische Führungskräfte – bedingt durch eine steile Hierarchie in ihren Heimatländern – wesentlich länger, um in gewünschte Führungspositionen zu gelangen (z.B. Franzosen), zum anderen gibt es besonders mobile und auslandserfahrene Manager (z.B. Italiener). Schließlich sind bestimmte Führungskräfte wegen ihrer hervorragenden Fremdsprachenkenntnisse in mehreren Sprachen (z.B. Spanier) für Auslandsposten prädestiniert.

Hinsichtlich ihrer Internationalität nehmen die deutschen Führungskräfte bislang nur einen durchschnittlichen Platz ein. Die Sprachkompetenz der Top-Manager – verglichen mit Engländern, Franzosen, Italienern und Spaniern – ist nur mittelmäßig einzuschätzen. Jedoch wird sie teilweise durch eine relativ hohe Auslandserfahrung kompensiert. Insgesamt bleibt dieses Ergebnis für eine der größten Exportnationen der Welt hinter den Erwartungen zurück (ebenda, 79 f).

Ich möchte mit einem Zitat des amerikanischen Managementexperten Jordan D. Lewis schließen: „Um mit Menschen aus einer anderen Kultur zusammenzuarbeiten, reicht es nicht aus, sie als Leute zu akzeptieren, mit denen sich die Zusammenarbeit lohnt, die Kommunikation zu pflegen und vertrauenswürdig zu sein. Man muß auch verstehen, wie sie die Dinge sehen und was ihnen wichtig ist. Leistungsfähige Kooperation hängt von kenntnisreicher Achtung der Unterschiede ab."

Literatur

Ackermann 1990 = Karl Friedrich Ackermann: Personalmanagement im europäischen Binnenmarkt – Eine Zwischenbilanz. In: Die Vollendung des EG-Binnenmarkts. Überlegungen aus wissenschaftlicher und unternehmerischer Sicht. Tagungsband der Kommission „Internationales Management" des Verbandes der Hochschullehrer für Betriebswirtschaft, 28. Februar bis 2. März 1989. Hrsg. v. Emil Brauchlin. Stuttgart 1990.

Affemann 1991 = Rudolf Affemann: Made in Europa. Gestalten mit Führungskultur, Erlangen 1990.

Baur et al. 1990 = Rita Baur, Heimfried Wolff, Peter Wordelmann: Herausforderungen des europäischen Binnenmarkts für das Bildungssystem der Bundesrepublik Deutschland. Ein Gutachten. Hrsg. v. Bundesminister für Bildung und Wissenschaft (Schriftenreihe Studien zur Bildung und Wissenschaft 91), Bonn 1991.

Bröcker 1991 = Horst F. Bröcker: Managementkarrieren in Europa (Diss.rer.pol.), Stuttgart 1991.

Bundesministerium für Wirtschaft 1991 = Akademische Berufe im EG-Binnenmarkt, Bundesministerium für Wirtschaft, Bonn 1991.

FAZ 1989 = Große Unternehmen planen die „Europäisierung" des Managements. In: FAZ, 11. Oktober 1989.

FAZ 1990 = Einführung in fremde Kulturen, In: FAZ, 10. November 1990, 43.

FAZ 1991a = Zur Sache, In: FAZ, 23. März 1991.

FAZ 1991b = Keine Freude an der Fremde, In: FAZ: 24. August 1991.

Gersterkamp 1991 = Thomas Gersterkamp: Gesucht wird der „multikulturelle Manager". In: Frankfurter Rundschau vom 17. April 1991.

Handelsblatt 1990 = Deutsche Manager rekrutieren in Europa und sind selbst im Ausland sehr begehrt, In: Handelsblatt, 14./15. September 1990, K 1 f.

Industriemagazin 1990 = Industriemagazin: Hin zum One World Manager, März 1990, 123-124.

Kommission der Europäischen Gemeinschaften 1991 = Beschäftigung in Europa, Kommission der Europäischen Gemeinschaften, Luxemburg 1991.

Kuntz 1990 = Bernhard Kuntz: Weiterbildung bestimmt im neuen Europa über Erfolg und Mißerfolg. In: congress & seminar 9. 1990, 14-17

Kuratorium 1991 = Wirtschaftsraum Europa. Herausforderung für die Berufsbildung. Symposium anläßlich des 20jährigen Bestehens des Kuratoriums der Deutschen Wirtschaft für Berufsbildung, Hrsg. v. Kuratorium der Deutschen Wirtschaft für Berufsbildung 1991.

Landsberg 1982 = Georg von Landsberg: Hochschulabsolventen in der Wirtschaft. Bestand, Bedarf und Anforderungen. In: Hochschule und Wirtschaft (Beiträge zur Geselllschafts- und Bildungspolitik) Hrsg. v. Gerhard Brinkmann, Barbara Knoth, Werner Krämer, Georg von Landsberg. Institut der deutschen Wirtschaft, 78. Köln 1982.

Lennings 1990 = Manfred Lennings: Selbstverantwortung statt Fremdverwaltung – Thesen zur „Hochschule 2000", In: Hochschule 2000, Wirtschaft und Wissenschaft im Dialog, Hrsg. v. Bundesverband der Deutschen Industrie, Bundesvereinigung der Deutschen Arbeitgeberverbände, Institut der deutschen Wirtschaft, Köln 1990, 40-52.

Lewis 1991 = Jordan D. Lewis: Strategische Allianzen, Frankfurt/New York 1991.

Manz 1989 = Thomas Manz: Der Arbeitsmarkt von Führungskräften und mögliche Auswirkungen des EG-Binnenmarkts, Hrsg. v. Friedrich-Ebert-Stiftung, Bonn 1989.

Pfaller 1992 = Petra Pfaller: Klischees prägen modernen Mythos vom „Multi-Kulti". In: management & seminar, Heft 10, 1992, 36-42.

Walwei/Werner 1992 = Ulrich Walwei/Heinz Werner: Die Europäisierung der Arbeitsmärkte. In: Informationen für die Beratungs- und Vermittlungsdienste der Bundesanstalt für Arbeit, Nr. 34. 19.8.1992, 2131-2137.

Wilhhelm 1989 = Winfried Wilhelm: Die Europa-Meister. In: Manager Magazin 19. 1989, 186 bis 213.

Wolff et al. 1989 = Heimfried Wolff et al.: Vorbereitung auf den EG-Binnenmarkt. Herausforderung und Chance für die Unternehmen in Europa. Untersuchung für den Bundesminister für Wirtschaft, 1989.

Cross Cultural Factors in Global Advertising

Ron Allison

It has been said on more than one occasion that an hour of television advertising provides more information about the culture of a country than a shelf full of books. I am not sure whether this observation has ever appeared in print or whether it is merely a part of popular folklore that from time to time is verbalised. It is outside the scope of this article to pass any judgement as to the validity of this statement, but if it is a valid observation it strongly suggests that there will be marked cultural differences in television advertisements in different countries.

In passing we might also raise, but not answer, the question as to the extent to which advertising reflects the culture of a country (or region) and the extent to which it determines or influences the culture.

Culture

There are many definitions of culture – one study found there were at least 164 definitions and another identified 241. Perhaps a good basic definition is that culture is a set of traditional beliefs and values that are transmitted and shared in a given society. It is also the total way of life and thinking patterns that are passed from generation to generation. There are some general points about culture that are relevant to companies that wish to advertise in several countries.

Culture is **prescriptive**. It prescribes the kinds of behaviour considered acceptable in the society. When *Wacoal*, an American firm, put on its first fashion show of ladies underwear in the 1950s in Japan it had to hire strippers to model the garments because professional models refused to wear them in public. Further, to maintain the Japanese norm of decency, all men, even the President of *Wacoal*, were barred from attending.

Culture **facilitates communication**. Culture usually imposes common habits of thought and feeling among people and, within a given group culture, this makes it easier for people to communicate with each other. But the same factor may also impede communication across groups because of a lack of shared cultural values. This is one reason why a standardised advertisement may have difficulty communicating with consumers in foreign countries.

Culture is **subjective**. People in different cultures often have different ideas about the same object, and what is acceptable in one culture may not be so in another.

One American expatriate was sent home for patting his wife's bottom. This action is perfectly acceptable in the USA but obscene and offensive in many countries.

Culture and Thinking Processes

When travelling overseas it is very difficult for a person to observe foreign cultures without making reference back to personal cultural values. This phenomenon is called the *self-reference criterion* (SRC). Because of its effect, the individual tends to be bound by his or her own cultural assumptions.

Animals illustrate the impact of SRC on the thought processes. Americans and many Europeans usually treat dogs as family members, speaking affectionately to them, and perhaps letting them sleep on their beds. To Arabs they are filthy animals. In some Far Eastern countries dogs are cooked and eaten – a habit viewed as revolting by us. The British are very fond of horses – in France and Belgium they are eaten. This culinary fact fills many British people with horror.

Communication Through Verbal Language

Language is a significant part of culture and communication is impossible without it. The problem for global advertisers is that there are thousands of languages. Indonesia alone has 250. Zaire, with a population of 25 million people, has an official language of French but only a small fraction of the population speaks it. There are four lingua franca but the majority of its people is most comfortable in their own tribal language. There are over 100 of these and they are mutually incomprehensible. In China there is a uniform written language, but hundreds of local dialects.

It is now widely recognised that languages affects thought. As a German's language is different from an American's language, it follows that his methods of thinking must also be different.

Care is needed by advertisers even when the same language is used in two or more markets. Take the USA and Britain. They have much in common but there are many differences important to an advertiser. As Oscar Wilde said, „the English have really everything in common with the Americans except of course language." Or as George Bernard Shaw said, „America and Britain – two countries divided by a common language."

Here are a few examples. When the Americans *table a motion*, the item is set aside without further discussion. In Britain the expression means that the item should be placed on the agenda for immediate discussion. An advertising campaign that *went like a bomb* was a great success in Britain but a failure in America. In Britain, the floor above the ground floor is the *first* floor, in America it is the *second* floor and so on up the building. A British boy aged fifteen, newly enrolled in an American high school, asks the girl next to him if she can lend him a *rubber*. She screams and slaps his face. He thought he was asking for an eraser to rub out a mistake in his exercise book. To her he was asking for a condom!

These communication problems are not unique to the English language. An American airline promoted its „rendezvous lounges in Brazil (rooms for meeting people whilst waiting for a flight). In Brazil, in Portuguese, it was advertising a room for rent for making love.

A point about written language that is intriguing is the estimate that when an English language advertisement is translated into French it is 15 percent longer, and in German 50 percent longer.

When an advertising campaign is exported to a variety of markets, each having its own cultural norms and language, careful translation is needed. There is considerable scope for errors to occur and some well-known failures are shown in Table 1.

Table 1: International Communication Failures

Intended Message	Received Message
Body by Fisher (General Motors slogan)	Corpse by Fisher (Flemish)
Put a tiger in your tank (*Esso* slogan)	Put a tiger in your tank (Thailand – here animals are inferior to man)
Come alive with Pepsi	Come out of your grave with Pepsi (Germany)
Schweppes Tonic Water	Schweppes bathroom water (Italian)
It's finger licking good (Kentucky Fried Chicken slogan)	It's so good you will eat your fingers (Iran)
Let Hertz put you in a driver's seat	Let Hertz make you a chauffeur
Cue toothpaste	Obscene word in French
Cleans the really dirty parts of wash	Cleans your private parts (French Canada)

The moral is that the thought, not the words, must be translated.

According to Onkvisit and Shaw (1989), some safe rules in international communication might be

- When in doubt, overpunctuate
- Keep ideas separate, making only one point at a time
- Confirm discussions in writing
- Write down all figures using the style of the person you are talking to
- Adjust your language to the level of your foreign counterpart
- Use visual aids wherever possible
- Avoid technical, sports, and business jargon

Or, to put it another way – speak to the rest of the world as if you were answering a slightly deaf, very rich old aunt, who has just asked you how much she should leave you in her will.

Communication Through Non-verbal Language

People routinely communicate with one another non-verbally, often by gestures. The meaning of gestures may vary between different cultures. For instance, beckoning someone with a wave of the hand is all right in Britain and America but very rude in Japan. Signalling by forming a circle with the thumb and forefinger has several meanings. It means „OK" or „the best" to Americans and many Europeans, money to the Japanese, rudeness to the Brazilians and is obscene in some Latin American countries. When the forefinger and middle finger are raised together it may mean two, or peace, or victory. Take care though which way round you hold your hand in the UK, and how you move it.

The Language of Religion

International marketing and advertising is affected by religious beliefs. Saudi Arabia will not accept any advertisement that has a woman in it. Sleeveless dresses are offensive in Islamic countries and advertisements containing these images are banned in Malaysia. Dietary taboos include pork and alcohol for Muslims, beef for Hindus, pork and shellfish for Jews.

Language of Colour

Preferences for colours are determined by culture. Some colours are viewed negatively in some cultures. The colour of flowers is an interesting example.

Flowers associated with death or unhappy circumstances are purple flowers in Brazil; white lilies in Britain, Canada, and Sweden; white and yellow flowers in Taiwan; and yellow flowers in Mexico. Yellow flowers signal infidelity in France and disrespect for a woman in the former USSR. In Mexico, red flowers cast evil spells and white flowers must be bought to remove the evil spells.

Colours by themselves have cultural connotations. Yellow is associated with disease in Africa. White is appropriate for a wedding dress in America and Britain (symbolising virginity) but white is used alternately with black in India for mourning and Japan. Americans and the British „see red" when they are angry, but red is a lucky colour for the Chinese.

The implications for advertisers and producers should be obvious. Two examples of difficulties are the American firm that lost a large order for medical systems in a middle eastern country because the equipment was white. White Parker pens did badly in China because white is the mourning colour there. Similarly its green pens did badly in India because green is associated there with bad luck.

Localised versus standardised advertising

Diagram 1: The Advertising Process

1. Unawareness	
2. Awareness	that the brand exists
3. Comprehension	what the brand can do
4. Conviction	that the brand is supreme
5. Action	purchase!

Source: adapted from S. Paliwoda (1986).

As a beginning to considering this issue let us remind ourselves how advertising tries to bring about change by moving prospective consumers through the changes shown in diagram 1. The second introductory point is an indication of the huge scale of world-wide advertising. In 1976 world advertising expenditure was $63 billion. By 1983 it was around $135 billion, and the projected figure for the late 1990s is $780 billion.

Terpstra (1988) has argued that most advertising is not truly international in the sense that it crosses national borders – most advertising is produced and consumed within national markets. This is not to say that multinational firms do not co-ordinate their advertising abroad. In fact, usually their advertising has an added international dimension and often their advertisements in different countries have marked similarities. But there are a number of communication barriers which inhibit the firm's advertising on a global scale. This is illustrated in the second diagram. Many of the factors are outside the scope of this article but it does give a good indication of the problems involved in devising and implementing standardised advertising.

Diagram 2: Barriers To Advertising.

Communication In International Markets

International Marketer

⇩

Coded Message

⇩

Language Differences

Cultural Factors

Media Availability

Economic Differences

Local Distributors

Agency Availability

⇩

Decoded Messages

⇩

Foreign Buyers

Source: adapted from Terpstra (1988).

Standardised international advertising is where the same product is advertised in the same way everywhere in the world.

Localised advertising is where specific advertisements are devised for particular countries, cultures, or regions. A debate has been going on for about 30 years as to whether standardised advertising is possible.

One of the problems in trying to „prove" a particular viewpoint is the ambiguous definition of standardisation itself – what do we mean by a standardised advertisement? Taken strictly, a standardised advertisement is one that is used internationally with practically no change in its theme, copy, or illustration, apart from translation. A recent development is the argument that an advertisement with changes in its copy or illustration (for instance different models in different countries) is still a standardised advertisement as long as the same theme is maintained. This is obviously a much broadened definition and it creates a fresh problem – that of subjectivity. How many changes can be made before the advertisement ceases to be standardised? To a large extent this is a matter of opinion.

Opponents of the standardised approach point out the considerable cultural differences that exist between markets and highlight the number of standardised advertisements that have not come up to expectations.

We cannot assume that global needs imply similarity in the appeal of advertising messages. For instance, Israel and American women might manifest the same need for cosmetics (to preserve their beauty) but this doesn't necessarily mean that the Israeli woman perceives the American advertisement in the same way it is perceived by the American woman. Thus, understanding consumer wants, needs, motives, and behaviour is a necessary condition to the development of an effective promotional programme.

Jain has taken this theme further. He argues that because product-related attributes influence the behaviour of consumers differently in different parts of the world a standard approach to advertising may be very difficult. Examples he cites in support of this argument include:

- The Nova car, made by General Motors did poorly in Latin America because *no va* in Spanish means „doesn't go".
- Emphasis on whiteness from a washing powder (an advertising staple) does not work in Brazil because Brazilians do not wear white clothes.
- The all important criteria for Chileans in buying coffee is price and thus the „usual" coffee advertisements will have little impact.
- Kentucky Fried Chicken is an ordinary meal in the USA (and the advertising reflects this). In Japan it is a treat.
- Grammatical errors in advertising copy upset the French.
- Some advertisements feature a macho image of a model wearing a hard hat. Latin Americans prefer their macho men to wear executive suits.
- Testimonial advertising is common but the Japanese consider it to be „pushy" and „phony".

Despite this argument some (USA) firms have used standardised advertising with considerable success. The well-known text book examples are *McDonalds*, *Pepsi Cola*, *Coca-Cola*, *3M*, and *Esso*.

The famous *Esso* slogan „Put a Tiger in Your Tank" was used all over the world with only minor modifications and language changes. We do not need to be expert linguists to recognise that the following are saying basically the same thing:

„*Put a tiger in your tank*"

„*Putt en tiger pa tanken*"

„*Ponga un tigre en su tanque*"

„*Kom en tiger i tanken*"

„*Metti um tigre nel motore*"

„*Pack den Tiger in den Tank*"

„*Pankaa tiikeri tankum*"

„*Mettez un tigre dans votre moteur.*"

Another famous example of what the advertising industry cites as global standardisation is the Coca-Cola advertisement featuring the song „I'd love to teach the world to sing". Paliwoda (1986), however, argues „Not that this was an international advertisement as much as a blatantly American advertisement for a conspicuously American consumer product that has a vast international market precisely on those grounds."

The controversy as to whether standardised advertising is possible has important practical consequences. If the concept is valid then considerable benefits may accrue in terms of simplified decision making, increased efficiency, and reduction in costs of preparing the campaign. If the concept is flawed then considerable damage could result from consumers misinterpreting the intended message.

There are three schools of thought on the issue.

1.) Standardisation

Elinder in 1965 held that consumer differences are diminishing from country to country and therefore common advertisements can be designed and used in different countries with slight modifications to suit local requirements.

Fatt, in 1964 and 1967, argued that consumer motivation (basically a better way of life for himself and the family) is the same in all parts of the world. He suggests that a successful campaign in one country that uses a theme appealing to basic human needs can be used with the same success in other countries or cultures. Further, the spread of television, foreign travel for the masses, and the growth of international brand names used by multinationals, have quickened the trend towards standardised advertising.

Miracle, in 1968, suggested that because the requirements for effective communication are fixed and cannot vary with time, place, or form of communication, the same approach to communication can be used in every foreign market.

Broadly speaking this school of thought which, in addition to the above, includes Levitt, Roostal, and Strouse assumes that there has been a convergence of art, literature, tastes, thoughts, culture, language, and therefore advertising, through better and faster communication. People all over the world have the same basic physiological and psychological needs and thus success in advertising depends not on geography but on motivation patterns.

2.) Individualisation

This school emphasises the differences in culture, social norms, income, language, media availability, and tastes between countries and argues that these are so important that specific advertising campaigns are necessary to achieve success in local markets. Proponents of this view include Lamont, Lenormand, Lipson, and Nielson.

Examples that illustrate the importance of individualisation include the following:

- *Shiseido*, a Japanese firm, is the third largest cosmetics company in the world. When it first tried to establish itself in the USA it failed because its advertisements only contained Japanese models.
- Martini ran for some years a European television campaign for its famous drinks. The slogan was „The right one". (In German this was „Dabei mit"). The basic concept was the presentation of the brand as a pleasant, refreshing and smart drink for young professionals. These people have an active and socialising life style and the brand was promoted as being „just right" in that context. This concept was clear in all the commercials but different visual images were used in different countries.
  - In Italy, car racing scenes were used as a background to a young couple drinking their Martini and watching the race.
  - UK viewers are used to complex visual images and „fantasy" sequences are often – employed by advertisers. For the UK commercials Martini used ballooning sequences over castles in midsummer followed by a drinks party for the Balloonists.
  - German consumers like to have details about the product and how it can be used. Thus the German advertisements used mountain scenes to show how Martini is an especially refreshing drink for skiers.

- The first campaign in France was unsuccessful and had to be changed. The visual images initially were those of a hunting scene with the riders enjoying a drink „apres la chasse". Viewers took this to be too „exclusif" with connotations of „le snobisme" and so the visuals were changed to show young people enjoying the drink in a fishing village.

— Rank Xerox also ran a European campaign a few years ago – for a new office photocopier. A new typeface was especially designed to show the clarity and quality of the copies which could be produced. This typeface was used in all the advertisements. Different visuals were used for each country the advertisements ran in.

- In the UK, the visual theme was a group of footballers but in Germany a photograph of a child was used. This was meant to appeal to the executive secretary in German companies (normally female) who would make, or influence, the decision whether to buy.
- For another series of advertisements the concept was problem-solving and office efficiency. In the UK two office products, one of which was the new photocopier, were shown together with a teapot and the slogan „These three products solve all office problems: Rank Xerox make two of them".
- In France and the Benelux countries the tea pot was replaced by a coffee pot, although the design of the pot was different for each country.
- For the serious Germans and Swiss, a telephone was used as the third product.

An example of an image failure is the campaign by *Johnnie Walker Scotch* whisky in Japan. Their international advertisement featuring whisky being left in a decanter failed in Japan because the Japanese only decant poor whisky.

3.) Compromise

Adherents here take account of local differences but believe that in some cases it may be possible, perhaps even desirable, to use the same techniques world wide. Members of this school include Dunn, Keegan, Peebles, Ryan, and Vernon.

Desirability and Feasibility

Whether a standardised advertisement is desirable or not depends on two main criteria – projected cost savings and consumer homogeneity. Regarding the first criterion, there is not much point in running a standardised advertisement unless there are significant savings in cost.

The second criterion is at the heart of the debate. Put simply, if consumers are homogeneous across cultures then the argument for standardisation is very powerful, if not overwhelming, because this would allow them to be reached with the same message, themes and images. So far the research methodology has been too flawed to allow either of the two conflicting schools of thought to state with any conviction whether consumers are a homogeneous whole. The balance of what is often unsatisfactory evidence, both empirically and theoretically, seems to indicate that the case for standardised advertising is far from being proved.

Whether it is feasible, i.e. possible, to use a standardised campaign depends on such matters as the availability of media and advertising agencies in the selected countries, literacy, and local regulations and laws. The first two factors are outside the scope of this lecture but the third will be briefly illustrated as they are often culturally determined.

- It is only comparatively recently that television advertising for foreign cigarettes was allowed in Japan, and then the previous ban was only relaxed for new brands.

- The Marlboro cigarette image of a cowboy is powerful and widely used around the world. It was banned in Britain because it was thought that cowboy worship among children might persuade them to begin smoking. The replacement image of a saddle and riding gear was also unacceptable, so the advertisements ended up with a non-cowboy driving around Marlboro country in a jeep.

- There is an emphasis in Germany on fair competition. This precludes the use of „knocking copy", common in Britain and the USA, and means that comparatives and superlatives must be used with care.

- In the USA, the phrase „cough remedies" cannot be used. Advertisers must use „cough suppressants". In France, the use of English in French advertising is forbidden.

To conclude, the complexity of global advertising can be seen in a remark made by George Black who was Chairman of J Walter Thompson's Frankfurt office: „If I were to make a film for Europe-wide distribution, by the time we went through all the rules governing national advertising, we would be left with a poster".

References

Elinder 1965 = E. Einder: How International Can European Advertising Be?. In: Journal of Marketing, April 1965, 7-11.

Fatt 1964 = A. Fatt: A Multinational Approach To international Advertising. In: International Advertiser, September 1964.

Fatt 1967 = A. Fatt: The Danger of „Local" International Advertising. In: Journal of Marketing, January 1967, 60-62.

Miracle 1968 = G. Miracle: International Advertising Principles and Strategies. In: MSU Business Topics, Autumn 1968, 29-36.

Onkvist/Shaw 1989 = S. Onkvist/J. Shaw: International Marketing: Analysis and Strategy. Merrill Publishing Company 1989.

Paliwoda 1986 = S. Paliwoda: International Marketing. Heinemann 1986.

Peebles/Ryans/Vernon = D.M. Peebles, J.K. Ryans, I.R. Vernon: A New Perspective on Advertising Standardisation. In: European Journal of Marketing, Vol. 11, no. 8, 569-576.

Terpstra 1988 = V. Terpstra: International Dimensions of Marketing. PWS-Kent 1988.

The Feasibility and Management of Pan-European Public Relations. A Practitioner's Perspective

Emma Simmons

Since the mid 1980s, business perceptions of the European marketplace have changed dramatically from a culturally diverse group of countries speaking different languages, to a single major area with significant potential. The European Union has been expanding and continues to legislate for greater international freedom of trade. With the fall of the Berlin Wall has come a progressive reorientation of the former eastern bloc countries towards the countries of western Europe. During this decade of change, European business has sought to identify itself more strongly as European, rather than just French, English or German, for example. Whether seen through the eyes of a European, an American or an Asian company, Europe has the status of a major single marketplace to be taken very seriously.

But, within this Euro-euphoria, has the need to look at countries as culturally individual marketplaces really diminished? In keeping with political and economic union, can all European marketing objectives also be achieved by a pan-European approach? Is it meaningful to regard the European marketplace as a whole in practice? What part does public relations play in the marketing mix and to what extent is a pan-European approach realistic or effective? How does a company determine the feasibility of a European public relations campaign and what is the best way to organise it for maximum effectiveness? When is it advisable to plan and operate centrally as opposed to locally? Are there benefits in employing public relations consultants and, if so, is it more effective to use a consultancy with a pan-European network, or is it better to „build your own"?

Public relations is about achieving effective communication and, therefore, in considering the European marketplace, cultural and language issues and the role they play must always be taken into account at some level in planning both strategy and tactics. This article examines these issues and focuses on an example from the service sector. Arguably, „invisible products" provide the greatest challenges to intercultural communications and therefore to the public relations practitioner. If you cannot see a product it has to be explained. The decision to buy is based on understanding. Understanding inevitably takes place against a cultural backdrop and the function of language as a medium cannot be ignored. We will see that all these factors continue to be significant in the planning of effective public relations throughout Europe, even if pan-European influences are stronger than ever before. We will begin our analysis with a focus on the relationship between public relations and marketing.

The role of public relations in relation to marketing

Public relations relates to marketing in two main ways depending on the development of the marketplace. In a mature market, its prime role is to support a marketing strategy with a programme of communications, beneficial to the perception of the product or service in question. The function is promotional in character, facilitating the process of marketing by providing information and understanding to encourage, ultimately, the decision to purchase. A classical marketing support public relations strategy might include tactical initiatives such as product launch events, a press conference and the development of brochure materials.

In a less developed marketplace however, the role of public relations is more fundamental. Its objective becomes more educative than promotional. In this case, public relations exists to prepare the marketplace for the product or service by communicating at a ground breaking level with key audiences that will be necessary for marketing to take place at all. Rather than support marketing, in this case, public relations serves to make marketing possible in the first place. One example of this type of public relations strategy might be introducing a national market to the idea of a completely new product or service. In this case, a tactical programme might include planning a programme of events or sponsorship to build goodwill in key constituencies necessary to draft and pass the legislation necessary to trade in the country.

Marketing in the newly opened economies of central and eastern Europe has provided many cases of the need for this kind of public relations, for instance preparing a formally non-competitive marketplace for a professional service that was previously unknown and, therefore, not catered for by legislation (e.g. insurance broking or management consultancy). As international market leaders have negotiated with governments and supervisory bodies, often on behalf of a whole industry, public relations has had an important role to play both in communicating the benefits of the service in question and by establishing goodwill with local business leaders and creating opportunities for networking. It should be noted that, in such cases, it is unavoidable that by helping to prepare the marketplace for an industry to trade, public relations may also be helping competitors. Therefore, this kind of public relations may often be supported by trade or industry associations.

To summarise, the public relations strategy needed for a marketplace will depend on the level of development of that market, particularly in relation to its understanding of the product or service in question. Within Europe as a whole, the level of development of national markets differs for almost any conceivable product or service. We are not dealing with a more than superficially homogenous marketplace. Therefore, the limitations of a pan-European public relations strategy that ignores the level of development of each national marketplace become obvious. We need to create a strategy that takes this into account, country by country. We will examine later the choice of tactical initiatives (e.g. brochures, media relations, events) which may or may not vary from country to country, though locally applicable messages and the combination of initiatives will almost certainly vary according to cultural influences on the marketplace.

Assessing the marketplaces – the example of a major British financial services plc

In 1989 a major international British based commercial insurance broker and risk management consultant, Sedgwick plc, ranked second in the world, created Sedgwick Europe Limited to draw together its network of more than 60 European offices and give focus to its European marketing strategy. The objective was to redefine the organisation as a European company in addition to a British one, partly in keeping with the trend of the times and, partly, to gain competitive advantage. (The world market leader is American.) The changes went hand in hand with a global restructuring to create three major geographical areas. For Europe, the analysis of each individual national market revealed that, not only the level of market penetration by the industry, but also the understanding of the role of an insurance broker varied dramatically from country to country.

The UK and the Netherlands had a long established insurance industry dating back to the zenith of each country's maritime culture. By contrast, countries such as Italy, France and Spain did not have these traditions and therefore had a much less sophisticated broker market. No correlation was found between the level of economic sophistication or development and the maturity of the local broker tradition, if any. In Germany, Europe's most powerful economy, industrial insurances were traditionally more likely to be purchased directly from insurance companies rather than through a broker. In Sweden, another highly industrialised market, brokers were not able to trade in the sense understood in Sedgwick's UK home territory. Legislation to allow brokers to fully operate in Sweden was not to be passed until 1992. An absence of enabling legislation was also to be the case in the emerging economies of central and eastern Europe. Similarly, no correlation could be established between the size of countries and the level of development of the market for insurance broking and risk management services. While a smaller country such as Denmark had a relatively underdeveloped market, in

Belgium, another smaller country, the company had a flourishing subsidiary covering a broad cross section of business. In Portugal, the very purchase of insurance was at a low level, let alone insurance broking.

While the marketing professionals assessed the marketplace potential in each country, it was the task of the European public relations team to assess the level of understanding in each market and put together a European public relations strategy and develop the tactical programmes to deliver the messages.

Developing the European communications strategy

Initially there was a highly optimistic vision of „One Europe" in some formally insular British eyes, the spirit of which was reflected in a new company slogan chosen at the time in a Europe-wide staff competition: „One Europe, one broker – Sedgwick". As the realities of the diverse markets became clear, this quickly developed into a pragmatic country-by-country approach within a cultural framework of „one European company", strongly promoted by senior management at head office. As the European corporate and management strategy evolved, public relations was able to play an important role in cementing these intercultural aspects, within the company itself, through a well conceived and executed programme of internal relations. When it came to the public relations functions of supporting marketing initiatives in more developed marketplaces and laying the communications groundwork in less developed marketplaces, a country by country approach was unavoidable.

It only made sense to conceive pan-European public relations initiatives in support of the overall objective to create and reinforce the image of „one European company". A pan-European magazine was created and produced in six language editions. It aimed to address the issues that would be of interest to both the more and the less sophisticated buyer – not a lowest common denominator approach but a highest common factor. The framework would always be European-based expertise. In some marketplaces this, in itself, would add competitive advantage in the eyes of those clients who preferred a European company to either a British or a US firm. In other countries, this would be relatively insignificant in marketing terms. The message clearly had to be „European but local": world class expertise and knowledge of local needs with the ability to deliver the same high level of service, everywhere. The public relations strategy became a sophisticated mix of pan-European and locally tailored initiatives.

Selecting tactical public relations initiatives

We have seen that cultural and historical variations may result in differences in national marketplaces and that these will have a profound effect on the development of an effective communications strategy. On a tactical level, too, cultural and historical variations play a role in as far as they have influenced the evolution of local communications. This means that even in countries that might have a roughly similar level of marketplace development for the product or service in question, when it comes to the selection of tactical initiatives these will have to correspond to local business practices which may vary dramatically.

Ireland and the Netherlands are interesting to compare. In both countries, Sedgwick enjoyed a good level of name awareness for its local subsidiary. In both countries, understanding of the products and services of the commercial insurance broker was well developed. In selecting communications initiatives to promote competitive positioning, focus on new and innovative products and promote the identification of the local company as part of a repositioned European worldwide group, it was necessary to evaluate the, locally, most effective vehicles. Media relations was identified in both countries as not unimportant and in the Netherlands a public relations (PR) consultancy was rapidly appointed. In Ireland, the search for a PR consultancy soon revealed that this avenue was not going to be effective in the slightest, unless the networking aspects of any communications initiative were got right. It emerged that contacts were vital to do or to develop business in Dublin. The golf course was as likely to bring together the local newspaper editors, media personalities and politicians as local business leaders. Focusing on personal networking was going to be key to any communications initiative, even to getting a media initiative started.

The experience of doing business in central and eastern Europe also provides an interesting dimension of cultural and historical influences on the choice of communications initiatives. From 1989 to 1993, as offices were opened in Budapest, Moscow, Prague and Warsaw, simply announcing to the press that the offices were open for business proved a considerable challenge in itself. Against the background of countries in which there had not previously been a free press, simply sending out a press release or holding a press conference was not going to achieve very much. On-the-spot advice would be crucial in working with the local press. It became clear that any press conference had to take the form of a seminar that focused, if anything, on explaining the products and services rather than the fact that the company was open for business. Resultant press coverage endorsed this approach as journalists explained to their readers what the business was and how it fitted into the rest of the world – literally. As a result, Sedgwick's name became synonymous with insurance broking itself in the resultant press coverage. No competitive or qualitative differentiation was explored by the journalists, which might be the norm with western journalists. The nature of the service now available and its background was the sole focus. For the new marketplaces the message proved effective in attracting potential buyers.

Cultural sensitivity and local advice

As a rule and as we have seen in all of the above examples, the use of local advisers in the communications process is absolutely vital to its success. Cultural sensitivity and a very serious attitude to ensuring accuracy and idiom in language (e.g. NOT just a translation), especially in printed matter, are also essential. PR practitioners are made or broken by their sensitivity to such issues and their ability to select and work with advisers and suppliers who will deliver a reliable standard of excellence. Beyond this, multinational PR operators must develop an instinct for maintaining quality and the clear delivery of the corporate image even in individual environments where this may be culturally difficult for the audience to relate to. This balance between taking advice and knowing when to enforce the company's own standards is delicate. For public relations initiatives to be internationally effective, they must transmit the right message for the company, but in a way that will work for local understanding.

In planning a reception and dinner for the opening of a Hungarian office, a conflict arose over the decision to produce name badges for all guests and hosts. The local office MD, a Hungarian national, was not in favour of this because „it was not done" locally. On this occasion, the head office PR team insisted, assessing lapel badges as essential to help senior corporate representatives relate to guests as individuals and to cope with some of the difficulties of names of people and companies in an unfamiliar language. In theory, failing to take this advice could have been a mistake. As it happened, in this case, the public relations professionals' instinct was right and the outcome was very good. As the guests left at the end of the evening, they all begged to be able to take their badges home as souvenirs. They had not assumed that the badges belonged to them. Far from badges not being socially acceptable, they had simply been an item that had not previously been available behind the Iron Curtain. Western business takes such little PR „luxuries" for granted. The badges had novelty appeal and symbolised western quality to the locals. For them, they seemed to express the sense of a new kind of business culture in which the business partner is identified as an individual.

Selecting PR advisers: a multinational consultancy or „build your own network"?

We have seen that the judicious choice and use of local communications advisers is vital to the success of European public relations initiatives. Such partners are needed to provide local cultural advice and knowledge but also, very often, to provide hands on logistical support in carrying out events or exhibitions, for example, when it may not be cost-or time-effective to fly out a head office team to run them. PR consultancies can be especially useful when they provide a range of expertise and services beyond straightforward media relations. Very often PR consultancies are an effective choice of adviser because they can be found in almost all European countries, although they, too, vary tremendously in size and scope from country to country depending on traditions. The number and variety of consultancies in the UK, can, for example, be found in no other country. This reflects the state of the market for communications in the UK. Whereas it is commonplace for British corporations to work regularly with a PR consultancy, this is not the case to nearly such an extent in Germany, for instance. There, media relations is much more likely to be handled directly by an in-house press office. This type of variation in communications practices inevitably influences the services on offer in each country.

Employing the services of a PR consultancy with an international network has clear theoretical attractions for a multinational corporation planning pan-European work. Indeed, in the case where a very simple marketing message is to be transmitted on behalf of an internationally well-known company, the potential advantages of working with such a company and its network are obvious. But there can be drawbacks. Like the client company, the consultancy may often have a network that is stronger in some countries than in others. This is not a problem if it happens to be strong and weak in parallel with the client's own operations and marketing thrust. Multinational PR consultancies often seek alliances with other indigenous PR companies in countries where their own network cannot respond to the requirements of a multinational client. A further hazard can be on the financial side. Not all multinational PR consultancies can provide the same standard of international service from their own subsidiaries in a cost-effective way, especially in cases where parts of their network are not majority-owned. Budgeting and billing can become a problem if the communications priorities around Europe, as defined by head office in collaboration with the PR consultancy, do not tally with what the local office had in mind. This is especially true if the local office is a profit centre in its own right and does not agree with a charge for communications services over which it has relatively little control.

The crucial major challenge of the multinational PR consultancy serving a multinational client across Europe can be on the interpersonal side. The right chemistry between a PR consultant and his client is absolutely vital. Although the PR director and head office public relations team may get on well with their choice of consultancy, there is no guarantee that this will apply between the local MD in another country and the local subsidiary of the international PR consultancy.

So, how does the alternative strategy of building one's own network of public relations advisers throughout Europe compare? It has a number of advantages in cases where there are variations in the international positioning of a company and its product or service and marketplaces for the product or service vary in the ways we have examined. The „build your own network" approach is more time-consuming at the outset but may well offer a higher guarantee of ultimate success. This method presupposes a higher level of delegation and trust by head office to the local subsidiaries, but the reward will generally be that they are more motivated and involved. The subsidiaries can actively participate in the choice of the local adviser. They may have their own contacts that they wish to employ but, equally, it may in the end be the subsidiary of head office's PR consultancy that they decide to select and then everyone is happy. Final selection should always be based upon a joint decision between head office public relations and the local subsidiary.

If the „build your own network" approach is followed, the role of the head office PR department becomes more sophisticated if, at the same time, more complicated. The onus falls much more strongly on head office providing leadership and clarity of overall message. On a practical level it needs to provide the right tools to support the local offices. Such tools may include multinationally useful credentials' documentation, transportable and flexible exhibition kit and event accessories in the corporate style and boilerplate text and design guidelines for international application.

A pan-European public relations programme which is planned and applied in this way and which has active senior management endorsement at head office, offers a high chance of success on a pan-European basis. If put together sensitively in the context of a detailed marketplace analysis, it offers a good basis for maximising the balance between the effective communication of pan-European corporate objectives and achieving real understanding in key target audiences in every country of operation in spite of local cultural variations.

Kulturelle Unterschiede zwischen Frankreich und den Niederlanden im Bereich der Wirtschaftskommunikation

Vincent Merk

Dieser Artikel basiert auf eigenen Ergebnissen und Erfahrungen, die durch die Tätigkeit als Forscher, Ausbilder und Unternehmensberater gesammelt wurden. Als Rahmen dafür dient EBCAM „European Business Communication and Management". Es ist eine Gruppe von Wissenschaftlern, Ausbildern sowie Geschäftsleuten im ganzen Europa. Innerhalb EBCAM werden intensive Trainings für interkulturelle Geschäftsverhandlungen und Kommunikation entwickelt und organisiert. Der kulturelle Aspekt internationaler Verhandlungen macht einen Teil der unterrichteten Fächer aus.

In diesem Artikel möchte ich mich auf einige soziale, kulturelle und linguistische Variablen beschränken, diese sind:

1. Hierarchie/Machtverteilung,
2. Verhältnis zur Zeit,
3. Raumverhalten (Proxemik) und non-verbale Kommunikation,
4. Materielle Aspekte/Geschenke,
5. Sprache.

Diese fünf Variablen ermöglichen uns, die wichtigsten kulturellen Unterschiede zwischen Frankreich und den Niederlanden zu beschreiben. Dieser Artikel beschäftigt sich also nicht mit wirtschaftlichen Aspekten, die für eine Marktwirtschaft bezeichnend sind und die sowohl für Frankreich als auch für die Niederlande gelten (Preis, Qualität, Zahlungs- und Lieferfrist, usw.).

1. Hierarchie/Machtverteilung

Im allgemeinen ist die niederländische Gesellschaft kaum hierarchisch geordnet. Sie ist im Gegensatz zur französischen Gesellschaft um Gleichheit bemüht (zum Beispiel bei den Gehaltsstufen). Konflikte und Konkurrenzkämpfe werden eher vermieden (zum Beispiel im Unterricht). Betrachtet man die beruflichen Verbindungen, dann ist dies am deutlichsten bei Tarifverhandlungen zu sehen, wo die betreffenden Parteien eher nach einem Kompromiß suchen werden als in Frankreich. Dieses Suchen nach einem Kompromiß ist ein wichtiger Bestandteil der Sozial- und Geschäftskultur der Niederlande. Die gesellschaftliche Stufenleiter enthält nur wenig Ränge. In einem Unternehmen sind die Strukturen eher horizontal als vertikal, und man orientiert sich nicht so sehr an einem Organisationsplan, wie es oft der Fall ist in eher hierarchischen Geschäftskulturen. Im allgemeinen ist die Hierarchie in einem niederländischen Unternehmen oder in einer Universität mehr implizit als explizit. Bildlich ausgedrückt, könnte man sagen, daß die niederländische Gesellschaft (und damit auch die Unternehmen als Spiegelbild dieser selben Gesellschaft) mit der flachen Topographie der Niederlande zu vergleichen ist. Diese Art von Nivellierung kann man auf fast die ganze Gesellschaft übertragen.

Der Begriff 'Macht' wird anders verstanden als in Frankreich. Macht ist nicht hierarchisch oder autokratisch aufgebaut, sondern läuft darauf hinaus, auch manchmal Konzessionen zu machen.

Machtverteilung kommt bei einer Versammlung am deutlichsten zum Ausdruck. Der Chef ist nicht deutlich zu erkennen, seine Präsenz ist kaum spürbar, im Gegensatz zu anderen Kulturen, wo die Cheffigur eine überragende Stellung einnimmt. Kurz gesagt: Die einzelnen Ränge kommunizieren einfacher und direkter miteinander und haben dazu selten Vermittlung nötig (siehe auch Kapitel 5 „Sprache").

2. Verhältnis zur Zeit

Das Einhalten von bestimmten Zeitabläufen ist in den Niederlanden viel strikter als in Frankreich. Das gleiche gilt für den Arbeitstag. Die Niederländer halten sich sehr an ihren Arbeitsplan (von 9.00 bis 17.00/ 7.30 Uhr), ob sie nun beim Staat angestellt oder in der freien Wirtschaft tätig sind. Eine Verabredung nach 17.30 Uhr wird oft für unmöglich gehalten, selbst wenn es sich um geschäftliche Termine bei Führungskräften handelt. Auch die meisten Geschäfte schließen um 18. 00 Uhr, das ist die Zeit, wenn die Menschen nach Hause gehen, um mit der ganzen Familie zu Abend zu essen. Versuche zur Änderung des Ladenschlußgesetzes (man will die Öffnungszeiten abends und am Wochenende liberalisieren) sind u.a. bei Geschäftsinhabern und Gewerkschaften auf Widerstand gestoßen. Diese Interessen stehen aber im krassen Gegensatz zu einer modernen und aktiven Gesellschaft. Es wird mehr und mehr zwischen Wohnort und Arbeitsplatz gereist.

Geschäftliche Verabredungen folgen dicht aufeinander und überschneiden sich kaum. Man erwartet Pünktlichkeit in jeder Hinsicht (auch in bezug auf Zahlungs- und Lieferfristen). Warten hat auch im Niederländischen eine negative Konnotation und wird als unangenehm empfunden (Zeit ist Geld). Interessant ist, daß die niederländische Sprache das Verb *patienter* (= geduldig warten) nicht kennt. In

Frankreich dagegen wird es häufig gebraucht, um jemanden freundlich zu bitten, entweder am Telefon oder im Wartezimmer zu warten. Der Arbeitstag ist straff eingeteilt, sein Ablauf kann nahezu nicht geändert werden. Die Mittagspause ist keine feste Ruhepause, wie es in Frankreich meist der Fall ist. Hastig gegessene Brötchen im Büro mit einer Tasse Kaffee oder einem Glas Milch bilden keine Ausnahme.

Das strikte Einhalten von Terminen beeinflußt natürlich auch die Art des Arbeitens. Die Niederländer sind eher als monochron zu bezeichnen (d.h.nicht zwei Sachen gleichzeitig tun), während die Franzosen eher polychron (mehrere Sachen gleichzeitig tun) sind. Vor allem bei Geschäftsverbindungen wird dies durch eine abweichende Haltung der empfangenen Person gegenüber deutlich. Der Verhandlungsparter, der sich entschuldigt, weil er noch schnell ein Telefongespräch führen oder zwei oder drei Akten unterschreiben muß, der seine Sekretärin kommen läßt für eine dringliche Angelegenheit, und sie dabei warten läßt, wird sich bei keinem niederländischen Manager Respekt verschaffen oder Vertrauen erwecken. Diese oft als chaotisch bezeichnete Polychronie stößt auf Widerstand und steht im Gegensatz zum festen Einhalten des Tagesablaufes der Niederländer, wobei die Aktivitäten und Verabredungen sich nicht überschneiden dürfen.

3. Raumverhalten/Nonverbale Kommunikation

Die Auffassung über seinen persönlichen Raum unterscheidet sich in den Niederlanden wesentlich von der in Frankreich. Niederländer verstehen ihren persönlichen Raum anders als die Franzosen, vielleicht weil sie im dichtgedrängtesten Land Europas leben und oft dicht aufeinander wohnen (die Niederlande hat 425 und Frankreich 100 Einwohner pro Quadratkilometer). Sehr oft wird jede Art von Annäherung durch Abstandhalten abgeblockt. Dies zeigt deutlich, daß die Menschen untereinander einen größeren Abstand halten als zum Beispiel in Frankreich und auch noch mehr als in Spanien und Italien. Deshalb findet Kommunikation hauptsächlich mündlich und kaum körperlich statt. Körperlicher Kontakt wird eher vermieden. Man gibt sich die Hand, wenn man sich begegnet, aber fast nie, wenn man sich verabschiedet, und man wendet sich selten mit einer Hand- oder Armgebärde an seinen Gesprächspartner. Deshalb wird auch jede zum Gespräch gehörende Gefühlsregung (jemandem ein Kompliment machen, sich einig werden) selten mit Gebärden unterstrichen. Diese körperliche und warme, ja sogar übertriebene Zuwendung, die für die romanischen Völker bezeichnend ist, ist den meisten Niederländern fremd.

Es gibt auch einen Unterschied in der Körpersprache. Die Niederländer beschränken sich darauf, das Gesagte mit einfachen Gebärden zu unterstreichen. Sie gehen im allgemeinen sehr sparsam mit ihrer Gestik um. Die Mimik, die bei vielen

Völkern sehr ausgeprägt ist, und das Bewegen des Oberkörpers vor allem der Franzosen, ist bei den Niederländern nicht sehr üblich. Im niederländischen Kommunikationsmuster haben Gebärden kaum eine Bedeutung. Die Geräusche, die die Franzosen mit ihrem Mund oder ihrer Zunge machen, um einer Gebärde oder einem Ausdruck Nachdruck zu verleihen, die unzähligen Gesichtsausdrücke und Gestiken, kennt man im Niederländischen fast überhaupt nicht. Ebenso wie in den anglosächsischen Theorien über Verhandlungsführung, wo man besser keine Gefühlsregung zeigt, betrachtet auch die niederländische Schule jede unkontrollierte Gefühlsregung als ein Zeichen der Schwäche.

Zur Verdeutlichung dieser Unterschiede braucht man nur aufmerksam die Nachrichten im Fernsehen anzusehen. Der niederländische Nachrichtensprecher liest die Nachrichten ohne Schnörkel und sehr sachlich. Er gibt keinen Kommentar, er macht keine persönlichen Späße oder Bemerkungen, und er darf sich keine Gefühlsregung oder allzu ausdrucksvolle Gebärden erlauben. Nur seine Hände darf er einsetzen. Gesichtsausdruck und Körperhaltung haben wenig Bedeutung. Eine erwähnenswerte Tatsache hierbei ist, daß die Kamera regelmäßig den Körper in Brusthöhe zeigt. In Frankreich dagegen werden die Nachrichten mit Gebärden unterstrichen, wodurch eine strenge Kameraführung überflüssig wird.

4. Materielle Aspekte/Geschenke

Während in vielen Kulturen materielle Aspekte wie Design, Farbe, Verpackung usw. wichtig sind, spielen für den niederländischen Konsument solche Äußerlichkeiten eine geringe Rolle. Am wichtigsten sind Preis und Qualität. Verzierungen erwecken kein Vertrauen. Betrachtet man dieses Verhalten im Automobilbereich, dann wird man sich nicht wundern, daß der niederländische Konsument den soliden und zuverlässigen deutschen Wagen dem französischen vorzieht, von dem man sagt, daß er zu schön, zu komfortabel, ja sogar zu luxuriös und nicht besonders zuverlässig sei.

Vor ungefähr zehn Jahren gab es Gerüchte, daß der französische Wagen schon im Prospekt verroste! Seitdem haben aber die Hersteller alles getan, um sich von diesem negativen Image zu lösen, und man kann sagen, daß die französischen Produkte jetzt einen viel besseren Ruf genießen. Trotzdem assoziiert man Frankreich immer noch zuviel mit Begriffen wie Urlaub, Luxus und Romantik.

Im allgemeinen stehen die Niederländer dem Luxus mit einer pragmatischen und kalvinistischen Haltung gegenüber. Der Luxus französischer Produkte jedoch bildet eine Ausnahme, er ist der einzige Luxus, den man sich manchmal erlaubt. Nun, wenn Frankreich den Ruf hat, das Land von „Du pain, du vin et du Boursin" zu sein und nicht das von TGV und MINITEL usw., dann ist dies an erster Stelle den Franzosen selbst zu verdanken. Trotz allem gibt es doch noch einen Hoffnungsschimmer, denn der TGV und seine ursprünglich französische Bezeichnung haben in die niederländische Sprache und Gesellschaft offiziellen Einzug gehalten. Was die Werbegeschenke betrifft, haben auf diesem Gebiet manche Industriezweige eine Tradition zu verzeichnen. Diese Geschenke werden meistens an den Feiertagen am Ende des Jahres überreicht. Bei dieser Gelegenheit ist ein wenig Luxus erlaubt, doch Auffallen und Prahlen sind verpönt. Welches persönliche oder Werbegeschenk ist am beliebtesten? Die Flasche Wein! Und nicht immer guter oder französischer Wein. Der Franzose sollte sich also nicht darüber ärgern, wenn ein Niederländer ihm eine ziemlich billige Flasche ausländischen Wein anbietet. In den Niederlanden hat Wein nicht dieselbe soziale Funktion wie in Frankreich. Er ist kein für den alltäglichen Gebrauch bestimmtes Produkt. Er wird für ein Geschäftsessen oder für eine besondere Gelegenheit aufbewahrt. Oft wird er im Familienkreis oder mit Freunden getrunken, dann aber abends nach dem Essen, mit Pastete oder mit (französischem) Käse. Diesen kleinen Luxus gestattet man sich von Zeit zu Zeit. In Frankreich dagegen handelt es sich um ein normales Konsumgut, das nicht dieselbe soziale Funktion hat. Darin unterscheiden sich beide Länder.

In diesem Abschnitt möchte ich darauf aufmerksam machen, daß der Tabak in den Niederlanden (z.B. Zigarren), der nur in bestimmten Milieus geraucht wird, immer mehr zum Tabu wird. Außerdem ist es immer nett, etwas aus seinem eigenen Land mitzubringen, wobei man berücksichtigen muß, daß Niederländer nicht die Verpackung des Geschenks, sondern seine Qualität und vor allem seinen Preis schätzen. Dieser letzte Aspekt beschäftigt die Niederländer besonders. Man hört oft die Frage, wieviel das schöne Geschenk gekostet hätte.

5. Sprache

In einer Sprache spiegeln sich Kultur und Gesellschaft eines Landes wider. Auch im Niederländischen sind die vorher erwähnten Aspekte wiederzufinden. Somit wird die niederländische Sprache, die zum westlichen Zweig der germanischen Sprachen gehört, durch eine beschränkte hierarchische Distanz zwischen den Gesprächspartnern und einen ziemlich direkten Austausch (von Information) während des Gesprächs gekennzeichnet.

Genau wie im Französischen findet man auch im Niederländischen das Siezen (Pronomen „u") und das Duzen (Pronomen „jij"). Auf semantischem Gebiet stimmen diese zwei Pronomen aber nicht überein mit ihrem französischen Gegenstück „vous" und „tu". Das Duzen ist in den Niederlanden viel üblicher als in Frankreich. Zum Beispiel in einem Unternehmen fällt es auf, daß fast jeder geduzt wird. Nur der Chef und die älteren Mitarbeiter werden gesiezt. Stellung und/oder Alter der Person sind demzufolge flexible hierarchische Kriterien.

In der niederländischen Gesellschaft, die Gleichheit anstrebt, wird das Geschlecht kaum mehr als ein Kriterium für das Siezen oder das Duzen betrachtet. Jede Frau, die gesetzlich volljährig, also 18 Jahre alt ist, wird – mit Ausnahmen – einfach Frau („mevrouw") genannt. Der Unterschied zwischen 'Frau' und 'Fräulein' besteht im Prinzip nicht mehr. Auch hier handelt es sich um einen Nivellierungsversuch, um die hierarchischen und sozialen Unterschiede auch innerhalb desselben Geschlechts aufzuheben.

Parallel zu dieser klaren Vereinfachung der sprachlichen Kommunikation bemerkt man dieselben Merkmale in der Kombination Siezen/Duzen und Familienname/Vorname der Person, an die man sich richtet. Während die französische Sprache eine Kombination von Familiennamen und Vornamen mit Sie und Du frei gestattet („Durant tu/Durant vous oder Jean tu/Jean vous"), hat man im Niederländischen nur zwei Kombinationen: Familienname mit „u" oder Vorname mit „jij". Dies bedeutet, daß sich die Menschen, die sich duzen, auch mit Vornamen anreden. Flamen haben mehr Nuancen; ihr Anredeverhalten gleicht eher dem der Franzosen, ist also formeller.

Im Rahmen französisch-niederländischer Geschäftsverbindungen passiert es häufig, daß der Niederländer den französischen Partner zu schnell duzt, oder er interpretiert Zeit, Raum sowie Hierarchie anders. Es handelt sich hier nicht um Mangel an Respekt, sondern um unzureichende Beachtung kultureller und sprachlicher Unterschiede, die zwischen dem einen und dem anderen Land bestehen, ungeachtet wie nah sie auch geographisch gelegen sind.

Mit Kenntnis und Respekt für die Kultur anderer kann man demnach besser Geschäfte machen. Verhandeln heißt, einen Kompromiß zwischen geschäftlichen Interessen zu schließen, die anfangs noch voneinander abweichen. Dazu gehört auch der richtige kulturelle Kompromiß.

Literatur

Kaplan 1966 = R.B. Kaplan: Cultural thought patterns in intercultural education. In: Language Learning 16, 1966, 1-20.

Merk 1987 = V. Merk: Negociation et culture frangaise: un exemple de communication biculturel le dans 1. entreprise. In: communicatie in bedrijf en beroep TTWia, 28; 1987, 193-202.

Merk 1989 = V. Merk: Negotiating in French Speaking Cultures: Training in Bicultural Business and Technical Communication. ESADE Conference Proceedings, Barcelona 1989.

Usunier 1992 = J.C. Usunier: Commerce entre cultures, une approche culturelle du marketing international. Tomes 1 et 2. Paris: PUF 1992.

Vigner 1987 = G. Vigner: Savoir-vivre en France. Paris: Hachette 1987.

Weiss 1984 = E.S. Weiss, W. Stripp: Negotiation with Foreign Businesspersons: an Introduction for Americans with Propositions on six Cultures. New York University, Business Negotiations Across Cultures, Working Paper nr. 1, 1984.

Verständigung miteinander – Verständnis füreinander. Erfahrungen aus der deutsch-französischen kulturellen Zusammenarbeit

Christiane Deußen

Treffen zwischen deutschen und französischen Verwaltungsfachleuten sind gut dreißig Jahre nach Unterzeichnung des Vertrages über die deutsch-französische Zusammenarbeit vom 22. Januar 1963, des sogenannten Elysée-Vertrages, fast zu einer Alltäglichkeit geworden. Regelmäßig finden im halbjährlichen Rhythmus die deutsch-französischen Gipfelkonsultationen statt, an denen neben dem Bundeskanzler, dem französischen Staatspräsidenten und dem Premierminister Fachminister beider Seiten teilnehmen und zu bilateralen Ressortsitzungen zusammentreffen. Daneben sind im Laufe der Zusammenarbeit eine Reihe von weiteren ständigen Gremien eingerichtet worden, wie der Deutsch-Französische Wirtschaftsrat, der Deutsch-Französische Verteidigungsrat und Umweltrat sowie der Deutsch-Französische Kulturrat[1], die besondere Aufgaben wahrnehmen.

Für die deutsch-französische kulturelle Zusammenarbeit ist deutscherseits eigens eine Institution geschaffen worden, die die Koordination kultureller und bildungspolitischer Belange, eigentlich ureigene Domäne der Länder, gegenüber dem französischen Partner wahrnimmt: der Bevollmächtigte der Bundesrepublik Deutschland für kulturelle Angelegenheiten im Rahmen des Vertrages über die deutsch-französische Zusammenarbeit.

Dieses Amt wird im vierjährigen Turnus von einem Ministerpräsidenten wahrgenommen, der auch an den deutsch-französischen Gipfelkonsultationen teilnimmt.

Zum Arbeitsinstrument des Bevollmächtigten gehören drei deutsch-französische Expertenkommissionen: für den Schulbereich, den Hochschulbereich und die berufliche Bildung, zu denen wiederum ein Unterbau von eigenen Arbeitsgruppen gehört.

Die bilateralen Verhandlungen gestalten sich mitunter sehr schwierig, langwierig und aufwendig und verlangen eine ungewöhnliche Detailarbeit. Ohne die intensive und vertrauensvolle Zusammenarbeit, die sich in der langjährigen Praxis zwischen den zuständigen Stellen der Verwaltung auf beiden Seiten herausgebildet hat, wären Fortschritte in der kulturellen Zusammenarbeit sehr erschwert. Dieses gegenseitige Vertrauen („confiance mutuelle") der Verwaltungsfachleute ist ein wichtiges Kapital der deutsch-französischen Beziehungen und hat zukunftweisende Bedeutung, auch für den europäischen Einigungsprozeß.

Deutsche und französische Verhandlungsstile

Stereotype Verhaltensweisen und Vorurteile

In den zahlreichen Sitzungen und Verhandlungen im Rahmen der kulturellen Zusammenarbeit zeigen sich unterschiedliche Stile von Deutschen und Franzosen. Die genaue Kenntnis der Vorlieben, Einstellungen und Erwartungen beider Verhandlungspartner, aber auch das Wissen um ihre Vorurteile und stereotypen Verhaltensweisen erleichtert die Zusammenarbeit.

„Les Français ne font rien, les Allemands travaillent". Diese ironisch gemeinte Äußerung eines französischen Diplomaten demonstriert eines von zahlreichen Vorurteilen, die Deutsche und Franzosen hegen. Solche Vorurteile werden durch unterschiedliche stereotype Verhaltensweisen geprägt:

— Deutsche stellen detaillierte, ausgetüftelte Tagesordnungen vor, um ein sicheres Gerüst für Verhandlungen zu haben, Franzosen ignorieren sie weitgehend;

— Deutsche dokumentieren ihren Arbeitseifer und ihre Ernsthaftigkeit, indem sie mit schweren Aktenkoffern und dicken säuberlich geordneten Akten in die Sitzung kommen, während Franzosen allenfalls dünne Mappen, sog. „chemises" mitbringen;

— Deutsche machen sich bei Franzosen unbeliebt, indem sie sofort in die Tagesordnung einsteigen und zur Sache kommen, während Franzosen die Sitzung mit humorvollen oder höflichen Äußerungen über Wetter, Tagungsort, Teilnehmer elegant beginnen und erst einmal bemüht sind, eine angenehme, freundliche Arbeitsatmosphäre zu schaffen;

— Franzosen laden die Deutschen zu einem gepflegten, und in der Regel ausgedehnten Mittagessen ein, während Deutsche am liebsten weiterarbeiten würden, sich auch mit belegten Brötchen zufrieden gäben, um möglichst schnell die Tagesordnung erledigen zu können.

Die Beschreibung von Vorurteilen und dazugehörigen Stereotypen ließe sich unschwer fortsetzen. Oberflächlich gesehen scheinen einige Beobachtungen zuzutreffen, aber vieles ist zu pauschal gesehen und vieles ist auch im Begriff, sich zu wandeln.

Voneinander lernen – Verständnis füreinander entwickeln

Häufige Treffen, über längere Zeit konstante Teilnehmerkreise und der erfolgreiche Abschluß schwieriger Verhandlungen bewirken einen allmählichen Wandel. Indem man voneinander lernt, übernimmt man als vorteilhaft erkannte Verhaltensweisen, die sich als zielführend herauskristallisieren.

Das Beharren auf den eigenen Verhaltensgewohnheiten bewirkt hingegen eher Unsicherheiten beim Verhandlungspartner und kann zu Spannungen und latenten Konflikten führen.

Als den Wandel förderndes Element erweisen sich auch die im Wechsel erfolgenden Einladungen, die es mit sich bringen, daß sich die eine Delegation einmal in der Gastgeberrolle und das darauffolgende Mal in der Gastrolle befindet. Als Gast hat man sich bei Verhandlungen an die Spielregeln der gastgebenden Delegation und des Gastlandes zu halten, d.h. andere Umgangsformen, eine andere Verhandlungsführung und andere situative Umstände zu akzeptieren. Als Beispiel, wie man durch diese Rollenwechsel Verständnis für einander entwickelt, mögen die regelmäßigen deutsch-französischen Gipfelkonsultationen angeführt werden, die abwechselnd in Deutschland und Frankreich stattfinden.

Obwohl die entsprechenden Dienststellen mit der Organisation hochrangiger politischer Begegnungen große Erfahrung haben, kommt es bei deutsch-französischen Gipfeln regelmäßig zu Pannen. Die französische Seite treibt das deutsche Protokoll mit ständigen Änderungen bei Teilnehmern oder Ankunftzeiten, kurzfristigen Absagen oder Änderungen der Ablaufplanung zur Verzweiflung. Bis zur letzten Minute ist manchmal unklar, ob ein bestimmter französischer Minister auch wirklich kommt oder nicht.

Die Deutschen sind inzwischen darauf gefaßt, daß Überraschungen bis zur letzten Minute nicht auszuschließen sind; die Erfahrung hat sie gelehrt, daß man auf alle Eventualitäten vorbereitet sein muß und kann. Flexibilität ist also bei deutsch-französischen Begegnungen in hohem Maße erforderlich, um sich schnell auf neue Situationen einstellen zu können.

Die Franzosen andererseits haben die Vorzüge der perfekten deutschen Organisation schätzen gelernt und Verständnis für die Ungeduld der deutschen Organisatoren entwickelt. So kommt es, daß ein französischer Beamter mit selbstkritischen Blick auf sein Land, angesichts der Hektik bei einem in Frankreich organisierten Gipfel, bekennt:

„C'est ingérable. Il faut prendre ça avec beaucoup de philosophie."

Deutsch-französische Sitzungen, auch auf der sogenannten Arbeitsebene, sind im allgemeinen inhaltlich gut vorbereitet. Vieles ist vorher schon abgestimmt worden, telefonisch oder schriftlich, Tagesordnungen ausgetauscht, eventuell korrigiert worden. Jede Seite hält zur Vorbereitung der Sitzung interne Vorbesprechungen ab, um die jeweiligen Tagesordnungspunkte intern zu diskutieren, abzustimmen und eine eigene Verhandlungslinie aufzubauen.

Die deutsche Seite nimmt sich jeweils einen Tag für eine Vorbesprechung Zeit; die Franzosen kommen mit einer kurzen Besprechung aus. Hieran erkennt man die unterschiedliche Vorgehensweise von Deutschen und Franzosen: die Deutschen diskutieren ausführlich Punkt für Punkt der Tagesordnung, während die Franzosen sich weniger um Einzelheiten kümmern, sondern stattdessen ihr Verhandlungsziel festlegen.

Detailgenauigkeit und Gründlichkeit bestimmen die Arbeitsweise der Deutschen, die Franzosen lieben dagegen den großen Entwurf, der rhetorisch glänzend vorgetragen wird und möglichst in ein konkretes Aktionsprogramm mündet, für das ein attraktiver, dynamisch klingender Titel gewählt wird. Der Eindruck, das könnte mit größerer Seriosität auf deutscher Seite und einer gewissen Leichtigkeit oder gar Unseriosität auf französischer Seite verbunden sein, wäre jedoch voreilig und würde altbekannte Vorurteile wiederbeleben, die nicht weiterführen.

Strukturelle Faktoren für unterschiedliche Verhandlungsstile

Nicht „nationale Charaktere" oder Mentalitäten sind als Gründe für solche Unterschiede in Arbeitsweisen und Verhandlungsstilen anzuführen, vielmehr beruhen diese auf strukturellen Differenzen.

Zentralismus versus Föderalismus

Der zentralistische Verwaltungsaufbau in Frankreich und das föderale System in Deutschland prägen die politische Kultur beider Länder. Die beiden politischen Systeme entfalten bewußtseinsbildende Wirkungen in allen Bereichen des Lebens, so auch in den Verwaltungen und beeinflussen somit unmittelbar die jeweiligen Arbeitsweisen, Entscheidungsstrukturen und Verhandlungsstile.

Das zeigt sich schon bei der personellen Zusammensetzung der beiden Delegationen: während sich die französische Seite aus Fachbeamten aus meist nur einem Ministerium, dem Ministerium für nationale Erziehung, zusammensetzt (in der beruflichen Bildung kommen allenfalls noch das französische Arbeitsministerium und das Handwerks-ministerium hinzu), finden sich auf deutscher Seite zahlreiche Vertreter der Länder, der Kultusministerkonferenz, und soweit erforderlich, der beteiligten Bundesministerien. In der beruflichen Bildung kommen die sogenannten Sozialpartner noch hinzu. Das heißt: auf deutscher Seite haben wir eine streng den gegebenen Zuständigkeiten entsprechende personelle Besetzung, die für die französische Seite häufig verwirrend und undurchschaubar ist. „Deutsch sein, heißt zahlreich sein" – mit diesen Worten erklärte einst schon Konrad Adenauer bei seiner ersten Moskaureise dem sowjetischen Empfangskommitee die Größe der deutschen Delegation.

Umgekehrt spiegelt sich die zentralistische Struktur Frankreichs in dem hierarchischen Aufbau der französischen Delegation bei Verhandlungen wider: die Delegationsleitung wird von einem hohen französischen Beamten, meist einem Absolventen der ENA wahrgenommen, der die französische Verhandlungsposition vorträgt und den anderen französischen Sitzungsteilnehmern je nach Bedarf das Wort erteilt oder auch schon mal eine Wortmeldung zurückweist.

Ganz anders sieht es auf deutscher Seite aus. Aufgrund der Zuständigkeiten der Länder in Bildungsfragen kommen deren zahlreiche Vertreter häufig zu Wort. Das Bedürfnis, die Position des eigenen Landes mit seinen Besonderheiten zu vertreten, muß bei den anwesenden Franzosen zu Verwirrung führen. Sie wundern sich darüber, daß so viele Teilnehmer zu Wort kommen und vermissen eine klare hierarchische Struktur.

Für den deutschen Delegationsleiter ist es häufig ein schwieriger Balanceakt, dem Bedürfnis nach Diskussion und Meinungsäußerung der deutschen Teilnehmer Raum zu geben, andererseits aber auf ein gemeinsames Meinungsbild und damit auf ein konkretes kohärentes Verhandlungsergebnis hinzuarbeiten. Koordinierungsschwierigkeiten der deutschen Seite treten insofern insbesondere bei komplizierten Sachverhalten deutlich zutage. Die französische Delegation findet den Verlauf der Diskussionen zwar häufig anregend, weil Meinungsunterschiede offen ausgetragen werden, gelegentlich bemerkt man jedoch ein gewisses Unwohlsein oder schlichte Ungeduld, wenn die Debatte zu lange dauert oder der Tonfall etwas heftiger wird. Es hat auch den Anschein, als ob sich die Franzosen gelegentlich in der Rolle des ungebetenen Zuhörers, quasi als „voyeur", fühlen, was dem tiefsitzenden französischen Bedürfnis nach Diskretion widerspricht.

„On assiste à des discussions interallemandes, qui nous, Français, ne regardent pas" – spätestens dieser Hinweis der französischen Seite wird als Signal verstanden, die innerdeutsche Diskussion zu beenden und zu einem einheitlichen Meinungsbild zu gelangen. Denn erst jetzt setzt der Versuch ein, einen Kompromiß zusammen mit der französischen Seite zu finden, der die weitere gemeinsame Arbeit festlegt und bestimmt. Auf diese Weise wird jeder weitere Tagesordnungspunkt abgehandelt, wobei die Vertagung auf die nächste Sitzung bei besonders schwierigen Themen wegen des Zeitmangels keine Seltenheit ist.

Bildungsstrukturen

Neben den schon erwähnten Auswirkungen des zentralistischen und föderalen Systems spielen auch soziokulturelle Aspekte eine Rolle, die in den unterschiedlichen Bildungsstrukturen begründet sind. Die bei Deutschen allgemein zu beobachtende größere Diskussionsfreude, die größere Bereitschaft, sich an Diskussionen und in Verhandlungen zu beteiligen, sind Folge des schon in der Schule geförderten Verhaltens, aktiv eine eigene Meinung zu äußern und zu vertreten. Französische Schüler hingegen sind einen lehrerzentrierten Unterrichtsstil gewöhnt, der sie eher zum Zuhören und zu passivem Lernverhalten anleitet.

Die unterschiedlichen Auswirkungen des deutschen und des französischen Bildungs- bzw. Erziehungssystems näher zu erläutern, würde hier zu weit führen. Fest steht, daß die verschiedenen Verhandlungsstile bei den deutsch-französischen Sitzungen strukturelle Merkmale aufweisen, die auf Prägungen durch die unterschiedlichen Bildungssysteme zurückzuführen sind.

Unterschiedliche Machtausstattung

Ein weiterer Faktor, der unterschiedliches Verhandlungsverhalten hervorbringt, ist in der Machtbefugnis französischer und deutscher Minister begründet.

Was der jeweilige französische Minister will, wird sofort umgesetzt. Da die französischen Minister häufiger wechseln, und der neue Minister nur ungern Projekte seines Vorgängers weiterführt, sondern lieber mit neuen Ideen an die Öffentlichkeit tritt, stellt sich nicht selten das Problem der Kontinuität. Jeder Ministerwechsel bringt Folgen für die personelle und sachliche Zusammenarbeit mit sich. Dabei können auch Unterlagen oder gar Akten verloren gehen und schon einige Monate vor dem erwarteten Regierungswechsel läßt sich bei der französischen Verwaltung eine gewisse zögerliche Hinhaltetaktik beobachten. Das zeigt sich auch in den deutsch-französischen Verhandlungen: niemand auf der französischen Seite will eigentlich Entscheidungen treffen, da man davon ausgeht, daß sie in einigen Wochen doch wieder rückgängig gemacht und durch neue Reformen ersetzt werden.

In der Bundesrepublik Deutschland ist Macht immer geteilte Macht. Der Zwang der Länder, sich miteinander verständigen, in den Fachministerkonferenzen gar einstimmige Beschlüsse herbeiführen zu müssen, verleiht der Arbeitsebene der Verwaltungen, die die Beschlüsse vorab miteinander aushandeln, mehr Gewicht und größeres Selbstbewußtsein. Dies führt zwangsläufig zu größerer sachlicher und personeller Kontinuität.

Angesichts der strukturell bedingten Unsicherheiten durch häufigen Ministerwechsel und mangelnde personelle Kontinuität auf Beamtenebene zieht die deutsche Seite Konsequenzen, indem Sie versucht, den Bestand an gemeinsamen Absprachen und Vereinbarungen zu sichern. Hier gibt es einen weiteren kulturellen Unterschied: Von deutscher Seite wird nur dann – und erst nach Einholung der Zustimmung aller beteiligten Länder – eine Vereinbarung geschlossen, wenn zuvor sichergestellt ist, daß die Vereinbarungen auch tatsächlich eingehalten und ausgeführt werden können. Für die französische Verwaltung ist der Grad an Verbindlichkeit gemeinsamer Absprachen offensichtlich geringer. Deswegen ist die Arbeitsebene dazu übergegangen, wichtigen Arbeitspapieren eine verbindlichere Form zu geben, indem sie Abkommen, Vereinbarungen oder Gemeinsame Erklärungen durch die politisch Verantwortlichen unterzeichnen läßt. Aber selbst unterzeichnete Gemeinsame Erklärungen können in den Schubladen französischer Ministerien verschwinden oder schlicht in Vergessenheit geraten bzw. ignoriert werden. Ein kultureller Unterschied, an den sich die Deutschen nur schwer gewöhnen können.

Bedeutung interkulturellen Wissens

Kompetenzen für erfolgreiches Verhandeln

Das Wissen über die Bedeutung kulturell bedingter Verhaltensweisen und struktureller Gegebenheiten ist für erfolgreiches Verhandeln eine wesentliche Voraussetzung, die die Zusammenarbeit erleichtert.

Ohne die Grundkenntnis des historisch, strukturell und kulturell bedingten Verhaltensrepertoires auf beiden Seiten könnten die Franzosen die manchmal wie ein Theaterstück inszenierte Verfassungswirklichkeit der Bundesrepublik nicht verstehen; umgekehrt könnten die Deutschen die Wirkungen der geradezu monarchistischen Autorität eines französischen Ministers kaum nachvollziehen.

Für den Erfolg der deutsch-französischen Verhandlungen ist die Anwendung solchen interkulturellen Wissens von entscheidender Bedeutung. An die Verhandlungsleitung werden besondere Anforderungen gestellt, denn sie muß als Mittler zwischen beiden Seiten auftreten. Sie muß Verständnis für die Verhaltensweisen des Verhandlungspartners entwickeln und zu größerer Toleranz und Entgegenkommen in Kenntnis der Andersartigkeit des Partners anleiten, ohne die Solidarität mit der eigenen Seite aufs Spiel zu setzen und ohne dabei das eigene Verhandlungsziel aus den Augen zu verlieren.

Die Antizipation von Verhaltensweisen, das frühzeitige Mitdenken und Einbeziehen möglicher Reaktionsweisen auf beiden Seiten sichert einen möglichst konfliktfreien und zielgerichteten Verhandlungsverlauf. Auf diese Weise lassen sich Ergebnisse erzielen, die für beide Seiten befriedigend sind und einen tatsächlichen Verhandlungsfortschritt darstellen.

Drei Kompetenzen scheinen mir Voraussetzung für erfolgreiches Verhandeln bei internationalen Zusammenkünften zu sein: die sprachliche, die fachlich-strukturelle und die sozial-kulturelle Kompetenz.

1. Sprachliche Kompetenz

Sprachkenntnisse sind immer noch die wichtigste Voraussetzung für das Verstehen des anderen. Alle Erfahrungen zeigen, wie wichtig ein direkter Kontakt zwischen den Verhandlungspartnern ist, der nur durch ausreichende Fremdsprachenkenntnisse ermöglicht wird: miteinander diskutieren, sich gegenseitig anrufen, Vorabsprachen treffen, schriftliche Vorlagen lesen u.s.w.

Die Verständigung über eine Drittsprache ist unzureichend, da vieles an Information, Genauigkeit, wichtigen Zwischentönen und Emotionalität verlorengeht. Es wäre schon hilfreicher, wenn jeder in seiner Muttersprache sprechen kann und der Verhandlungspartner dies versteht. Dies setzt jedoch ein nicht unbeträchtliches Niveau an Sprachkenntnissen voraus.

2. Fachlich-strukturelle Kompetenz

Ein weiterer Faktor für erfolgreiches Verhandeln ist neben den Fach- und Sprachkenntnissen das Wissen um die politischen, wirtschaftlichen und sozialen Strukturen des Partnerlandes. Selbstverständlich muß jeder über die Institutionen, mit deren Vertretern man verhandelt, informiert sein. Zuständigkeiten, Hierarchien, Kompetenzverteilung, Kommunikationsstrukturen und Formen der Zusammenarbeit nach innen und außen sowie ihre Einbindung in das gesellschaftliche Umfeld sind Hintergrund des Verhandlungsverhaltens des jeweiligen Partners.

3. Sozial-kulturelle Kompetenz

Voraussetzung für zielgerichtetes Verhandeln in Wirtschaft und Verwaltung ist auch das Verständnis für unbekannte, nicht gewohnte Verhaltensweisen. Die Verhandlungspartner müssen wissen und verstehen, auf welchen Strukturen diese Verhaltensweisen beruhen, welcher Bedeutungsgehalt ihnen zugeordnet wird und welche Funktionen sie erfüllen. Dazu gehört auch zu wissen, welche Erwartungen die Partner an einen selbst stellen, um flexibel und angemessen darauf reagieren zu können.

Maßnahmen der deutsch-französischen Zusammenarbeit zur Förderung interkultureller Kompetenz

Deutschland und Frankreich sind seit Jahren füreinander die wichtigsten Wirtschafts- und Handelspartner. Frankreich steht auch in den neuen Ländern an erster Stelle der ausländischen Investoren. Beide Länder werden in Zukunft immer mehr bilingual, binational und bikulturell ausgebildete und erfahrene Arbeitskräfte brauchen.

Bilinguale Ausbildung

„Was nützt es", so klagte vor einiger Zeit die Bürgermeisterin der Europametropole Straßburg, „wenn wir Straßen und Brücken bauen, die uns verbinden, wir aber nicht miteinander kommunizieren können?" Der Sprachunterricht ist immer noch das Sorgenkind der deutsch-französischen Zusammenarbeit. Dabei gehörte die Förderung des Sprachunterrichts schon zu den Kernelementen des Vertrages über die deutsch-französische Zusammenarbeit. Dort heißt es ausdrücklich, daß beide Seiten die „wesentliche Bedeutung der Kenntnis der Sprache des Nachbarlandes" anerkennen und „sich bemühen, konkrete Maßnahmen zu ergreifen, um die Zahl der deutschen Schüler, die Französisch lernen, und die der französischen Schüler, die Deutsch lernen, zu erhöhen" (Deutschland – Frankreich 1993, 143). Und in der Gemeinsamen Erklärung des Bevollmächtigten Deutschlands für kulturelle Angelegenheiten und des französischen Erziehungsministers, die im Rahmen des Frankfurter Kulturgipfels von 1986 verabschiedet wurde, heißt es noch deutlicher: „Die Zukunft der deutsch-französischen Beziehungen hängt zu einem erheblichen Teil davon ab, ob es der Schule in beiden Ländern gelingt, die junge Generation dialogfähig zu machen" (Gemeinsame Erklärung 1987, 13).

Binationale Erfahrungen

Heute gelten in der Berufswelt Fremdsprachenkenntnisse als unerläßlich und werden vielfach schlicht vorausgesetzt. Im Hinblick auf das größer werdende Europa wird der Bedarf an Sprachkenntnissen in Zukunft sogar noch steigen. Schon heute sind Fachkräfte auf allen Ebenen, von der Sekretärin bis zum Manager, gefragt, die auch einmal in ein Unternehmen ins Ausland geschickt werden können, um dort für einige Zeit zu arbeiten. Dazu sind Fremdsprachenkenntnisse und Kenntnisse über die Kultur des anderen Landes notwendig. Binationale und bikulturelle Erfahrung kann nur über längere Aufenthalte im Partnerland erworben werden. Geeignet sind Begegnungen im Rahmen von Schüler-, Studenten- und Lehreraustauschprogrammen. Praktika und Arbeitsaufenthalte von Auszubildenden und jungen Erwerbstätigen fördern die Entwicklung der sprachlichen, der fachlich-strukturellen und sozial-kulturellen Kompetenzen. Leider fehlt es bisher noch an einer umfassenden und theoretisch fundierten Pädagogik der Austausche, an der jedoch das Deutsch-Französische Jugendwerk bereits arbeitet.

Bikulturelle Ausbildung

Für die bikulturelle Ausbildung sind in der deutsch-französischen Zusammenarbeit erst wenige Voraussetzungen geschaffen worden. Ziel ist die Schaffung eines durchgängigen Bildungsangebots für Französisch (oder Deutsch), das von der Grundschule über die bilingualen Züge in Gymnasien bis hin zum doppelten Abitur und Doppeldiplomen in der Hochschule reicht. Setzt man alle heute schon vorhandenen Bildungsangebote wie zu einem Mosaik zusammen, kann man von einem bikulturellen Bildungsgang sprechen, der auch für die kulturelle Zusammenarbeit in Europa durchaus wegweisend ist.

Die Kenntnis der Sprache des Nachbarlandes, aber nicht nur der Sprache, sondern auch der kulturellen Eigenheiten, Gewohnheiten und Traditionen ist die Voraussetzung für eine interkulturelle grenzüberschreitende Verständigung. Sprachliches und kulturelles Wissen gehören zusammen und müssen ausgebaut werden, damit der deutsch-französische Dialog stattfindet.

Wenn vieles an der deutsch-französischen Zusammenarbeit im Bildungsbereich auch noch kompliziert und verbesserungsbedürftig ist, auch wenn man gelegentlich den Eindruck hat, daß das Verhältnis von Qualität und Quantität, insbesondere die Quantität, noch nicht stimmt, so hat sich vieles von dem, was zwischen Deutschland und Frankreich entwickelt und realisiert wurde, als modellhaft für Europa erwiesen: Die deutsch-französische Kooperation und Verständigung bildet den Kern des europäischen Einigungsprozesses und wird dies in absehbarer Zeit auch bleiben.

Anmerkungen

1 Der 1988 gegründete Deutsch-Französische Kulturrat ist ein Beratungsgremium beider Regierungen, dem je zehn deutsche und französische Persönlichkeiten aus dem Kulturleben angehören.

Literatur

Vertrag zwischen der Bundesrepublik Deutschland und der Französischen Republik über die deutsch-französische Zusammenarbeit. Abgedruckt in: Deutschland-Frankreich: ein neues Kapitel ihrer Geschichte; 1948 – 1963 – 1993; Chronologie – France – Allemagne/erarb. von den Zeitschr.; Dokumente and Documents und vom Deutsch-Französischen Institut Ludwigsburg. Bonn: Europa Union Verl., 1993, S. 143.

Gemeinsame Erklärung des Bevollmächtigten der Bundesrepublik Deutschland für kulturelle Angelegenheiten im Rahmen des Vertrages über die deutsch-französische Zusammenarbeit und des Ministers für Nationale Erziehung der Französischen Republik über die deutsch-französischen Beziehungen der Gegenwart und ihre Darstellung im Unterricht. Hrsg, vom Sekretariat der ständigen Konferenz der Kultusminister der Länder in der Bundesrepublik Deutschland, 53113 Bonn, Nassestraße 8, Postfach 22 40, Januar 1987, S. 13.

Reflexionen zum Deutschlandbild im Spiegel des britischen Fernsehens[1]

Reinhard Tenberg

The Germans – who are they now?

So lautet die Frage mit suggestiv unterlegtem Foto auf der Rückseite des Begleitheftes zu einer vierteiligen Dokumentarsendung, die unlängst im britischen Fernsehen ausgestrahlt wurde.[2] Im Vordergrund des Wiedervereinigungsfotos der Kanzler mit zum Gruß erhobenen, nicht ganz ausgestrecktem Arm vor einer dichtgedrängten, Nationalfahnen schwingenden Menschenmenge. Bildbegleitend werden stichpunktartig die Ängste unserer europäischen Nachbarn vor dem nun vereinten Deutschland zusammengefaßt:

> The German Federal Republic today is the most populous country in Europe, with nearly 79 million people, and the economic potential of a United Germany is awesome. It is for the first time a fully sovereign state and, with the collapse of the Soviet Empire in Eastern Europe and the demise of the Soviet Union itself, Germany is the dominant power in Europe.
> Yet do we know these most powerful neighbours? Germany's geographical position, her lack of natural frontiers, her economic strength and the energy characteristic of Germans themselves have meant that their own attempts to answer the question of self-identity have led to conflict in Europe three times in a hundred years. In the developing European Community, Germany's neighbours need to know whether these people are now as European as ourselves, as diverse, pluralistic and safe as we believe ourselves to be. (The Germans 1992)

Wie lange wird sich ein souverän erstarktes, wirtschaftlich dominantes und sich erneut auf Identitätssuche befindendes Deutschland mit dem Anachronismus des politischen Zwerges zufrieden geben? Sind die Deutschen inzwischen vertrauenswürdige Europäer geworden oder gibt es abermals Grund, sich vor ihnen zu fürchten? Wiedervereinigung und gemeinsamer Binnenmarkt, nicht zuletzt auch die rechtsextremistischen Gewalttaten von Mölln und Solingen haben diese Fragen in den Brennpunkt des öffentlichen Bewußtseins in Großbritannien gestellt.

Seit Beginn der neunziger Jahre wird in den britischen Medien verstärkt der Versuch einer erneuten Bestandsaufnahme unternommen, die dem stereotypen Deutschlandbild, das dem Publikum durch zahlreiche *comedies* und Kriegsfilme wohlvertraut ist, eine Betrachtungsweise gegenüberzustellen, die kritischreflektierend auch das Verhältnis von Betrachter und betrachtetem Objekt in seinen vielschichtigen, wechselseitigen Spiegelfunktionen miteinbezieht.

Karikatur und Stereotypenbildung

Das geflügelte Wort „don't mention the war" trifft deutsche Empfindsamkeiten, vor allem solche mit abgeschlossener Vergangenheitsbewältigung, und erheitert zugleich britische Gemüter wie kaum ein anderes Thema. Ein bis zwei Kriegsfilme pro Woche mit dem Thema „Zweiter Weltkrieg" sind im britischen Fernsehen keine Seltenheit, wobei es sich bei der überwiegenden Zahl um Spiel- und nicht um Dokumentarfilme handelt. Dabei ist es natürlich stets der uniformierte oder in SS-Gewand gekleidete Nazi, den es allwöchentlich auf's Neue zu besiegen gilt, und der die Aufmerksamkeit der Zuschauer nervenschonend von der 'Was-Spannung' auf die 'Wie-Spannung' zu lenken vermag. Das Gefühl des Mitdabeigewesenseins ließe sich nur noch durch *virtual reality* und den dazugehörigen elektronischen Sensorenhandschuh steigern. Aber auch ohne dies werden 'Klassiker' wie *Colditz, The Battle of Britain* und *Where Eagles dare* als „rather dashing" empfunden, wie ein englischer Veteran und Mitherausgeber des rechtsgerichteten *Daily Telegraph* im Interview bezeugt.[3]

Die Position des Siegers und die zeitliche Distanz zum historischen Geschehen erlauben Briten eine Empfindungslosigkeit, eine „Anästhesie des Herzens" (Bergson 1972), die von Deutschen oft als Geschmacklosigkeit empfunden wird. Sendungen wie *Allo, Allo und Faulty Towers: The Germans* bieten dazu reichlich Anschauungsmaterial. Humor ist hier nicht mehr als soziales Korrektiv oder als Katharsis für kollektiv-deviantes Rollenverhalten zu interpretieren; es ist das Lachen einer Gruppe, die es dem 'Gegner' aufgrund seiner Betroffenheit nicht erlaubt, vom historischen Kontext zu abstrahieren. Die These, daß sich Stereotypen in dem Maße verflüchtigen, wie die Erinnerung an die Weltkriege verblaßt, muß aus britischer Sicht eher bezweifelt werden (Kettenacker 1991, 194).

Nicht zuletzt spiegeln sich hier kulturelle Unterschiede zwischen Briten und Deutschen wider. Es gibt so gut wie keine tabuisierten Themen, die nicht zur Zielscheibe des englischen, oft schwarzen Humors werden können. Man denke etwa an die Porträtierung der Kirche durch Dave Allen oder die Art und Weise, wie *Spitting Image* mit englischen Politikern und der königlichen Familie umgeht. Ein Volk der Praktiker und Amateure, der Tüftler und Einzelbrödler, das sich selbst nicht allzu ernst nehmen kann, steht in seiner Lebensphilosophie, sofern es eine hat, diametral dem Volk der Dichter und Denker, der Theoretiker und Grübler gegenüber, dessen Humor nicht gerade zu seinen Exportschlagern gehört. Akzeptiert man in Großbritannien eher die Position des Außenseiters, des *marginal man,* des Skurrilen und des Verlierers[4], so gesteht man in Deutschland dieser Figur wenig Raum zu. Dem Konformitätszwang kann man allenfalls in der Rolle eines Kaspar Hauser ausweichen, für die dann möglicherweise posthume Bewunderung aufgebracht wird.

Die Art und Weise, wie die britischen Medien ein Stereotyp des Deutschen entwerfen, gibt jedoch zugleich Aufschluß über eigene Ängste und Minderwertsgefühle. Verharren in der Nostalgie der Siegerpose läßt Zweifel daran aufkommen, ob sich bei Briten nicht ein gewisser Verdrängungsmechanismus ausfindig machen läßt, der furchtsam die wirtschaftliche Entwicklung der BRD als *winning the war through the back door* konzediert. Die Angst vor der wirtschaftlichen und politischen Dominanz, potentiell gesteigert durch die Wiedervereinigung und gekoppelt mit zunehmenden Befürchtungen über neonazistische Tendenzen kulminierte in der entstellenden und beleidigenden Kohl-Hitler Karikatur (The Spectator 1990) und führte zur Heraufbeschwörung eines „Vierten Reichs". So warnte das renommierte Blatt *The Times* in einem Artikel von Conor O'Brien vor der immanenten Wiedervereinigung mit der Überschrift *Beware, the Reich is reviving*.[5] Auf ähnliche Weise stilisierte der ehemalige Schatzkanzler Roy Jenkins die Entwicklung der Teutonen vom Raubrittervolk zu kapitalistischen Eroberern, bewaffnet mit der DM, unter dem Schutzschild der Bundesbank. Er vergaß dabei zu erwähnen, daß Österreicher, Belgier, Holländer und Dänen bereits ihre Rolle als Bundesbankvasallen angetreten haben und ihre Währungen unmittelbar dem Frankfurter Diktat untertan gemacht haben.

Der explizite Vergleich Kohls mit Hitler durch den Margaret – Thatcher – Intimus Nicholas Ridley – ehemaliger Minister für Handel und Industrie – sorgte für erhebliche Unruhe auf dem diplomatischen Parkett und hatte den Rücktritt des Ministers zur Folge. Ridley hatte jedoch offenbar nur das artikuliert, was die überwältigende Mehrheit der Leser des Boulevardblattes *The Sun* schon längst befürchteten: Die Deutschen seien wieder zu stark geworden und dominierten Europa, heute nicht mehr durch Waffengewalt, sondern durch ihre überragende Wirtschaftskraft. Die *Media Show* blendet dazu illustrativ weitere Schlagzeilen aus der *Sun* ein:

– WHY THE GERMANS ARE WEALTHIER AND SMARTER THAN US [daneben Kohl mit geballter Faust und Mercedes im Hintergrund]

– BOMBED OUT – Ridley ready to go today for Hitler jibes at Germany

– UP YOURS, HELMUT – Fury over Ridley's 'Hitler' blast at the Krauts

Mit seiner zentralen Aussage „The British people are not going to be bossed around by a German"[6] [Kohl] traf Ridley einen xenophobischen Nerv, der die britische Angst vor Souveränitätsverlust, wirtschaftlicher Dominanz durch die BRD und vor deutschen 'Expansionsgelüsten' via EG simplistisch zu bündeln vermochte.

Besorgnis über eine Marginalisierung Großbritanniens in einem durch deutsche Wirtschaftsmacht dominierten Europa geht jedoch weit über den Kreis der *Sun-*

Leser hinaus. Nur mit großer Mühe und unter Androhung von Neuwahlen gelang unlängst die Ratifizierung des Maastrichter EG-Vertrags. Applaus ernten Politiker aus weiten Bevölkerungskreisen eher für die erfolgreiche Blockierung von EG-Entscheidungen und die Erkämpfung hart erstrittener Sonderregelungen (wie z.B. für die *opting out clauses* bei der Sozialcharta) als für die politische Umsetzung von EG-Beschlüssen. In den Köpfen der meisten Briten sind *Europe* und *the continent* immer noch Äquivalente, von denen man sich nicht nur geographisch ausgrenzen möchte. Allerdings erfährt im Konsumverhalten das Wort *continental* durchaus eine positive Aufwertung (vgl. Kettenacker1991, 194), ganz gleich, ob es sich dabei um belgische Pralinen, französischen Champagner oder um deutsche Autos handelt.

Vorsprung durch Technik

Dieser Werbespruch der in Großbritannien landesweit bekannten Audi-Werbung symbolisiert einerseits die stillschweigende Anerkennung oder gar Bewunderung für die Qualität deutscher Produkte, trifft jedoch zugleich einen wunden Punkt des wirtschaftlich Unterlegenen, der schon lange nicht mehr Schritt zu halten vermag: „We beat them, but can't keep pace with them"[7]. Erst auf diesem Hintergrund läßt sich die Hypostase der Angst, die in einer derben *Spitting Image* – Persiflage der Audi-Werbung zum Ausdruck kommt, verstehen: Das suggerierte Image des Werbespots, es sei noch nicht zu spät für die Briten, sich mit Hilfe eines Audis den sprichwörtlichen Platz an der Sonne zu ergattern und den Deutschen ein Schnäppchen zu schlagen, wird in der Anti-Werbung *von Spitting Image* zur Eroberungsfahrt der ewig Gestrigen hypostasiert. „The Hitlers are going on holiday [...]" lautet der Kommentar zu Bildern der *Spitting* Image-Puppen der 'Hitlerfamilie', die in ihrem Panzer annektierend durch ganz Europa fahren. Immer wieder eingeblendet werden Versatzstücke aus der Audi – Werbung, damit auch schwerfällige Zuschauer die Analogie zum kapitalistischen Blitzkrieg kapieren. Nicht mehr mit Panzern, sondern mit Autos setzen hier die Deutschen ihre europäischen Eroberungsgelüste fort. Eine Analogie mit kurzen Beinen – von Wettbewerb und freier Marktwirtschaft ganz zu schweigen.

Im Gegensatz dazu setzt sich eine der jüngsten Rover-Werbungen in einem realistischen Szenarium mit dem europäischen Wettbewerb auseinander: zwei deutsche Geschäftsleute fahren mit ihrem britischen Auto zu einer Besprechung. Der deutsche Originalton der Unterhaltung der beiden wird im britischen Fernsehen mit englischen Untertiteln versehen ausgestrahlt. Die Akklamation der Deutschen für ein architektonisch interessantes Gebäude eines britischen Architekten ist vom Zuschauer mühelos auf das sich in den Scheiben des Gebäudes widerspiegelnden Rover zu übertragen. Die elliptische Nachricht des Werbespots *What's good enough for the Germans* ... demonstriert, daß hier die Herausforderung zum Wettbewerb angenommen wird.

Vom Wirtschaftswunder keine Spur

Die Befürchtungen Großbritanniens, man werde sich nach der 'Wende' noch stärker im Schlepptau der deutschen Wirtschaft verstricken, haben sich nicht bestätigt. Die Vorstellungen von der wirtschaftlichen Kraft des neu entstehenden Deutschlands war von den Erwartungen geprägt, daß der BRD (West), die noch 1990 einen Rekord an Exportüberschüssen zu verzeichnen hatte, nun eine Ost-Volkswirtschaft mit ähnlichem Potential hinzugefügt werde. Die Wirklichkeit sah sehr viel bescheidener aus. Selbst bei einem durchschnittlichen Wirtschaftswachstum von sieben Prozent per annum, so kalkulierte die OECD, werde es mindestens 15 Jahre dauern, bis die neuen Bundesländer den Stand der alten erreicht hätten. Die Gefahr eines kapitalistischen Blitzkrieges war damit zunächst gebannt.

So verlagert sich die seriösere Bestandsaufnahme des Deutschlandbildes in den Jahren 1992/93 vorwiegend auf drei Themenbereiche:

1. Die verschärfte Wettbewerbssituation im europäischen Binnenmarkt, die zu einer detaillierten Auseinandersetzung mit den Erfolgsingredienzien der deutschen Wirtschaft führt: In fünf Programmen beschäftigt sich der BBC in *Germany means Business* anhand von Fallstudien mit dem erfolgreichen Aufbau von klein- und mittelständischen Betrieben in Ost- und Westdeutschland. Nicht außer acht gelassen werden dabei allerdings auch die wirtschaftlichen Probleme der Wiedervereinigung.

2. Man beobachtet sorgevoll die Herausforderungen an die Demokratie durch zunehmenden Rechtsextremismus und neonazistische Ausschreitungen. Bekanntlich machen Nachrichten über alte und neue Nazis in den britischen Medien nicht erst seit Mölln und Solingen Schlagzeilen.[8]

3. Man analysiert die gewandelte Haltung der Deutschen zu Europa, die die BRD bei der nächsten Verhandlungsrunde über Maastricht II (1996) zum potentiellen Allianzpartner John Majors machen könnte.

Modell Deutschland

Erwartungsgemäß werden unter den Ingredienzien des wirtschaftlichen Erfolges vor allem diejenigen hervorgehoben, von denen man sich in Großbritannien eine Verbesserung der wirtschaftlichen Lage verspricht. Dazu gehören u.a. das Verhältnis zwischen Arbeitgeber und Gewerkschaften und das deutsche Berufsausbildungssystem. Die Berichterstattung über diese Themen ist sachlich und informativ und, da vor dem IG-Metall-Streik gedreht, vor allem in Punkto 'Tarifverträge' vielleicht etwas zu blauäugig. Für das deutsche Berufsausbildungssystem gibt es fast uneingeschränkte Bewunderung, obgleich den Briten die deutsche Gründlichkeit einer dreijährigen Lehrlingsausbildung zum Verkäufer, Fleuristen, oder ähnlichen Berufen eher ungläubiges Erstaunen auslöst. Auch in Großbritannien versucht man nun landesweit, ein einheitliches Berufsausbildungssystem mit klar definierten Curricula zu erstellen (NVQ), bei dem in vielen Bereichen die Vorbildfunktion des deutschen Ausbildungssystems wiederzuerkennen ist.

Wenn es trotz aller Bewunderung für den Erfolg der deutschen Wirtschaft, für seine langfristige Investitionspolitik, die Entwicklung hoher technologischer Standards und vorausschauender Innovationen, hier und da am deutschen Streben nach Perfektion dennoch kleinere Schwächen auszumachen gibt – bei Inbetriebnahme des neuesten Inter City Express funktionierten die Türen und Toiletten nicht – so wird darauf eher mit britischer Erleichterung als mit Schadenfreude reagiert.[9] Symbolisiert dies doch schließlich ein menschliches Element im ansonsten perfekten Ablauf eines robotisierten Produktionsprozesses.

Ein Novum, zumindest für das britische Fernsehpublikum, dürfte auch die gewandelte Arbeitsethik in Westdeutschland sein. So erstaunt der Kommentar eines Siemens – Arbeiters zur Verteidigung seiner 35 – Stundenwoche, daß Deutsche schließlich arbeiteten um zu leben und nicht umgekehrt, wie irrtümlich im Ausland angenommen werde. Diese Arbeitsethik finde man angeblich heute nur noch in Japan.[10] Die westdeutsche Vorstellung, Lebensstandard und -qualität über Freizeit zu definieren und das Bemühen, zumindest am Status Quo ihres Wohlstands festzuhalten, kontrastiert die Sendung mit ostdeutschem Nachholbedürfnis an Konsumgütern und dem Bestreben, die rapide gestiegenen Lebenshaltungskosten durch Annäherung an das westdeutsche Lohnniveau auszugleichen. Der immanente soziale Sprengstoff wird hier verharmlost oder gar ignoriert: Die Bilder eines auf Freizeit bedachten Westdeutschen – hier bei der 'besitzstandwahrenden' Gartenpflege gezeigt – und eines mit dem verbesserten Lebensstandard zufriedenen Ostdeutschen – beim Wurstverzehr am Gartengrill aufgenommen – sprechen für sich.

Kritischer als *The Germans* (Channel 4) präsentiert der BBC die wirtschaftlichen Kalamitäten der Wiedervereinigung in *State of the Nation*.[11] Düstere Prognosen über die zukünftige Entwicklung der Arbeitslosenquote von Experten des McKinsey – Instituts gehen einher mit Berichten über die EKO Stahlkrise und die Millionen verschlingenden Umweltkatastrophen in Bitterfeld und Halle.

Hier kommen nicht nur Politiker, sondern auch Betroffene und Gewerkschaftsvertreter zu Wort. Lohnsteigerungen werden sinnvoll in Relation zu gestiegenen Lebenshaltungskosten gesetzt, die Implikationen von Rezession und Arbeitslosigkeit offengelegt: Erosion des sozialen Netzes, Schwächung der Gewerkschaften, höhere Steuern und Solidaritätsbeitrag bei statischem oder gar fallendem Lebensstandard. Nimmt man die deutlich über dem britischen Niveau liegende Geldentwertung hinzu, so erhält man einen Wirtschafts- und Sozialcocktail, der in seinem Explosionspotential durchaus an Weimarer Verhältnisse erinnert.

Die ewig Gestrigen

Daß ein solcher Hintergrund, potenziert durch ein ideologisches Vakuum im Osten, Nährboden für faschistisches Gedankengut schafft, ist hinlänglich bekannt. Verständlicher werden die neonazistischen Gruppierungen und deren mörderische Ausschreitungen dadurch jedoch keineswegs. Hatte man bis vor kurzem in Großbritannien noch geglaubt, es sei nur eine Frage der Zeit, bis die letzten unbelehrbaren Nazis aussterben, so wird nun auf erschreckende Weise sichtbar, daß es sich bei den um braune Führerfiguren wie Heinz Reisz Gescharten durchweg um Altersgruppen zwischen ca. 16 und 25 Jahren handelt. Wo vor offener Kamera nazistisches Gedankengut verbreitet, die Existenz von Auschwitz dementiert und unverhohlen dem Hitlergruß gefrönt wird, löst dies im Ausland natürlich Besorgnis und Bestürzung aus. Die Bilder der alten Kriegsfilme, im Bewußtsein der meisten Briten schon fast in den Bereich der Fiktion verdrängt, tauchen unwillkürlich wieder auf. Auch für jüngere Bürger in Großbritannien schließt sich die Assoziationskette von der *Spitting Image* – Persiflage mit dem unlängst noch als geschmacklos erachteten Standbild „Deutschland über Alles"(sic!) zum gleichlautenden Grölen junger Nazis.

Jahre der Wiedergutmachung, der Imagepflege einer jungen, aber verläßlichen Demokratie gingen in Rostock, Mölln und Solingen in Flammen auf. 'Made in Germany' wird sich auch mit diesen Erinnerungen vermischen und zu antideutschem Konsumverhalten führen. Für die deutsche Tourismusbranche sind die Reaktionen des Auslandes bereits in rückläufigen Besucherzahlen konkret erfaßbar. Der immaterielle Schaden jedoch, den eine Minderheit der ewig Gestrigen für die Mehrheit der Deutschen anrichtet, ist schier unermeßlich. Würde sich der Bundeskanzler ab und zu im Spiegel der Auslandsurteile sehen, hätte er sicherlich nicht seinen Innenminister nach Solingen geschickt. In Großbritannien glaubt man zwar noch an ein anderes Deutschlandbild, aber man ist unsicher geworden.

Europamüde und DM-hörig

Ungewißheit besteht auch über die Motive für die gewandelte Einstellung der Deutschen zum europäischen Einigungsprozeß. Sollten sich die Deutschen aufgrund ökonomischer Schwierigkeiten dazu entscheiden, der Vision John Majors zu folgen – „a whole continent of democracies extending the economic frontiers to the East"[12] – anstatt wie bisher an Delors Plan von den Vereinigten Staaten von Europa festzuhalten? Ist der Gesinnungswandel primär durch Besitzstandswahrung motiviert nach dem Motto: in schwierigen Zeiten ist man sich selbst der Nächste? Oder gilt es hinter dem Rückzug nach Innen eine Alibifunktion und Langzeitstrategie einer sich entpuppenden Supermacht in Mitteleuropa zu entlarven, die das Zentrum eines zukünftigen Europas eher in Berlin als in Brüssel sehen möchte? Ginge man von derartigen Großmachtambitionen aus, hätte John Major bei seiner Blockierungspolitik gegen eine politische Union zwar einen Alliierten gewonnen, sich aber möglicherweise dabei ein Kuckucksei ins eigene Nest legen lassen. Das britische Deutschlandbild unterstellt derartige Spitzfindigkeiten (noch) nicht.

In zahlreichen Interviews mit westdeutschen Arbeitern wird die Europamüdigkeit der Deutschen dokumentiert: Waren die Deutschen noch vor wenigen Jahren europabegeisterte Bürger, denen die Identifizierung als 'Europäer' mehr galt als die eigene Nationalstaatlichkeit, wird hier deutlich, daß dies zumindest längst nicht mehr so uneingeschränkt gilt. Hinter abschätzigen Kommentaren westdeutscher Arbeiter wie „die EG kannste vergessen, abschießen"[13], verbirgt sich die Befürchtung einer weiteren Verschlechterung der Wirtschaftslage in einem politisch und wirtschaftlich vereinten Europa. Ganz zur Freude der Briten sind es nun plötzlich die Deutschen, die keinen weiteren Souveränitätsverlust hinnehmen wollen. 80-90% der Deutschen sind laut Umfrage gegen eine Währungsunion und hoffen vermutlich im Stillen darauf, daß die Mehrheit der EG-Mitgliedstaaten die 'Reifeprüfung' zur dritten Stufe der Währungsunion 1996 nicht schaffen werden.[14] Zur Zeit jedenfalls steht die Abschaffung der Deutschen Mark nicht zur Debatte. Der Verlust der DM käme, laut Professor Baring (Berlin), dem Verlust der Selbstachtung der Deutschen gleich. Die Metamorphose vom 'europäischen' Deutschen zum deutschen Besitzstandswahrer kommt für Briten kaum überraschend, hatten doch englische Historikerexperten bereits beim sogenannten *Chequers meeting* die Deutschen u.a. als „ängstlich, egoistisch und überheblich" stereotypisiert.[15]

Was dem Betrachter bei der Bestandsaufnahme des Deutschlandbildes verbleibt, ist ein komplexes, oft ambivalentes Konglomerat von Fakten und Impressionen, bei dem die britische Optik immer wieder einen historischen Kontext einblendet, der eher nationalstaatlichen Nachkriegsdenken verhaftet bleibt als sich an der europäischen Wirklichkeit der neunziger Jahre zu orientieren. Unbehagen angesichts des wirtschaftlichen und politischen Bedrohungspotentials der neuen BRD geht einher mit der Erleichterung über das in die Wirtschaftskrise geratene Modell Deutschland. Klagen über die hohe Zinspolitik der Bundesbank und den ausbleibenden Impetus für die britische Exportwirtschaft aufgrund der deutschen Wirtschaftsflaute sind zugleich impliziter Ausdruck der Ohnmacht gegenüber der deutschen Wirtschaftshegemonie. Die Kombination von Europamüdigkeit und Nazismus beschwört verständlicherweise Ängste von gestern herauf, von historischen Reminiszenzen, die auf Großbritanniens Bildschirmen wie in keinem anderen europäischen Land stets wachgehalten werden.

Anmerkungen

1 Dieser Vortrag wurde 1993 in der Friedrich-Schiller Universität in Jena mit Ausschnitten aus den folgenden Sendungen illustriert: Media Show: The Germans (1991), The Germans (1992), Dispatches (1992), Germany means Business (1993), Germany: State of the Nation (1993). 2 Thames Television, Channel 4, erstmals ausgestrahlt Januar/Februar 1992. 3 Begleitheft „The Germans", Channel 4 Television, 60 Charlotte Street, London W1P 2AX, 1992.
2 Thames Television, Cannel 4, erstmals ausgestrahlt Januar/Februar 1992.
3 Lord Deedes, Editiorial writer, Daily Telegraph in the Media Show
4 Jüngstes Paradebeispiel hierzu ist „Eddie the Eagle", britisches Olympiaaufgebot im Skispringen, dem der letzte Platz stets garantiert ist und der sich aufgrund seiner Amateurhaftigkeit und seines Dilettantismus großer Beliebtheit erfreut.
5 Conor Cruise O'Brien (The Times 1989).
6 Media Show 1991
7 Lord Deedes, Editiorial Writer, Daily Telegraph in The Media Show
8 Vgl. dazu Donald C. Watt, How War Came, London 1989, 623: „Remember there is only one kind of news te British are interested in from Germany – old Nazis and new Nazis." (nach Kettenacker 1991, 201)
9 Channel 4, The Germans, programme 3: „The German Economy".
10 Ebd.
11 Germany: State of the Nation, erstmals ausgestrahlt im Mai, 1993.
12 Ebd.
13 Ebd.
14 Dazu gehören Auflagen über eine maximale Inflationsrate, Abwertungszeitraum, langfristiges Zinsniveau, jährliche Neuverschuldung und gesamte Staatsschuld. Siehe dazu: Kommission der Europäischen Gemeinschaften, EG Informationen, Nr.8/1992,10.
15 Die Premierministerin, Margaret Thatcher, hatte sich im März 1990 auf ihrem Landsitz mit Hilfe von Historikerexperten darüber Klarheit verschaffen wollen, ob man den Deutschen in einem vereinten Land weiterhin trauen könne. In der Presse bekannt wurde vor allem eine Zusammenfassung der Gespräche und ein Eigenschaftskatalog des 'typisch' Deutschen, der einige der renommierten Historiker zu einer Gegendarstellung veranlaßte. Vgl. die Artikel in Independent on Sunday vom 15.7.1990 und The Independent vom 17.7.1990.

Literatur

Bergson 1972 = H. Bergson: Das Lachen – ein Essay über die Bedeutung des Komischen, 1972.
Kettenacker 1991 = L. Kettenacker: Großbritannien – Furcht vor deutscher Hegemonie. In: Die häßlichen Deutschen. Hrsg. v. G. Trautmann, Darmstadt 1991, 194-208.
The Germans 1992 = The Germans, Begleitheft, Channel 4 Television, 60 Charlotte Street, London WIP 2AX, 1992.
The Spectator 1990 = The Spectator, 14.7.1990.
The Times 1989 = The Times, 31.10.1989.
Watt 1989 = Donald C. Watt: How War Came, London 1989.

Zu den Auswirkungen unterschiedlicher Rechtssysteme auf die deutsch-italienische Wirtschaftskommunikation

Rodolfo Dolce

Die Wurzeln des italienischen sowie des deutschen Rechtssystems liegen im römischen Recht, und es war gerade die deutsche Rechtsschule, die das römische Recht im 19. Jahrhundert rezipiert hat. Das italienische Zivilrecht hat sich unter dem Einfluß des Code Napoleon entwickelt, wie auch viele deutsche Zivilgesetzbücher der Staaten des *Rheinbundes*, die unter dem Einfluß Frankreichs standen. Das für den internationalen Austausch von Waren und Dienstleistungen wichtigste Prinzip des römischen Rechts, das beiden Rechtsordnungen eigen ist, ist das der *Privatautonomie*: Damit ist nichts anderes gemeint, als daß sich die Parteien, wenn sie sich gegenseitig verpflichten wollen (frei sind = also autonom), sich ein eigenes Recht zu setzen. Dieses Recht ist in der Regel der *Vertrag*.

In dem Vertrag können sich die Parteien an die deutsche Rechtsordnung anlehnen, an die Italienische, an das CISG[1] oder an Unidroit, das international geltende Kaufrecht für Waren, die nicht zum persönlichen Gebrauch bestimmt sind. Die Grenzen ihrer Freiheit finden die Parteien dort, wo der Inhalt ihres Vertrages gegen zwingendes Recht, also etwa gegen das Strafrecht, oder gegen die Guten Sitten verstößt. Genauso wie die §§ 134, 138 BGB, bestimmt Art. 1343 *codice civile*: 'La causa é illecita quando é contraria a norme imperative, all'ordine pubblico o al buon costume.' (= Der Rechtsgrund ist unerlaubt, wenn er gegen zwingende Vorschriften, die Grundwertungen der Rechtsordnung oder die guten Sitten verstößt.)[2].

So wäre ein Killervertrag, also etwa der Werkvertrag zwischen einem deutschen Unternehmen und einer spezialisierten amerikanischen Agentur, einen Wettbewerber physisch auszuschalten – trotz Privatautonomie – nichtig. Wir können in diesem Zusammenhang die Unterschiede in diesem besonderen, durch Verträge unantastbaren Bereich – wir Juristen sagen hierzu *ordre public* – vernachlässigen: Die italienische und die deutsche Werteordnung ist, soweit das Handelsrecht betroffen ist, fast deckungsgleich, es ist also schwerlich der Fall vorstellbar, daß ein italienisch-deutscher Kaufvertrag gegen deutsches *ordre public* verstoßen würde, nicht aber gegen italienisches.

Hierzu ein Beispiel:

Der Begriff des *ordre public* ist auch in einem anderen, ähnlichen Zusammenhang interessant: In dem Bereich der Anerkennung ausländischer Entscheidungen. Hier gilt im Bereich der Altstaaten der Europäischen Union, also auch in Italien und Deutschland, das Europäische Gerichtsstand- und Vollstreckungsübereinkommen (EuGVÜ). Eine Entscheidung eines italienischen Gerichts muß in Deutschland von dem Landgericht, das für den Sitz der deutschen Partei zuständig ist, soweit bestimmte Formalien gewahrt sind, ohne eine weitere Verhandlung in Deutschland für vollstreckbar erklärt werden. Die einzige eigene sachliche Prüfung, die der deutsche Richter vornehmen muß, ist die Vereinbarkeit der ausländischen Entscheidung mit dem *ordre public*.

In einem Fall hatten wir die Situation, daß das italienische Gericht den deutschen Käufer auf Zahlung des Kaufpreises verurteilt hatte. Da ein Verfahren in Italien allein in der 1. Instanz im Schnitt 3-4 Jahre dauert und die italienische Wirtschaft bis vor einigen Jahren unter einer erheblichen Geldentwertung litt, gingen die Richter regelmäßig dazu über, die beklagte Partei auch zum Ersatz eines Inflationsausgleiches zu verurteilen. Dieser Inflationsausgleich wird schon nach wenigen Jahren größer als die Hauptforderung. In unserem Fall mußte der Schuldner neben Zinsen und diesem Ausgleich, der wiederum verzinst wird, das vierfache der ursprünglichen Forderung zahlen. In DM umgerechnet hätte sich, unter Berücksichtigung des Lirakurses, ein Nettozinssatz von über 20% ergeben. Das interpretierte die Gegenpartei als Wucher und behauptete ein Verstoß gegen den *ordre public*. Der BGH ist dieser Auffassung nicht gefolgt und hat auch diesen Ausgleichsschaden anerkannt.[3] Der Bundesgerichtshof hat jedoch die Frage offen gelassen, wie ein Vertrag beurteilt werden müßte, in dem die Parteien die Anwendung italienischen Rechts vereinbaren und einen – nach deutschem Recht nichtige – an einen Inflationsindex gebundene Kaufpreisvereinbarung treffen.

Doch zurück zumThema: Rechtsmentalität versteht sich nicht immer aus dem Bezug zur eigenen Rechtsordnung, da dort, wo sich die Parteien ihr Recht selbst setzen können, ihre Rechtsordnungen – mit Ausnahme des *ordre public* – nur Hilfestellungen oder Modelle für ein eigenes Recht sein können. Wenn die Parteien etwa die Frage der Verjährung nicht ausdrücklich regeln wollen, können sie für diesen Bereich sich auf ein schon bestehendes Recht einigen, das nicht ihrem eigenen nationalen Recht entsprechen muß. Rechtsmentalität ist die Summe von Erfahrungen, die der Vertragspartner im Rechts- und Geschäftsverkehr im eigenen Land gesammelt hat und die er unter bestimmte Begriffe einordnet, wie etwa Vertrag, Gesellschaft, Geschäft oder technischer Verrechnungsscheck und Geschäftsführerhaftung. In den Verhandlungen über einen Vertrag werden die Parteien mit diesen Begriffen arbeiten, aber nicht deckungsgleiche Inhalte darunter verstehen. Um Mißverständnisse aufzudecken, ist es daher unbedingt empfehlenswert, mit dem ausländischen Vertragspartner technische Begriffe aus der Rechts- und Verwaltungssprache zu vermeiden und die hiermit verbundenen Inhalte möglichst einfach zu beschreiben, bzw. den technischen Begriff zu umschreiben.

Dazu ein Beispiel: Ein deutscher und ein italienischer Konzern planen, in Deutschland eine Joint Venture einzugehen, z.b. in Form einer GmbH, die gegründet wird, um einen bestimmten Betrieb von der Treuhand zu übernehmen. Da die Belegschaft aber knapp über 500 liegt, ist ein Aufsichtsrat Pflicht[4]. Die Deutschen werden in den Verhandlungen den Begriff „Aufsichtsrat" nennen, der in 50 von 100 Fällen von einem Fachdolmetscher mit *collegio sindacale* übersetzt werden wird – dem im codice civile vorgeschriebenen 2. Gremium der Gesellschaft. Soweit die Italiener die Besetzung des Aufsichtsrates, unter dem sie sich außer dem collegio sindacale nichts anderes vorstellen können, auf die leichte Schulter nehmen, können sie es später bereuen: Spätestens dann, wenn ihnen klar wird, daß z.b. der Aufsichtsrat „ihren" Geschäftsführer entlassen kann, ohne hierzu die Gesellschafterversammlung anhören zu müssen. Das sogenannte dualistische System der AG und der großen GmbH, d.h. die Vertretung der Gesellschaft durch zwei Gremien (Vorstand oder Geschäftsführer vertritt die AG oder GmbH gegenüber Dritten; Aufsichtsrat vertritt die GmbH gegenüber Vorstand und Geschäftsführer) ist in Italien unbekannt.

Nun kann man einwenden, daß dies Kommunikationsstörungen sind, die sich durch die Einschaltung von Juristen beheben lassen könnten. Diese Einwendung lasse ich aber aus folgenden Gründen nicht gelten:

Zum einen werden die ersten, zeitaufwendigen Verhandlungen in der Regel noch ohne Juristen geführt, man muß sagen *leider,* und gegen den amerikanischen Trend. In Amerika geht ein Geschäftsmann ohne Juristen selten aus dem Haus.

Hier dagegen überläßt man die angeblich gefundene Einigung zur förmlichen Niederlegung in Form eines Vertrages den Juristen. Wenn die Juristen aber erst dann einen grundsätzlichen Dissens finden, haben die Parteien schon viel Zeit verloren. Zum anderen wissen selbst Juristen, die in der Regel nur in ihrem Heimatrecht ausgebildet sind, nicht, wo die Gegenpartei, also der ausländische Jurist, sich eine andere, nicht dem deutschen Text entsprechende Vorstellung machen könnte und wo ein versteckter Dissens entstehen kann.

Es ist also sicherlich hilfreich, sich eine eigene Vorstellung über die Vorstellungswelt seines ausländischen Gegenüber zu bilden. Hierzu möchte ich einige Ansätze zeigen; dazu folgende These:

Während die deutsche Rechtsordnung und Rechtspraxis zu Gunsten eines zügigen Warenaustausches dem Schutz des dritten Gläubigers, also dem Verkehrsschutz, nur im geringen Maß Rechnung trägt, ist dieser Schutz in der italienischen Rechtsordnung, vielleicht weil der italienische Staat gegenüber seinen Angehörigen mißtrauischer ist, wesentlich besser ausgestattet. Die deutsche Rechtspraxis ist toleranter und unbürokratischer als die italienische, indem sie es den Parteien selbst überläßt, für ausreichenden Schutz im Warenverkehr zu sorgen. Der italienische Staat stellt hier also höhere Anforderungen.

Lassen Sie mich diese These anhand von vier Beispielsgruppen belegen, aus dem Recht der **Forderungssicherung**, aus dem **Konkursrecht**, aus dem **Zahlungsverkehr** und schließlich aus dem **GmbH-Recht**.

Beginnen wir mit dem Recht der Warensicherung. Das Bürgerliche Gesetzbuch, das im wesentlichen unverändert seit dem 01.01.1900 in Deutschland gilt, geht ursprünglich von der Eigentumsvermutung für den Besitzer aus. Die heutige Rechtspraxis sieht jedoch anders aus. Ein Jungunternehmer in Deutschland, der ein Geschäft eröffnen will, wird zunächst, soweit er nicht über ausreichendes Eigenkapital verfügt – und wer tut das schon – sich bei seiner Bank um eine Finanzierung bemühen. Die Bank wird bei Prüfung der Bonität des Unternehmers und des betriebswirtschaftlichen Vorhabens ihm die Finanzierung gewähren. Diese erfolgt aber gegen die Leistung folgender Sicherheiten, die in dieser Form in Italien nicht möglich wären: Sicherungseigentum der eingekauften Ware, Sicherungseigentum des Inventars und z.B. des Warenparks, Abtretung bestehender Forderungen, Abtretung zukünftiger bestimmbarer Forderungen. Der Unternehmer, der die Bank verläßt, ist in der Regel nicht mehr rechtlicher Eigentümer seines Unternehmens. Der Publizitätsgrundsatz, also die Eigentumsvermutung, trifft nicht mehr zu. Das deutsche Recht sieht ein öffentliches Register nicht vor, in dem diese Sicherungsabtretung einzutragen wäre oder in dem die Forderungsabtretung zu veröffentlichen wäre. Wir sprechen daher von verdeckten Sicherheiten; die Italiener sagen hierzu, mit einem etwas bitterem Unterton, „*garanzie occulte*".

Der italienische Warenlieferant, der seine deutschen Kunden besucht, unterliegt also einem Mißverständnis, wenn er beeindruckt sein sollte von der Fülle von Waren, vom Warenpark, vom Inventar etc.

Nach italienischem Recht bedarf die Forderungsabtretung eines „*atto di data certa*", die Abtretung muß ein sicheres Datum tragen, d.h. eines öffentlichen Registers oder eines durch einen Notar beglaubigten. Der Grund hierfür liegt auf der Hand. Der italienische Gesetzgeber fürchtet den Fall, daß bei einer Zwangsvollstreckung gegen den Unternehmer dieser eine Abtretung rückdatieren könnte und einfach behaupten könnte, die Forderung, in die vollstreckt wird, sei nicht mehr seine.

Umgekehrt kann der deutsche Kaufmann beim Besuch eines italienischen Unternehmens grundsätzlich davon ausgehen, daß die Dinge, die im Besitz des Unternehmens stehen, auch dem Unternehmen gehören. Möchte er sich darüber Klarheit verschaffen, könnte er in ein öffentliches Register einsehen.

Die Vorteile des deutschen Systems liegen auf der Hand: Durch diese einfache Form der Sicherheitsübertragung werden auch die Finanzierung und der Warenverkehr erheblich gefördert. Im Ausgangsfalle könnte die Bank dem Unternehmer erst dann die Finanzierung zusagen, wenn sie die Abtretung in die öffentlichen Register eingetragen hätte, was wiederum einen ziemlichen Verwaltungsaufwand darstellen würde.

Gleiches gilt für den Eigentumsvorbehalt. Dieser ist nach deutschem Recht formlos vereinbar. Es gibt mittlerweile eine Entscheidung des Landgerichts Marburg[5], die feststellt, daß jeder Unternehmer in Deutschland davon ausgehen kann, unter Eigentumsvorbehalt zu kaufen. Ein guter Glauben, daß eine Sache nicht unter Eigentumsvorbehalt steht, ist im ordentlichen Warenverkehr damit praktisch nicht mehr möglich.

Anders in Italien: Auch für die Vereinbarung des Eigentumsvorbehalt muß, damit dieser gegenüber Dritten Wirkung entfalten kann, die Eintragung in ein öffentliches Register beantragt werden. Das hat zur Folge, daß der Eigentumsvorbehalt in Italien eher zur Ausnahme gehört. Dies resultiert wiederum darin, daß kleinere italienische Unternehmen, die nur gelegentlich mit dem Ausland Geschäfte abschließen, ihre Lieferung ohne Eigentumsvorbehalt vornehmen. Diese Waren gehören im deutschen Warenverkehr dann zu den wenigen, die nicht durch einen Eigentumsvorbehalt belastet sind, und es sind in der Regel die einzigen Waren, die im Konkursfall dem Gerichtsvollzieher verbleiben.

In der Praxis kann es bei dem Konkurs eines deutschen Lebensmittelgroßhändlers zum Beispiel heißen, daß die deutschen Lieferanten unproblematisch ihre Waren zurückerhalten, der kleine italienische Weinbauer aber, der seine Jahresernte verloren hat, seinen Wein im Konkurs untergehen sieht.

Im Recht der Sicherung existiert demnach in der Praxis ein erheblicher Unterschied zwischen der deutschen und der italienischen Rechtspraxis, obwohl die Rechtsordnungen auf sehr ähnlichen theoretischen Grundlagen stehen.

Ein weiteres Beispiel für die unterschiedlichen Vorstellungen, die sich im deutschen und im italienischen Unternehmen zu bestimmten Begriffen bilden, ist das **Recht der Insolvenz**. Für den italienischen Unternehmer ist selbstredend, daß bei Überschuldung und/oder Zahlungsunfähigkeit einer Gesellschaft ein Insolvenzverfahren eröffnet wird. In diesem Verfahren (nicht notwendigerweise ein Konkursverfahren) wird ein Verwalter bestellt, der die Unterlagen der Gesellschaft prüft. Wenn die Gesellschaft nicht gerettet werden kann, ist ein Konkursverfahren unabdingbar. Der italienische Konkursverwalter kann bis zu einem Jahr vor Konkurseröffnung alle Geschäfte anfechten, die die Gesellschaft unternommen hat.

Der deutsche Unternehmer sieht das anders: Er weiß, daß nach deutschem Recht in über 80% der Fälle bei Insolvenz kein Konkurs eröffnet wird.

Daher kann er, wenn er vollkommen insolvent geworden ist, in der Regel davon ausgehen, daß ein Konkursverwalter seine Unterlagen nicht prüfen wird (ich gehe hier von westdeutschem Recht aus; das Thema Gesamtvollstreckung wird hier als Sonderfall ausgeklammert). Zwar muß bei einer mangels Masse gelöschten Gesellschaft die Akte von dem Konkursgericht der Staatsanwaltschaft zur Prüfung des Vorliegens einer eventuellen Konkursstraftat vorgelegt werden. Nur in den seltensten Fällen kommt es aber dann zu einem Ermittlungsverfahren zu Lasten des Geschäftsführers. Wir sehen, daß der Geschäftsführer einer GmbH, der seine Gesellschaft in die völlige Insolvenz treibt, unter Umständen in der Praxis besser gestellt wird als der Geschäftsführer, der noch so viel übrig läßt, daß ein Konkursverfahren betrieben werden kann.

Nach deutschem Recht sind die Anfechtungsfristen wesentlich knapper bemessen. Wenn keine Gläubigerbenachteiligungsabsicht vorliegt, kann der Konkursverwalter nur jene Geschäfte anfechten, die 10 Tage vor Eröffnung des Konkurses geschlossen wurden. Nach deutschem Recht sind Manipulationen mit dem Ziel, Vermögensmasse dem Konkurs zu entziehen und auf Dritte zu übertragen, einfacher zu bewerkstelligen.

Ein drittes Beispiel ist der Zahlungsverkehr. Ein italienischer Kaufmann, der einen Scheck erhält, fühlt sich so gut wie bezahlt. Das hängt damit zusammen, daß der staatliche Schutz, den eine Scheckzahlung in Italien genießt, anders ausgestaltet ist als in Deutschland. Ein Scheck ist – wie ein Wechsel – nach italienischem Recht ein Vollstreckungstitel. Das Gericht braucht in einem Erkenntnisverfahren nicht mehr bemüht zu werden, der Schuldner kann den Scheck, der mit einer Vollstreckungsklausel versehen werden muß, unmittelbar dem Gerichtsvollzieher zur Pfändung übergeben. Neben diesem zivilrechtlichem Schutz genießt der Scheck auch einen strafrechtlichen Schutz. Das Ausstellen eines ungedeckten Schecks ist in Italien – im Gegensatz zu Deutschland – seit jeher Straftatbestand gewesen.

Wie sicher bekannt ist, ist das Ansehen eines Schecks in Deutschland – es sei denn, es handelt sich um eine Bankbestätigung – erheblich geringer. Eine Schecksperre muß nicht auf eine mangelnde Bonität des Ausstellers Rückschlüsse geben. Der deutsche Käufer kann die Ware des italienischen Lieferanten in Empfang nehmen, mit Scheck zahlen, sie hinterher prüfen, sie nicht als vertragskonform ansehen und im Ergebnis dann den Scheck sperren lassen. Ein solches Verhalten wäre für den italienischen Kaufmann undenkbar.

Als letztes Beispiel für die unterschiedliche Gewichtung der beiden Rechtsordnungen, die die Waage in Deutschland zugunsten eines schnellen Warenaustausches und in Italien zugunsten einer Sicherheit des Verkehrsschutzes ausschlagen läßt, ist das Gesellschaftsrecht. Nach der bekannten EG-Richtlinie zum Gesellschaftsrecht, die die Ein-Mann-GmbH europaweit zuläßt,[6] mußte der italienische Gesetzgeber den *codice civile*, der auch das Gesellschaftsrecht enthält, ändern. Bislang war nach italienischem Recht die Gründung einer Ein-Mann-GmbH nicht möglich: verblieb ein einziger Gesellschafter in der GmbH, so haftete er persönlich mit seinem Privatvermögen für sämtliche Verbindlichkeiten der GmbH. Auch hier sieht man wieder das Mißtrauen des italienischen Gesetzgebers, der verhindern möchte, daß Personen GmbHs benutzen, um ihre Vermögensinteressen wahrnehmen zu lassen, ohne dafür persönlich einstehen zu müssen. Die Umsetzung der EG-Richtlinie hat in Italien zum Ergebnis geführt, daß die unbedingte Haftung des Alleingesellschafters entfällt, aber nur dann, wenn es sich nicht um eine juristische Person handelt. D.h. wenn eine Alleingesellschafterin einer GmbH wiederum eine GmbH ist, so haftet diese auch nach geltendem italienischem Recht voll für die Verbindlichkeiten ihrer Tochtergesellschaft.

Das deutsche Recht ist da wesentlich vorsichtiger: Dieser unbedingte Haftungsgrundsatz für die Muttergesellschaft gilt hier nicht. Eine Haftung der Alleingesellschafterin kommt in Deutschland aus den Gesichtspunkten des Konzernrechts in Betracht. Liegt ein Beherrschungsverhältnis zwischen Mutter- und Tochtergesellschaft vor, so muß die Muttergesellschaft für die Verbindlichkeiten der Tochtergesellschaft einstehen. Von einem Beherrschungsverhältnis kann – einfach gesagt – dann gesprochen werden, wenn die Beteiligungsgesellschaft nicht über eine eigene, alleinverantwortliche und mit allen Entscheidungsbefugnissen ausgestattete Geschäftsführung verfügt, die die Entscheidungen nicht im Konzerninteresse, sondern allein im Interesse der Gesellschaft trifft. Werden die Entscheidungen aber an der Konzernspitze getroffen, so liegt ein Beherrschungsverhältnis vor.

Es ging es mir darum, darauf aufmerksam zu machen, daß die Verwendung von Begriffen wie Konkurs, Scheck, GmbH in der Kontaktaufnahme zwischen einem deutschen und einem italienischem Kaufmann verschiedene Assoziationen auslösen kann und daß diese zunächst auch dann bestehen bleiben, wenn wir zu einer Angleichung im Zivil- und Handelsrecht kommen werden. Eine Europäisierung des Binnenverkehrs in der europäischen Union wird u.a. dann erzielt sein, wenn der italienische Kaufmann mit der gleichen Vorsicht einen deutschen Scheck akzeptiert wie der Deutsche. Es ist aber heute schon eine Annäherung festzustellen, die ich anhand meines dargelegten letzten Beispiels im Gesellschaftsrecht zeigen kann.

Die deutsche Rechtspraxis – und hiermit meine ich insbesondere die Rechtsprechung – hat feststellen können, daß die allzu liberale Auslegung von Haftungsgrundsätzen des GmbH-Rechts zu unerwünschten Ergebnissen führt. Seit dem sogenannten Video-Urteil[7] ist eine Kehrtwendung in der Rechtsprechung des Bundesgerichtshofes zu beobachten. Es ist festgestellt worden, daß auch eine natürliche Person der Konzernhaftung unterliegt – sogenannter faktischer Konzern – wenn eine Privatperson z.B. mehrere GmbHs gründet, die ihren Vermögensinteressen dient, so daß sie sich bei jeder Insolvenz der GmbH privat bereichern könnte. Soweit das Gericht dies feststellen kann, haftet heute auch der natürliche Gesellschafter für die Verbindlichkeiten seiner GmbH.

Diese Rechtsprechung verschärft sich zusehends. In einem weiteren Urteil von 1993[8] stellte der Bundesgerichtshof fest, daß nach seiner Auffassung der Geschäftsführer einer GmbH, der verspätet Konkurs beantragt, mit seinem Privatvermögen dem Gläubiger voll haftet: Nach vorheriger Rechtsprechung beschränkte sich die Haftung auf einen kleinen sogenannten Quotenschaden, d.h. die Verringerung der Konkursquote, die der Gläubiger durch die verspätete Konkursanmeldung erleiden muß. In einer Entscheidung aus diesem Jahr hat sich die Tendenz zu Lasten des Mitgeschäftsführers fortentwickelt, der intern die Verantwortung – und damit die Haftung – nicht auf einen Handelnden übertragen kann.[9]

Wie zu sehen ist, haben wir einen Fall einer Annäherung der Wertesysteme, die, soweit ich das verfolgen konnte, bislang noch nicht Gegenstand von rechtsvergleichenden Untersuchungen war. Ich hoffe, daß in Zukunft die Zivilrechtsangleichung schnell fortschreiten und dies entscheidend beeinflussen wird, was ich anfangs als Rechtsmentalität beschrieben habe. Selbst bei einem einheitlichem EG-Handels- und Gesellschaftsrecht wird es aber sicher noch eine Generation dauern, bis der italienische Unternehmer z.B. einem Wechselprotest die gleiche Bedeutung beimißt, wie ein deutscher Unternehmer dies handhabt.

Anmerkungen

1 United Nations Convention on Contracts for the International Sale of Goods vom 11.4. 1980.
2 Übersetzung nach der zweisprachigen Ausgabe des Codice Civile; Bauer u.a., Italienisches Zivilgesetzbuch, Bozen 1987.
3 Bundesgerichtshof Beschluß vom 4.3.1993, IX ZB 55/92. Es hat allerdings festgestellt, daß der deutsche Gerichtsvollzieher nicht ueberfordert werden darf mit ausländischen Geldentwertungsindexen und daß schon im Antrag auf das Anerkennungsverfahren alle Informationen darzulegen sind, damit das Landgericht einen fuer den Gerichtsvollzieher deutlichen Tenor formulieren kann.
4 § 52 GmbHG.
5 LG Marburg, NJW-RR 93,1505.
6 Einpersonengesellschaftsrichtlinie, Nr. 89/667/EWG vom 21.12.89.
7 BHG Urt. vom 23.09.91, II ZR 135/90, NJW 91, 3142 ff.
8 BHG vom 20.9.1993, II ZR 292,91, NJW 93, 2931 ff.
9 BHG Urt. vom 01.03.93, II ZR61/91, jetzt II ZR 81/94.

The Applicability of Western Management Techniques in Developing Countries: A Cultural Perspective

Alfred M. Jaeger

Introduction

Modern management theories and techniques have generally taken their roots in the developed countries, most notably the United States. These theories and practices have been imported by the developing countries to speed up their industrial development. However, many organizational practices and management training programs in the developing countries are based on an uncritical adoption of the experiences of the economic growth model of the U.S.A. without any consideration of the fundamental differences in socio-cultural constraints and local environmental conditions and circumstances. This uncritical use of Western management theories and techniques has often contributed to resentment and other negative feelings associated with the perception of being subject to „cultural imperialism", i.e. being forced to adopt and accept practices which run counter to deeply held values and assumptions of the local culture.

Here we will take a cultural perspective for looking at the differences between developed and developing countries in a managerial context. Utilizing a framework of socio-cultural and work culture dimensions which we will set forth shortly, we will identify several management behaviors which would be inappropriate in developing countries as compared to developed countries. This will be done by examining some common American management practices and analyzing them in cultural terms. Within the context of our framework, the basic assumptions and values underlying these management practices will be identified. This will enable us to look for a match between the practices which have been so analyzed and the value configurations found in developing countries. As a result of this analysis, we will be able to identify management practices which would be culturally inappropriate in developing countries, as well as begin to gain some insight into the cultural aspects of appropriate indigenous management techniques. This analysis will follow an approach similar to that taken by several other scholars (e.g. Hofstede 1980 a; Jaeger 1986) who have analyzed the 'fit' of management practices and cultural dimensions.

Culture and Management

Culture can be described as a set of ideas shared by members of a group (e.g. Allaire and Firsirotu 1984). The definition of culture from this perspective which we will use is the following: „an individual's theory of what his fellows know, believe and mean, his theory of the code being followed, the game being played (Keesing 1974)." Culture is therefore not an individual characteristic but rather denotes a set of common theories of behavior or mental programs that are shared by a group of individuals. This is an „ideational" definition, as culture is seen as being a set of ideas. Furthermore, culture thus „resides" in the minds of the members of a cultural group.

To connect culture to management, it is helpful to look to an empirical model of culture developed by Hofstede (1980a) along with a dimension from Glenn and Glenn (1981) suggested by Kedia and Bhagat (1988). These dimensions provide us with a framework for understanding cultural variation in an organizational context.

Hofstede carried out an empirical analysis that resulted in a concise framework of dimensions for differentiating national cultures. Although the framework has some limitations, it is most widely used by researchers and is recognized as a significant landmark in cross-cultural research (Triandis 1982).

Hofstede used a 40-country questionnaire survey of employees of one multinational organization; 116,000 questionnaires were administered in two waves (1968 and 1972). From these data, four dimensions were found to differentiate national cultures. The dimensions were: *power distance, uncertainty avoidance, individualism (collectivism)*, and *masculinity (femininity)*. These were described by Hofstede as follows:

Power distance:

is the extent to which a society accepts the fact that power in institutions and organizations is distributed unequally (1980 b, 45).

Uncertainty avoidance:

is the extent to which a society feels threatened by uncertain and ambiguous situations by providing career stability, establishing more formal rules, not tolerating deviant ideas and behaviors, and believing in absolute truths and the attainment of expertise (1980 b, 46).

Individualism:

implies a loosely knit social framework in which people are supposed to take care of themselves and their immediate families only, while collectivism is characterized by a tight social framework in which people distinguish between in-groups and out-groups; they expect their in-group (relatives, clan, organizations) to look after them, and in exchange for that they feel they owe absolute loyalty to it (1980 b, 45).

Masculinity:
expresses the extent to which the dominant values in society are „masculine" that is, assertiveness, the acquisition of money and things, and not caring for others, the quality of life, or people (1980 b, 46).

The cultural dimensions manifest themselves in organizations in a number of ways. For example, associated with high masculinity is a performance rather than a people orientation. The existence of low uncertainty avoidance implies a willingness to take risks and accept organizational change. An individualist believes that involvement with organizations is calculate, whereas a collectivist believes involvement with organizations has a moral basis. If power distance is low, subordinates consider superiors to be „people like me" and vice versa.

A fifth dimension, that of *abstract versus associative thinking*, is also particularly useful in understanding cultural differences between developed and developing countries. This dimension can be summarized as follows: „In associative cultures, people utilize associations among events that may not have much logical basis, whereas in abstractive cultures, cause-effect relationships or rational Judeo-Christian types of thinking are dominant (Kedia and Bhagat 1988, 566)". Associative and abstractive cultures also tend to differ on the predominant mode of communication and persons relationship to their context. In associative cultures, the context plays an important role in determining an individual's perceptions, attributions and behaviours. In contrast, in abstractive cultures these tend to be influenced more by abstract rules and principles applied equally to every situation. In addition, in associative cultures communication tends to be more face to face and is between people who share a large body of historical information from their culture and society. In contrast, in abstractive cultures, communication through technological mechanisms such as the mass media as well as individual electronic media such as telephone and electronic mail would tend to be emphasized (Kedia and Bhagat 1988).

With the foregoing perspective, one can further understand culture by looking at it in terms of three levels set forth by Schein (1985):

— artifacts and creations
— values and ideology
— basic assumptions and premises

Basic assumptions and premises refer to preconscious and taken-for-granted assumptions about such things as the relationship of man to nature, time. and space, and beliefs about human potential and human nature. These taken-for-granted assumptions determine values and ideologies defining ideals and goals as well as means for achieving them. These two levels are in a sense the ideational base of culture. They are reflected in the components of the third level, cultural artifacts and creations (such as manifest behavior, language, technology, and social organization). It is the third level that is observable and that is the first arena in which management is played out.

The basic assumptions and values are the foundation on which actual values rest. They are also generally held subconsciously, meaning that if a person were asked what their assumption were about say, man's malleability or creative potential, they may have a hard time articulating a response. On the other hand, if they were asked whether it would be appropriate to send a clerk with high potential to a management training program, they would be able to tell you and could explain their reasons for it.

People's assumptions, beliefs and values are thus shaped by the culture to which they belong. Basic assumptions and premises are fairly deeply rooted in an individual and one must therefore assume at least in the short run, that culture cannot be changed to meet the demands of management. In the case of national or ethnic cultures, they are also usually supported by a complex and long established social system which has a vibrant existence outside of the context of a business organization. Thus we must take the position here that individuals' behavior in an organization will in the main be guided by the outside culture from which they come. Members of an organization in a given cultural environment therefore would share a common set of assumptions, beliefs and values which originate from the local environment.

This is in line with a key assumption implicit in most work in the area of comparative or cross-cultural management, and one shared by the author, is that the organization is indeed an „open system". These cultural values from the environment are brought into the work place and have a very strong impact on the behavior of persons within the organization.

To better understand how culture can impact management behavior in a practical sense, we can review how culture affects the interaction of individuals. On the one hand, culture *facilitates* certain behaviours. Members of a cultural group share complementary behavioral programs which regulate their interaction. Associated with these programs are values and ideology which provide a guide and a meaning to what they are doing. Implicit in this view is the fact that a culture also *inhibits* other behaviours. Specifically, these are behaviours which run counter to the values or practices of the culture. A culture also provides a guide for perception and attribution of others' behavior. Thus within a cultural group, certain behaviours will generate a feeling and response that is positive while others will generate a negative feeling and response.

The practical impact of culture on management practices will therefore be twofold. Firstly, it will influence management behaviours which might be said to be occurring „naturally". Thus, management behavior will reflect the values of the local culture. It will not include behavior which runs counter to the culture. Secondly, culture influences the perceptions which individuals in organizations have of the world around them.

This would include their perceptions of both the internal and external organizational environments (Negandhi 1975), i.e. what is happening in the organization as well as what is happening outside of it. Culture would influence *what is* perceived *and what is not* perceived, or noted. It would also affect the *evaluation and interpretation* of what is perceived. With respect to the external environment, culture would have the greatest influence on where and to what the greatest attention is paid. With respect to the internal environment, culture will affect the perception and evaluation of behaviours of individuals in the system. It is this process that would result in resistance to counter-cultural management behaviours.

Environments of Developing Countries

How can we characterize the economic, political and cultural differences between the developed western industrialized and developing third world countries? How do these differences impact the internal work culture and the management practices and employee behavior in organizations in developing countries?

Although organizations in each country of the world have to adapt to the unique features of their own environment, for the convenience of analysis, we will look at the environment of organizations in two commonly understood clusters: those located in western industrialized countries and those located in third world or developing countries.

Organizations found in each cluster have some commonalities. The two clusters differ on several dimensions with respect to their external environment and internal work culture which influence both micro and macro level organizational behavior. These dimensions can be grouped into three categories: *dimensions relating to the economic and political environment, dimensions relating to the sociocultural environment,* and *dimensions relating to the internal work culture.* A listing of the dimensions on which the two clusters differ is presented in Table 1:

Table 1: *Dimensions on which organizations in Developed and Developing Countries differ*

A. Characterization of Economic & Political Environment

Dimensions	Developed Countries	Developing Countries
Predictability of events	Relatively High	Relatively Low
Difficulty of Obtaining Resources from Environment	Relatively Easy	Relatively Difficult

B. Characterization of Socio-Cultural Environment

Dimensions	Developed Countries	Developing Countries
Uncertainty Avoidance	Relatively Low	Relatively High
Individualism – Collectivism	Relatively High Individualism	Relatively Low Individualism
Power Distance	Relatively Low	Relatively High
Masculinity – Femininity	Relatively High Masculinity	Relatively Low Masculinity
Abstractive – Associative	Relatively High Abstractive/Low Associative Thinking	Relatively Low Abstractive/High Associative Thinking

C. Characterization of Internal Work Culture (Management Values and Climate of Beliefs and Assumptions)

1. Descriptive assumptions about human nature

Dimensions	Developed Countries	Developing Countries
Causality and control of outcomes	Internal	External
Creative potential	Unlimited	Limited
Malleability	Malleable	Fixed
Time perspective	Future oriented	Past & present oriented
Time units for action	Long-term	Short-term

2. Prescriptive assumptions about guiding principles of behavior within organizations

Dimensions	Developed Countries	Developing Countries
Task/orientation	Proactive	Passive/Reactive
Success orientation	Pragmatism	Moralism
People orientation	Collegial/participative	Authoritarian

Adapted from Chapter 7 of A. Jaeger and R. Kanungo (eds.),
Management In Developing Countries, London: Routledge 1990, 131-145.

The economic/technological and the political/legal environments with which organizations interact can be characterized in terms of two critical factors suggested by Triandis (1984). These are (a) predictability of future environmental events and (b) difficulty in obtaining resources from the environment. Variations in the environment on these dimensions have a significant impact on overall organizational behavior as well as on the behaviours of individuals and groups within the organization. As Triandis points out, „predictability has implications for the difficulty of the environment. Very predictable environments are easier than very unpredictable, and both very simple and very complex societies live in very predictable environments" (1984, 83).

The western industrialized environment represents a high degree of complexity: A multitude of firms is engaged in producing a vast array of products and services. Their characterization as „developed" means that the infrastructure is developed, the supply of a trained labor supply is developed, the capital markets are developed and business government relations are developed to the point of facilitating commerce or at least not hindering it. Thus the difficulty of obtaining resources is comparatively low and predictability is on average relatively high.

The developing country environment represents complexity of a different kind. They represent no longer the traditional agrarian society, but are on the way to industrialization and modernization. Very often, the complexity of the developing country environment is created because of the non availability of resources to meet the high aspirations for development. Thus, complexity is the result not just of what is but what „is not". Organizational means and goals tend to be incongruous and create difficulties for effective management.

The developing country environment can also be characterized as being on average relatively more unpredictable. The political and legal climates in most developing countries are perceived to be relatively less stable. Very often they also represent certain characteristics of „loose societies" where „norms are not well developed", and where lawless corrupt practices are more of a rule than an exception. This type of environment also poses problems for obtaining what economic, technological and skilled human resources may be available.

The challenge facing the manager in a developing country in therefore qualitatively very different from that facing his or her counterpart in the developed world. Hence, managing organizations in developing country requires some very different approaches and skills in order to be successful.

In response to difficult and unpredictable economic and political environments in developing countries, organizations adopt various coping strategies, such as, deliberately not planning for the future with a long-term goal perspective, deliberately not practicing time management, moderate risk taking, and behavior reflective of a lack of trust in „the system". These coping strategies are often dysfunctional from a technical point of view and act as barriers to organizational effectiveness.

In the context of development, significant changes in the environment are necessary to make it easier and more predictable. These would include supply of adequate financing, vocational training programs, technology development, political non-interference, judiciary and executive reforms etc., and in the realm of organizational behavior, management training and development, time management, reward system reforms to reinforce appropriate behavior etc.

With respect to the characteristics of the socio-cultural environment, one notes that one can characterize the developing countries as being generally higher on uncertainly avoidance, higher on collectivism (i.e. lower on individualism), higher on power distance, higher on feminine orientation (i.e. lower on masculine orientation) and relatively lower on abstractive thinking (i.e. higher on associative thinking). It should be pointed out that these characterizations represent overall trends and may not hold for every developing country on every dimension. Nevertheless, they reflect a perceived mean or norm for the two groups and are presented as a broad framework for the purposes of analysis and discussion. The reader will be left to judge whether or not they are appropriate for the particular country or situation which may be of immediate interest and should modify the conclusions arrived at accordingly.

With regard to the normative assumptions guiding ones day-to-day behavior several interesting differences are noticed. For example, organizations in developed countries value and encourage a proactive stance while dealing with a given task. This reflects high masculinity of the socio-cultural environment and internal locus of control beliefs. In developing countries however, a passive stance in relation to tasks is judged to be more desirable. Individuals are encouraged to change themselves to meet environmental pressures (or task demands) rather than to bring about changes in the environment (or the task) to meet their own needs.

Organizational members therefore seem to exhibit non-assertive and non-aggressive task orientations.

The success in task-related behavior is often judged by pragmatic considerations in the developed countries. The individualistic achievement orientation of the western world coupled with high masculinity has encouraged the use of pragmatic norms. In the developing countries on the other hand, high collectivism and femininity have encouraged the use of moralism based on traditions and religious beliefs as the norm for judging the success of individual's behavior. People are often judged successful not because of their entrepreneurship or material prosperity, but because of their nurturant and moral stand to serve interpersonal well being (rather than personal well being).

The characterization of people orientation in developing country organizations as authoritarian and paternalistic indicates a high power distance, whereas the relatively more collegial/participative nature of relationships in developed countries is indicative of a relatively lower power distance. In superior-subordinate relationships paternalism and dependency are valued and encouraged in developing countries. The trend is quite the opposite in developed countries.

Finally, the behavior orientation toward the environment reveals context dependency in developing countries. This is indicative of the associative mode of thinking. The context independence of the developed countries reflects an abstractive mode of thinking. Abstract principles, rules and procedures are considered absolutes and transcend contextual forces in guiding behavior in the developed country context. In developing countries, such principles are only relative and contextual forces overrides principles when the two are in conflict.

Table 1 also contrasts the two groups' predominant work culture. Various culturally determined assumptions that affect work behavior of organizational members can be broadly categorized under two headings: descriptive assumptions about human nature and prescriptive assumptions about guiding principles of human conduct. The two sets of assumptions are different in the sense that the former describes what human beings are like, whereas the later provides normative guidelines for engaging in and judging the appropriateness of behavior.

The work cultures of organizations in developed and developing countries differ with respect to the assumptions regarding the nature of caution and control over outcomes (pleasant and unpleasant) one experiences in life. Rotter (1966) suggested that individuals differ in this respect. Some tend to believe that they are responsible for the outcomes or their behavior causes and controls the outcomes (internal locus of control). Others tend to believe that the outcomes they experience in life are determined by forces outside themselves (external locus of control).

Can people be dominant over their environment or are they subjugated by it? Most western industrialized societies generally see themselves as being in control of nature and of events. In contrast, developing societies see themselves more as being at the mercy of events in the environment. Thus in developing countries, the notion of context dependence and external locus of control will more likely guide behavior in organizations.

Another difference in work culture can be traced to the difference in beliefs about human potential and malleability. Within organizations in developing countries, human capabilities are often viewed as more or less fixed with limited potential. Hence career planning and progression with supporting training facilities are extremely limited. In developed countries however, organizations emphasize malleability and unlimited creative potential of human resources. Thus the internal work culture in developing countries is more conducive to the Theory X (carrot and stick) model of management (McGregor 1960), whereas in developed countries the Theory Y (participative) model is more preferred.

Unpredictable and difficult environments in developing countries have created a time perspective that excludes a future orientation and serious long-term planning (Triandis 1984). In a predictable environment, being future oriented or having a long-term perspective favors planning, whereas in an unpredictable environment a short-term, past and present orientation seem more desirable and thus planning would not be favoured.

The temporal focus of life is one of the major assumptions along which cultures can be differentiated (Kluckhohn and Strodtbeck 1961). Societies can be classified as being oriented to the *past*, the *present*, or the *future*. Developed countries tend to have more of a future orientation. Future-oriented cultures have relatively less regard for past social or organizational customs and traditions and base their decisions on their possible implications for the future. Developing countries tend to be more present or past oriented as outlined in the foregoing discussion. Past-oriented cultures believe that life should be guided by the customs and traditions of the society. Past experience should be the guide to any change. Present oriented cultures tend not to be guided by tradition nor to plan for the future but live for the moment (Adler 1986). In an organizational context, this results in a more short term orientation to activities.

Activity or task orientation is another important dimension on which cultures have been found to differ. It ranges from *doing or action* to *being* (Kluckhohn and Strodtbeck 1961). Cultures which are action oriented, such as that of that of the developed countries, stress measurable accomplishments and encourage a proactive stance in dealing with a given task. People in *action* oriented cultures are do-ers and they live to work. Persons in *being* oriented cultures such as can be found in many developing countries, focus is on experiencing life and on the quality of their life experience. They work to live. This leads to comparatively more passive or reactive responses to tasks in organizational situations.

Following from the action orientation in developed countries, success of people is often judged according to the pragmatic results of their endeavors. In contrast, in the developing countries success has more to do with the maintenance of the well being of the group. This is in line with the more collective orientation discussed earlier.

Finally, in developed countries one is more likely to find an abstractive mode of thinking, resulting in the use of abstract principles, rules and procedures that are considered absolutes and override contextual forces in guiding behavior. In developing countries, in contrast, the influence contextual forces may often negate principles in determining individual or organizational behavior when the two are in conflict. Thus, for example, loyalty to a friend or family member may override pragmatic or contractual considerations in deciding how to carry out one's activities.

Culture's Effect on Management Behaviors In Developing Countries

In order to understand the influence of the cultural values of developing countries on management behavior, we can start with the work of Lane and Distefano (1988). They have, in a very systematic fashion postulated the effect of Kluckhohn and Strodtbeck's basic assumptions or value orientations on management behavior. In developing countries, therefore due to the assumption of being subjugated to nature, Lane and Distefano would argue that goal setting would tend to be „qualified, hesitant and vague", and budget systems would be futile with predetermined outcomes. The feeling of being subjugated to nature and context dependent would, in effect, make specific planning and budgeting seem pointless, as events could alter their expected outcomes. A past time orientation would result in planning indicating an „extension of past behavior, decision criteria emphasizing precedence, and reward systems being historically determined". An activity orientation would influence decision criteria to be emotional, reward systems to be feelings based and information and measurement systems to be „vague, feeling based and intuitive".

This is also congruent with a *more feminine value orientation*. A collective orientation and high power distance would not surprisingly result in a status based reward system, authority based communication and influence patterns, attention paid to vertical differentiation in the organizational structure, and teamwork which is regulated and more formal. Anyone familiar with western management practices can see that the foregoing behaviors are very different from what one normally would expect in developed countries.

An example of which illustrates one of the above conclusions is the behavior of „bypassing", a subordinate making direct contact with a superior of his boss. In a situation of low power distance, this behavior would be more likely to occur and would not be viewed very negatively. In a situation of high power distance, this behavior would be less likely to occur, and if it did, would be viewed very negatively. Thus, in the latter situation, bypassing behavior would not only be inhibited, but would in effect be punished and thus be unlikely to occur (or recur).

To examine the applicability of western management concepts in developing countries from a cultural perspective more specifically we must first look at what is meant by „western management concepts". These have been mentioned earlier and they are usually either spoken of very highly as being responsible for the high standard of living in the developed countries, particularly the United States, or they are referred to contemptuously as a set of culturally inappropriate practices which are forced on developing countries by multinational companies or promulgated by misguided locals who „worship" foreign ways. In spite of being revered or condemned, these famous or infamous practices are rarely spoken of in more than generalities.

In order to examine this „beast" more closely, we must make an attempt, to specify what we are actually talking about. To this end, we can turn to one of the more popular American management textbooks, 'Management' (4th ed., by D. Hellriegel and D. Slocum 1986). They describe a well known model of management which delineates management in terms of managerial functions. These functions are planning, organizing, leading and controlling. According to this model, if a manager carries out these functions effectively, it leads to successful management. To carry out our examination of management here, we will utilize this framework as a guide and add one other category, making changes. As management is not always successful, major problems sometimes arise which call for making changes and require direct interventions for this purpose.

To proceed with our analysis, we have gleaned from Hellriegel and Slocum's text a set of well-known practices and terminology with behavioral implications which could be analyzed within the cultural framework which has been presented here. These are listed in Table 2, in categories according to the framework of managerial functions just described. We will discuss them in turn with respect to their underlying values and see whether they indeed fit with the predominant value structure which has been presented here as being characteristic of developing countries.

Table 2: Some Common American Management Terminology and Practices

Planning Activities	Leadership and Decision Making
Career Planning	Leadership Models
Strategic Planning	Theory X, Theory Y
Management by Objectives (MBO)	Brainstorming
	Decision Making Models
Organizing and Controlling	**Organizational Change**
Decentralization, Delegation	Organization Development
Bureaucracy	
Adhocracy	
Matrix Structure	

Derived from D. Hellriegel and J. Slocum: Management (4th ed.), Reading, MA: Addison-Wesley 1986.

Listed first in Table 2 is the category of *Planning*. As was pointed out earlier, the developing country environment with its short term time and activity orientation would be less conducive to planning than is the developed world. One form of planning which is often mentioned as being an important part of human-resource management is career planning. Career planning is said to benefit both the organization and the employee. For the organization, a systematic and widespread career planning program for its employees provides it with a vehicle for making an inventory of its human resources knowing what will available in the future and deciding where to invest in training if skill deficiencies are seen from an organizational perspective. For the employee, career planning can give him or her an opportunity to participate in the direction which their work life will go, including possibilities of further skill training. It will also generate a greater commitment to the company which is of benefit to both parties. Career planning would thus be inhibited not only by a short term time orientation but also by a belief. In the limited changeability and creative potential of individuals.

Strategic planning is advocated by many management theorists, although it has recently come into question in some circles (e.g. Mintzberg 1976). Beyond formal strategic planning, a large body of knowledge exists concerning strategy making. It is argued that strategy making, be it strategic planning or some other process, is a crucial element for the survival and success of a business enterprise. Engaging in this activity is hindered in developing countries not only by the present and past orientation of the culture but also by the relative unpredictability of events in the environment.

Another example of a future oriented management technique which fits with the values of the developed world is Management by Objectives (MBO). MBO is a process by which managers and their subordinates jointly set goals and action plans for individuals and departments. These are then used as the basis for the management of the organization. Hofstede (1980 b) describes MBO as „perhaps the single most popular management technique 'made in USA'." He states that MBO presupposes the following underlying value orientations:

a. a) Subordinates are sufficiently independent to negotiate meaningfully with their superiors (not-too-large power distance)
b. b) Both are willing to take risks (weak uncertainty avoidance).
c. c) Performance is seen as important by both (high masculinity).

These values are in line with those found in North America, but are clearly at odds with what is often the case in developing countries. As a result, one would expect any attempts at using MBO there to be less than successful. In fact, one could imagine a situation where the use of MBO would be clearly dysfunctional, ultimately causing mistrust and suspicion between a superior and his subordinates, the former essentially trying to force the latter to interact in a manner distinctly foreign to the local culture, while at the same time not really willing to accept that type of behavior.

The next category in Table 2 is *Leadership and Decision Making*. Leadership is a topic central to management. We cannot address all of the issues associated with leadership here but can make some observations with respect to key issues of leadership behavior. First of all, we can note that the values which have been presented address two dimensions which directly affect leadership (and followership) behavior, namely power distance and people orientation. The relatively high power distance and the authoritarian/paternalistic people orientation of developing countries imply a certain type of leadership behavior and leader-follower relationship. It could be characterized as being more congruent with Theory X (McGregor 1960) leadership, which also presupposes limited and fixed human potential. In contrast, Theory Y leadership, a participative approach which believes that individuals must be given the opportunity to unlock their creative potential, for their own good as well as that of the organization, would be more favored in developed countries.

An example of an indigenous approach to leadership has been reported from India by Sinha: A nurturant leader „cares for his subordinates, shows affection, (and) takes personal interest in their well-being (1980, 56)." The effective leader, however, makes nurturance contingent on the subordinate's task accomplishment.

This model incorporates an authoritarian/paternalistic leadership style which allows for a high power distance.

Related to leadership is the area of decision making. Listed here is a technique called brainstorming. It is advocated for use when creativity is called for either in the solving of difficult problems or making difficult or complex decisions, or when one is in need of new creative ideas for some aspect of the business. Brainstorming is carried out in a group where the participants essentially share ideas concerning the issue in question as they come to them. There is an explicit norm that persons should be allowed to share their ideas without being criticized, so that creative and divergent views are not suppressed and will come out for the benefit of the organization.

Looking at the cultural dimensions of developed and developed countries, one notes that brainstorming generally fits with the ratings assigned to developed countries. One could argue that this technique is used in order to circumvent a predominant abstractive mode of thinking when a non-obvious or more intuitive solution is called for. Nevertheless, one notes that it is in conflict with many of the values of the developing countries. If one were to want to use this technique, one would note that it would clash with a passive/reactive task orientation, with a context dependent environment orientation, with a perception of an external locus of causality and with a view of human nature as having limited creative potential. The *process* might also be in conflict with an authoritarian/paternalistic people orientation and a high power distance if persons from differing hierarchical levels need to be present to properly address a problem.

Representative of the area of decision making is Broom and Yeti's (1973) normative model for choosing a decision making process. Its prescriptions reflect most of the results of American research on effective decision making styles. Depending on the characteristics of the decision to be made, the model recommends either an autocratic, consultative or participate decision making approach. Here again we note that participate decision making is *recommended* to increase the input of information into the decision process. As this approach is often not feasible in a developing country context, indigenous management techniques must seek to provide information to the locus of decisions by alternative methods.

Turning to the more „macro" management concepts, i.e. organizational level, we come to the category of *Organization and Controlling*. This category comprises structural arrangements for the distribution of tasks, the coordination of tasks, and making sure things have beeen done. Listed first here is decentralization and delegation. Delegation is the „process of distributing and entrusting work to others. It involves assigning a person a duty to perform and giving that person adequate authority and responsibility to do the assigned work effectively (Hellriegel and Slocum 1986, 350)."

Decentralization is a concept applied to formal organizations. It is the opposite of centralization, which means that the responsibility and authority for making decisions is maintained at the highest hierarchical levels. Decentralization means formally and institutionally delegating decision making authority to lower levels in the hierarchy. Both delegation and decentralization are based on assumptions which are often not present in developing countries: an unlimited creative potential in individuals, a lower power distance and a participative people orientation.

A number of organizational types with relevance to developing countries are also found in the management literature. Bureaucracy is a type of organization first described by the German sociologist Weber (translation, 1947). It is the most formal of organization forms, based on a strict definition of positions and their responsibilities within a well defined hierarchy. Bureaucracies which usually operate according to well established rules or standard operating procedures and have well defined formal control mechanisms. This type of organization actually fits well with the value configurations found in developing countries and is one reason why many developing countries have fairly extensive (government) bureaucracies.

Value conflicts would come into play in developing countries if it were decided to adopt a matrix structure or utilize the adhocracy form of organization (Mintzberg 1983). A matrix structure is one which embodies a „multiple command system" (Davis and Lawrence 1977), i.e. subordinates report to multiple bosses. This type of structure originated in the american aerospace industry and has proved to be useful in managing very complex projects which required a high degree of coordination. The multiple boss system inherent in the matrix structure sets up dual (or multiple) lines of communication which aid in coordination activities across functions. A relatively low power distance as well as a collegial atmosphere is required for a matrix structure to work, as it is the subordinate who must „manage" the potentially conflicting demands of the two or more superiors.

Similar problems may exist with the adhocracy form of organization. First identified by Mintzberg (1983), the adhocracy is a flexible organizational form where coordination is based on mutual adjustment (as opposed to the bureaucracy where coordination is accomplished through rules and regulations). It can also be characterized as a relatively decentralized collegial organization of trained specialists who tend to be grouped in teams. Because of its flexibility and ability to respond to uncertain environments, the adhocracy would in many be ideally suited to operate in the environments of developing countries. In fact, Hardy (1990) has described a successful university adhocracy in Brazil. Nevertheless, little other evidence of adhocracies in developing countries has been documented. The cultural barriers of high power distance and authoritarian people orientation have to be overcome for adhocracy to function In the cultural environment characteristic of developing countries.

The final category in Table 2 is making *Changes*. Here we have listed Organization Development (OD). This is a term applied to a collection of organizational interventions which are utilized with the goal of improving organizational functioning. There are many definitions of OD and many are „broad enough to include almost any technique, policy or managerial practice used in a deliberate attempt to change the individuals in an organization or the organization itself to accomplish organizational objectives (Huse, 1980, p. 23)." In practice, however, any planned behavioral intervention for the improvement of organizational functioning is usually considered to be organization development.

The origins of OD are in the United States and thus it can be expected, to reflect American cultural values. Nevertheless, Jaeger (1986) has shown that this is not necessarily the case. Analyzing the underlying values of the original OD values in terms of Hofstede's (1980) cultural dimensions, he found them to reflect a low power distance, a low uncertainty avoidance, low masculinity and medium individualism. The only countries in Hofstede's sample which had this value configuration were three Scandinavian countries, Denmark, Norway and Sweden. Only somewhat different from OD values (on one dimension) were Finland, Ireland, Israel and the Netherlands. All of the forementioned could be considered developed countries.

The developing countries in general differed from OD values on the dimensions of uncertainty avoidance and power distance. These two values are often crucial for OD interventions, as many interventions focus on groups and require open face to face interaction (and sometimes confrontation) across hierarchical levels. The process as well as the outcome of these interventions is often unpredictable and therefore their acceptance would be facilitated by a low uncertainty avoidance. Nevertheless, several cases of successful OD in developing countries using indigenous approaches have been reported. For example, Bourgeois and Boltvinick (1981) found that in Latin America, OD sometimes has consciously incorporated a process of building awareness of Latin Americans' tendency to please others and smooth conflict and thus avoid it. Only in this way could problems be surfaced and thus ultimately be dealt with appropriately.

Discussion and Conclusions

We have reviewed the value configurations of developing countries and looked at their implications for management practice. The value configuration of the developing countries is clearly very different from that of the developed countries. Based on the analysis of Lane and DiStefano (1988), these values generally would result in behaviors very different from what could be characterized in western terms as „modern management practice". Planning would be non-existent or based simply on precedence, organizational structures would be very rigid, hierarchical and status oriented, decisions would be made on „non-rational" criteria, and rewards would be based not on performance but on other criteria. All of this runs counter to what we would term, albeit somewhat paradoxically, „traditional modern management practice".

This combination of values does, however, fit to a certain extent with an emerging more radical literature on management (e.g. see Mintzberg 1979). This perspective considers intuitive processes to be very important for making management decisions, particularly when facing uncertain environments. When environments are uncertain, rational planning and abstract reasoning may be of little use and may in fact be counter-productive. Uncertain environments are usually very complex and do not behave in the „linear" fashion which most „rational" planning models would predict. Intuitive processes are ultimately able to factor in more complexity and non-linear reasoning and thus might be more appropriate and effective for analyzing the uncertain and unpredictable environments confronting organizations in developing countries.

As part of our analysis we have also identified a set of American management practices and techniques and compared them to the value configuration which we postulate as existing in developing countries. Here again, we note that the value configuration of developing countries is in most cases in conflict with the values which we see as underlying the american management practices which we have identified. Thus, brainstorming may encounter difficulties in developing countries. „Preferred" management styles, such as Theory Y or other participative approaches to management, would be inappropriate. Decision making models would be of limited use as they would call for counter-cultural behaviors. Goal-setting or MBO would also run counter to a number of the values in the cultures of developing countries. An analysis of the basic values of Organization Development showed them to be in conflict with the values of developing countries on most of Hofstede's (1980) dimensions of culture. On the organizational level, we noted that delegation and decentralisation could be inhibited by a number of value orientations in developing countries. Furthermore, the more „avant-garde" organizational forms, such as the matrix structure and adhocracy, could also run into cultural difficulties.

In spite of the general mismatch of the values of developing countries and those underlying american management techniques, there were a few instances where this was not the case. For example, there are some situations identified by Vroom and Yetton (1973) where autocratic decisions would be appropriate. Furthermore, in most cases where a group decision is called for, this is indicated not just so that the maximum information can be inputted into the decision, but also to insure acceptance of the decision by subordinates, where this acceptance is critical. Thus, in a situation of high power distance where subordinates would be willing to accept autocratic decisions, a consultative process could gather the requisite information to make an informed decision. One can see, therefore, that one could make modifications to Vroom and Yetton's model, or the questions asked in it, to make it fit better with developing country values.

One fairly good fit of developing country values with western management concepts occurs in the case of bureaucracy. The hierarchical, well defied nature of relationships in a bureaucracy is highly congruent wlth the values found in traditional societies. Bureaucracies are found in the public sector in all countries. In developing countries they are either a legacy of a colonial past or they are of the „home grown" variety. Their „fit" with the value configuration of developing countries may help explain their apparent pervasiveness, which is recounted by any person from a developing country or one who has lived or even visited there for any period of time. Bureaucracies in developing countries are not immune to the „dysfunction" of this organizational form which were described by Merton (1940). This problem was officially recognized by the brazilian government which established a ministry of „debureaucratization" in the 1980s. Its experiences and the less than successful outcomes are described in a book by Araujo e Oliveira (1984).

The overall picture which has been presented by the foregoing analysis indicates that there is a wide gap between the cultural values of developing countries and the values underlying most american management techniques and practices. Thus, one should not be surprised if these techniques and practices are not well received and if they do not work. From the perspective of those who have been looking to the developed countries for all of the solutions to the management problems of the developing world, this is a dismal picture indeed. This conclusion highlights the need for the development and identification of indigenous management techniques. Some have been alluded to or mentioned in this paper, others have been described elsewhere (e.g. Shina 1980), and many others still need to be developed, described and promulgated.

Literatur

Adler 1986 = N.J. Adler: International Dimensions of organizational Behavior. Boston: Kent Publishing 1986.

Allaire 1984 = Y. Allaire and M.E. Firsirotu: Theories of organizational culture. Organization Studies, 5. 1984, 193-226.

Araujo e Oliveira 1984 = J.B. Araujo e Oliveira: Desburocratizacao e Democracia. Campinas, SP, Brazil: Papirus 1984.

Bourgeois 1981 = L.J.III Bourgeois and M. Boltvinik: OD In cross-cultural settings: Latin America. In: California Management Review, 23, 3.1981, 75-81.

Davis 1977 = S.M. Davis and P. Lawrence: Matrix. Reading, MA: Addison-Wesley 1977.

Glenn 1981 = E.S. Glenn and C.G. Glenn: Man and Mankind: Conflict and Communication between Cultures. Norwood, NJ: Ablex 1981.

Hardy 1990 = C. Hardy: Leadership and Strategy Making for Institution Building and Innovation: The Case of a Brazilian University. In: Management in Developing Countries. Jaeger A., Kanungo, R.(eds.). London, Routledge. 1990, 83-100.

Hellriegel 1986 = D. Hellriegel, J. Slocum: Management, 4th ed., Reading, MA. Addison-Wesley 1986.

Hofstede 1980 a = G. Hofstede: Culture's Consequences. Beverly Hills, CA.- Sage, 1980.

Hofstede 1980 b = G. Hofstede: Motivation, leadership, and organization: do American theories apply abroad? Organizational Dynamics, 9, 1. 1980, 42-62.

Huse 1980 = E.F. Huse: Organization Development and Change, 2nd ed., St. Paul, MN: West 1980.

Jaeger 1986 = A.M. Jaeger: Organization development and national culture: where's the fit? Academy of Management Review, 11, 1. 1986, 178-190.

Kedia 1988 = B.L. Kedia, R.S. Bhagat: Cultural constraints on transfer of technology across nations: implications for research in international and comparative management. Academy of Management Review, 13, 4. 1988, 559-71.

Kessing 1974 = P. Keesing: Theories of culture. Annual Review in Anthropology, 3. 1974, 73-97.

Kluckhohn 1961 = F.R. Kluckhohn, F.L. Strodtbeck: Variations in Value Orientations, New York: Harper & Row 1961.

Lane 1987 = H.W. Lane, J.J. DiStefano: International Management Behavior, Toronto: Nelson 1987.

McGregor 1960 = D. McGregor: The Human Side of Enterprise. New York: McGraw-Hill 1960.

Merton 1940 = R.K. Merton: Bureaucratic structure and personality. Social Forces, 18. 1940, 560-68.

Mintzberg 1976 = H. Mintzberg: Planning on the left side and managing on the right. Harvard Business Review, 54, 4. 1976, 49-58.

Mintzberg 1983 = H. Mintzberg: Structure In Fives: Designing Effective Organizations. Englewood Cliffs, NJ: Prentice Hall 1983.

Negandhi 1975 = A. Negandhi: Comparative management and organization theory: a marriage needed. Academy of Management Journal, 18. 1975, 334-344.

Schein 1985 = E.H. Schein: Organization Culture and Leadership. San Francisco: Jossey-Bass 1985.

Shina 1988 = D. Sinha, Henry S.R. Kao: Introduction: value-development congruence. In: Social Values and Development: Asian Perspectives. D. Sinha, Henry S.R. Kao (eds.). New Delhi: Sage Publications 1988.

Shina 1980 = J.B.P. Sinha: The Nurturant Task Leader. New Delhi: Concept Publishing House 1980.

Triandis 1982 = H.C. Triandis: Review of culture's consequences: international differences in work related values. Human Organization 41. 1982, 86-90.

Triandis 1984 = H.C. Triandis: Toward a psychological theory of economic growth. International Journal of Psychology 19. 1984, 79-95.

Vroom 1973 = V. Vroom, P. Yetton: Leadership and Decision Making. Pittsburgh: University of Pittsburgh Press 1973.

Weber 1947 = M. Weber: The Theory of Social and Economic Organization. trans. from A.M. Henderson, T. Parsons. New York: Oxford University Press 1947, Originally published 1924.

Stereotype in interkulturellen Geschäftskontakten

Zu Fragen der deutsch-finnischen Geschäftskommunikation

Liisa Tiittula

Vorstellung von fremden Kulturen

Interkulturelle Unterschiede sind heute zu einem populären Thema geworden: Dazu gibt es Untersuchungen und Seminare, dazu wird Fortbildung von Universitäten und Firmen organisiert. Darüber sind Artikel und Handbücher geschrieben worden, aus denen wir u.a. Listen über die Eigenschaften verschiedener Nationalitäten entnehmen können. Als Beispiel für eine solche Liste sei ein in einer finnischen Zeitung erschienenes Interview[1] mit einem amerikanischen Unternehmensberater zitiert, der verschiedenen Kulturen, darunter auch Deutschen und Finnen, „typische" Eigenschaften zuschrieb:

Nationale Eigenschaften im Geschäftsleben (nach Robert Radway)

	Finnen	Deutsche
Hintergründe	• geographisch isoliert, selbständig, einsamer Reiter • enttäuscht, schlechtes Selbstbewußtsein, unsicheres Benehmen • junge Sprache, wortkarg, zäh, Stadtbewohner mit ländlichen Wurzeln • protestantische Ethik	• deutsche Zeitauffassung, genaue Zeitpläne, langsames Tempo, Ordentlichkeit • Revierdenken – nicht aufdrängeln! • die Tür ein wichtiges Symbol, Grenze • Macht überall anwesend • Ordnung und Disziplin vor allem • strenge Kategorisierungen • Förmlichkeit, Höflichkeit, Distanz • Arbeitsethik
Business	• Vermeidung von Risiken • Respekt vor Autoritäten • naturorientiert, Waldmenschen • kreativ, innovativ • realistisch, ernst, redlich, zuverlässig, fleißig • schlecht im Teamwork, kein Feedback	• Autorität und Kontrolle der Führung • Mitbestimmung • schriftliche Kommunikation: genau und formell • Arbeitsethik, heutige Trends widersprüchlich • steif

	• große Kluft zwischen Generationen (traditionelle Forst-Papier-Einstellung vs. Yuppie-Kultur)	
In Verhandlungen	• introvertiert, scheu, zurückhaltend • äußerst direkt und sachlich • in der Regel ungeduldig • schlecht im sozialen Umgang, tolerieren schlecht Protokoll und Formalitäten • unsicher, unklares Eigenbild • in der Sauna wird alles anders, sogar mit Fremden wird gesprochen	• Kraft • faktenorientiert • genaue Abmachungen • gut organisiert

Zu solchen Listen ist zu bemerken, daß die zugeschriebenen Eigenschaften keine meßbaren Fakten sind, sondern Meinungen, aber als solche natürlich Wirklichkeit. Es handelt sich jedoch um sehr grobe Generalisierungen, bei denen ein Individuum lediglich als Vertreter einer Gruppe angesehen wird.

Die Merkmale entstehen durch Vergleich: wir – die anderen. Demnach sind die Eigenschaften auch relativ. So werden z.B. den Finnen von Schweden ähnliche Eigenschaften zugeschrieben, wie den Deutschen von Finnen. Allso auch wenn ein stereotypes Merkmal gültig ist (was nicht der Fall sein muß), ist die Gültigkeit immer relativ. Z.B. betrachtet der schwedische Soziologe Åke Daun (1989) Schüchternheit als ein Merkmal der schwedischen Mentalität, obwohl nach seiner Untersuchung nur 26 % der Befragten scheu waren, mit der Begründung, daß der entsprechende Anteil in anderen Ländern noch niedriger war.

Stereotype über andere Gruppen und Kulturen sind also üblich. Heute werden sie richtig kultiviert, da die Bedeutung der interkulturellen Kontakte und damit das Bewußtsein, daß es Kulturunterschiede gibt, in verschiedensten Bereichen gewachsen ist. Viele Handbücher enthalten eigentlich nur Stereotype, obwohl in diesen häufig am Anfang festgestellt wird, daß Stereotype etwas negatives und demnach zu vermeiden sind. Dann werden die Stereotype doch übernommen, begründet und eventuell noch mit neuen Stereotypen untermauert. So z.B. in dem Buch „We Europeans" von Hill (1992), das zunächst vor Stereotypen warnt, selbst aber eine Sammlung von solchen Stereotypen ist, wie das folgende Zitat belegt:

„The friendliest and most cheerful of Europeans are the Italians, and no one can argue with that. The least friendly and cheerful are, it seems, the „new" Germans of the *Neue Länder* – with the Finns, the British and the Irish keeping fairly close company" (Hill 1992, 26).

Hier wird eine Untersuchung von INRA (International Research Associates) über Fremd- und Eigenbilder (also über Stereotype) zitiert, die Ergebnisse werden als wissenschaftlich belegt und zum Teil in der Form 'so sind die' weitergegeben.

Zum Begriff 'Stereotyp'

In der Sozialpsychologie werden unter Stereotypen allgemein typisierte, übergeneralisierende und vereinfachende Urteile über soziale Gruppen verstanden. Mit 'Übergeneralisierung' und 'Vereinfachung' wird gemeint, daß man zwischen den Mitgliedern einer Gruppe auch dort Gemeinsamkeiten sieht, wo es keine gibt, und Unterschiede zwischen Gruppen auch dann sieht, wenn es keine gibt, bzw. die Gemeinsamkeiten und Unterschiede werden übertrieben.

Unser Ansatz im Projekt „Deutsch-finnische Kulturunterschiede in der Wirtschaftskommunikation" lehnt sich an Semantiktheorien an, insbesondere an die Prototypensemantik und Stereotypensemantik. Wir verstehen unter Stereotypen bestimmte Eigenschaften, die Individuen bzw. Klassen von Individuen zugeschrieben werden.

Eine stereotypische Eigenschaft (verkürzt: Stereotyp) ist eine Eigenschaft, die man als Wissenskomponente für eine Klassenbildung benutzt, also ein relevantes Klassifizierungsmerkmal. Klassifiziert werden nicht nur Menschen, sondern allgemein Objekte, d.h. wir haben stereotypische Vorstellungen von Individuen, Klassen von Individuen, aber auch von Dingen, Zuständen, Verhältnissen usw.

Bei den allgemeinen menschlichen Kategorisierungsprozessen bildet die Klassifizierung von Personen und Personengruppen einen speziellen Fall.

Menschen werden typischerweise zunächst in zwei Gruppen klassifiziert: in diejenigen, die uns ähnlich sind, und in diejenigen, die das nicht sind. Dabei können die der Klassifizierung zugrunde liegenden Unterschiede minimal sein.[2]

Es wird oft gesagt, daß Stereotype einen kollektiven Charakter haben.[3] Das ist dadurch zu erklären, daß sich in Stereotypen das Wissen und die soziale Erfahrung einer konkreten Gemeinschaft widerspiegeln. Das Wissen wird nicht nur über eigene Erfahrung, sondern zum großen Teil über Texte (im weiten Sinne) erworben, d.h. es wird von Generation zu Generation weitergegeben. Das heißt, daß das Wissen nicht immer wieder verifiziert werden muß, sondern zunächst als solches im soziokulturellen Kontext aufgenommen wird. Stereotype gehören also zum geteilten Wissen einer Gruppe bzw. einer Gemeinschaft, und sie sind daher auch sehr haltbar: Auch wenn sich die den Stereotypen zugrunde liegenden sozialen Tatbestände verändert haben, gelten die Stereotype lange noch als zutreffend. Sie sind also von der persönlichen Erfahrung relativ unabhängig. Man kann beispielsweise das Stereotyp über sparsame Deutsche haben, auch wenn alle eigenen Bekannten es nicht sind. Diese werden dann als Ausnahmen erklärt. Ein weiteres Beispiel für die Haltbarkeit der Stereotype ist das finnische Eigenbild von einem scheuen, wortkargen, reservierten und unsicheren, aber zähen Waldmenschen, der säuft. Das Bild stammt aus dem 19. Jahrhundert. Dieser Typ ist auch in der älteren finnischen Literatur zu finden, kaum aber z.B. unter der in der Stadt aufgewachsenen Generation, die mit Interrail durch ganz Europa fährt, mehrere Sprachen spricht und sich überall wie zu Hause fühlt. Und das sind die Leute, die immer mehr ins internationale Business kommen.

Perspektivik

Bei der Stereotypenbildung spielt die Perspektive eine wichtige Rolle und zwar so, daß aus der Eigenperspektive als Resultat eine positive Sehweise tendiert, aus der Fremdperspektive dagegen eine negative, d.h. daß Stereotype über die eigene Gruppe häufig positiv sind, über die fremde Gruppe dagegen negativ. Diese Einstellung (wir – die anderen) steuert in gewisser

Weise unsere Wahrnehmungen: So werden z.b. negative Aktivitäten der anderen Gruppe eher wahrgenommen als die der eigenen Gruppe, und jeder Akt der anderen kann im Prinzip als negativ interpretiert werden. Das gilt auch für positive Akte, z.B. kann Hilfsbereitschaft als Aufdringlichkeit aufgefaßt werden.

Diese Negativität ist nur eine Tendenz. Stereotype überhaupt sowie den Fremden zugeschriebene stereotype Eigenschaften können durchaus positiv sein (z.B. aus deutscher Sicht: finnische Gastfreundlichkeit, aus finnischer Sicht: deutsche Zuverlässigkeit und Pünktlichkeit). Und andererseits können Stereotype über die eigene Gruppe auch negativ sein. Es ist z.B. oft festgestellt worden, daß Finnen über sich selbst negative Stereotype verbreiten ('wir Finnen können das noch nicht so genau, wir kommen ja aus dem Wald'). So ergab eine Untersuchung von Lehtonen (1991) über das Selbstbild in Finnland und Estland, daß bei Finnen 7 von 10 genannten Eigenstereotypen negativ waren, während bei Esten 8 von 10 positiv waren.

Für negative Eigenstereotype gibt es mehrere Gründe. Eine Erklärung ist die Übernahme der Fremdperspektive. Dies ist z.B. typisch für eine schwache Minderheit, die die Werte der starken Mehrheit übernimmt und dann aus der Sicht der Mehrheit die eigene Gruppe negativ, die andere Gruppe (die Mehrheit) positiv bewertet. Dadurch lassen sich auch die finnischen negativen Eigenstereotype erklären. Finnland war ja lange zunächst Teil von Schweden, dann von Rußland, wobei vor allem die Schweden die starke (reichere, mehr ausgebildete) Mehrheit waren.[4]

Nach einer Spiegel-Umfrage (1991) scheint ein ähnliches Fremd-Eigenbildverhältnis wie zwischen Finnland und Schweden auch für das Verhältnis zwischen Ost- und Westdeutschland zu gelten. Diese Umfrage ergab, daß die befragten Ostdeutschen häufig das Gefühl hatten, den Westdeutschen unterlegen zu sein.

Die Übernahme der Fremdperspektive muß nicht unbedingt historische Gründe haben, denn es handelt sich um ein Phänomen, das auch z.B. unter Sprachlehrern oder Personen, die lange in einer anderen Kultur gelebt haben, nicht unüblich ist.

Die Perspektivik bildet sich in der Kommunikation häufig sehr präzise ab. Erkennbar ist sie u.a. daran, welche deiktischen Ausdrücke verwendet werden (wenn ich von Finnen spreche, sage ich *sie* oder *wir*) und wie Bewertungen formuliert werden. Hierzu ein paar Beispiele aus den Interviews, die wir im Rahmen des Projekts „Deutsch-finnische Kulturunterschiede" mit finnischen und deutschen Geschäftsleuten durchgeführt haben.

Beispiel 1: In den Interviews waren viele Deutsche und Finnen der Meinung, daß Deutsche sparsam mit dem Geld umgehen. Es handelt sich hier um das Stereotyp 'Deutsche sind sparsam'. Es wurde jedoch unterschiedlich je nach der Perspektive formuliert: aus deutscher Sicht positiv: *Deutsche sind preisbewußt,* aus finnischer Sicht dagegen negativ: *Deutsche sind knauserig.*

Beispiel 2: Ein weiteres Beispiel bieten die Organisationsstrukturen und das Verhalten in Organisationen. Der allgemeine Sachverhalt war: es gäbe weniger Hierarchie und Formalität in den finnischen Organisationen, im Vergleich dazu herrsche in Deutschland ein stärkeres Regelsystem. Interessant ist wieder, wie dieser Sachverhalt jeweils ausgedrückt wurde. Finnische Organisationen wurden aus der finnischen Sicht positiv, flexibel und demokratisch bewertet. Aus der deutschen Sicht erschienen sie dagegen chaotisch, man sagte sogar, es herrsche „südländische Mentalität", und die Zuständigkeitsbereiche seien unklar. Deutsche Organisationen wurden aus der deutschen Sicht als geregelt und systematisch beschrieben, aus der finnischen Sicht wiederum als förmlich und steif: für deutsche Organisationen sei eine Befehlstruktur typisch.

Beispiel 3: Viele Befragte, vor allem Deutsche, waren der Meinung, daß die Beschlußfassung in Finnland länger dauert, weil Finnen vor dem Abschluß eines Geschäfts die Sache noch unter sich besprechen und überlegen wollen. Der folgende Interviewausschnitt verdeutlicht, wie die Perspektive durch negativ bzw. positiv formulierten Äußerungen zum Ausdruck kommt:[5]

   I   könnten Sie das generalisieren \ gibt es in dem Sinne Unterschiede im Zeitbewußtsein oder in der Terminplanung oder // ist man deutscherseits eher bereit oder *entscheidungsfreudiger und*: *das ein / allgemeines Merkmal für Finnen daß, sie länger Zeit brauchen für bestimmte Sachen. / das mehr als eine Nacht überschlafen. /*
   B   das\ ich muß sagen ich kenn das den deutschen (Markt) auch nicht so gut aber ich könnte mir denken daß da daß man: / in Finnland sich da daß *man etwas mehr Zeit haben möchte.*
   I   mh
   B   um um die Sache *wirklich dann*
   I   mh

B   ganz *entscheidungsreif zu haben.*
I   mh
B   könnt ich mir denken ja.

Der Interviewte beschreibt Deutsche positiv *(entscheidungsfreudig),* Finnen dagegen weniger positiv. Der Befragte wiederum, ein Deutscher, der schon sehr lange in Finnland lebt, formuliert finnische Eigenschaften anders: positiver. Er steht deutlich auf der finnischen Seite und betrachtet die Sache aus der finnischen Sicht.

Wo kommen Stereotype her?

Zunächst kann man feststellen, daß Kulturunterschiede häufig als etwas Negatives empfunden werden (was sie an sich nicht sein müssen). So antwortete z.b. ein finnischer Befragter, als wir nach Kulturunterschieden fragten, daß er nichts Negatives bemerkt hatte und daß es keine Probleme im Handel mit den Deutschen gibt („die sind ganz normal"). Dieser Gedanke, daß die Unterschiede negativ sind, liegt daran, daß es sich bei kulturellen Unterschieden in der Regel um eine Abweichung vom gewöhnten Verhalten, von der eigenen Norm, handelt; die Norm ist die eigene Kultur (das eigene Verhalten). Wenn die Normalformerwartung nicht erfüllt wird, kann die Situation als problematisch und auch als unangenehm empfunden werden. So erzählte eine deutsche Befragte über ihre Erfahrungen mit Finnen:

> un: / da is mir / doch schon aufgefallen daß die Finnen / relativ direkt sind. so zum Beispiel es würde keiner / in Deutschland / oder glaub ich kein Engländer oder Franzose sagen <ich hab jetzt keine Zeit> / für Sie. / sondern wir sagen / darf ich Sie in ner halben Stunde wieder anrufen, im Moment bin ich / / total im Streß oder so also sich selbst zurücknehmen sich selbst s- \ einfach sagen ich hab jetzt keine Zeit für Sie is also \
>
> .... ja gut wenn man wenn man das jetzt weiß daß die Finnen sehr direkt sind / das sagt man ja auch von den von den Deutschen
>
> ... aber äh also ich hab mich schon das eine oder andere Mal <u>bevor</u> ich das wußte daß Finnen sehr direkt sind, hab ich mich schon / angegriffen oder unruhig gefühlt.

Das Wissen, daß Finnen direkt sind, hilft also dieser Frau. Es kann jedoch sein, daß dieses Stereotyp ganz einfach an mangelhaften Deutschkenntnissen der Finnen liegt, denn für einen Fremdsprachensprecher sind Strategien und Formulierungen der Indirektheit und Höflichkeit nicht einfach.

Stereotype können aus tatsächlichen Unterschieden resultieren, müssen es aber nicht, und in der interkulturellen Kommunikation liegt die große Gefahr, daß kommunikative Konventionen der anderen Kultur oder sozialen Gruppe mißverstanden werden. Ein gutes Beispiel bieten die Anredeformen: Im Finnischen und Deutschen unterscheiden sich die Anredeformen (Siezen und Duzen), und daraus wird erschlossen, daß die Finnen, da sie die Du-Form benutzen, informell und sogar demokratisch, die Deutschen dagegen, die sich siezen, formell und hierarchisch seien. Das Anredesystem ist jedoch nicht so einfach. In jeder Sprache gibt es auch Möglichkeiten, verschiedene Abstufungen der Distanz und Nähe auszudrücken. D.h. daß zu den grammatischen Formen noch andere sprachliche und nicht-sprachliche Mittel kommen. Und auch wenn es in zwei Sprachen gleiche Formen an der Oberfläche gibt, heißt es lange noch nicht, daß diese funktional äquivalent wären. Also das deutsche 'Sie' entspricht nicht dem finnischen 'Sie', dessen Gebrauch viel beschränkter ist.

Und das finnische 'Du' ist nicht gleichbedeutend mit dem deutschen 'Du', das viel intimer ist als das finnische.

Andere Kommunikationsunterschiede, die zu Mißverständnissen und Fehlinterpretationen führen können, sind u.a. Unterschiede in den Handlungs- und Dialogmustern, in der Prosodie und in der Markierung der Direktheit/Indirektheit.

Um ein Beispiel zu geben: Im Finnischen fällt die Intonation in der Regel am Ende der Äußerung. Im Deutschen kann eine fallende Intonation signalisieren, daß der Sprecher am Ende seines Redebeitrags ist, oder aber in Aufforderungen kann sie Unhöflichkeit markieren. So kann ein finnischer Sprecher, der die Regeln der deutschen Intonation nicht kennt, ungewollt als unhöflich wirken bzw. in der Mitte seines Redebeitrags unabsichtlich signalisieren, daß er schon am Ende ist.

Auch die Mittel der Indirektheit sind sehr unterschiedlich. Hinzu kommt, daß die Kontexte, Situationen, die den Grad der Direktheit bestimmen, in den verschiedenen Kulturen nicht die gleichen sind. So sagten einige Befragte, daß die Kommunikation in deutschen Firmen von oben nach unten sehr direkt ist, in finnischen Firmen sei sie dagegen von unten nach oben direkter als in Deutschland. Ein Befragter erzählte die folgende Geschichte darüber, wie er die Direktheit zwischen dem Vorgesetzen und den Mitarbeitern in Deutschland erlebt hatte:

```
B4    das war für mich also neu. das hatte ich hier \ in Finnland hab ich nie so was gehört. also
      (daß) jemand sagt nich wahr hören Sie mal zu. / nich wahr. / Sie müßten etwas mehr ar-
      beiten nich wahr dann kommen Sie vielleicht auch dahinter wie das funktioniert.
«Lachen»
      ...
B4    ich weiß nich es ging um Beschaffung von Materialien und der sagte also ja ich kann un
      will nich nicht wahr da sagt der Sie werden dafür bezahlt daß Sie das Material ran brin-
      gen, lassen Sie sich was einfallen!
I     ja ja
B4    «räuspert sich» / hier würde man / das würd hier ganz anders. hier würde man sagen ja
      Moment mal, also das seh ich ja ein das is verdammt schwierig. / aber hast du schon dar-
      an gedacht könntest du das und das und das noch machen?
I     mm
B4    da äh / das is also lange nich so persönlich und so direkt wie ich das da teilweise erlebt
      habe.
```

Hierzu ist zu bemerken, daß dieser Befragte schon sehr lange in Finnland lebt und eine finnische Perspektive übernommen hat. Wie oben dargestellt, wird das Andere häufig aus der Eigenperspektive und durch die eigenkulturellen Normen negativ bewertet. Eine andere Sichtweise auf die finnische Indirektheit könnte ja sein, daß die Vorgesetzten ihre Wünsche oder Befehle unklar, undeutlich ausdrücken (also somit durchaus negativ).

Wenn also Vertreter aus verschiedenen Kulturen mit unterschiedlichen Erwartungen in die Kommunikation treten, kann dies zu falschen Vorurteilen führen. So liegen Unterschiede in der Geschäftskommunikation z.B. solchen Wertungen zugrunde wie: Finnen empfinden Deutsche oft als aggressiv, lehrerhaft, rechthaberisch. Deutsche wiederum meinen, daß Finnen nicht kritisch seien, sondern autoritätsgläubig, und daß sie keine Meinungen haben.

Zu den Unterschieden in der Kommunikation sei noch bemerkt, daß auch sie zu Stereotypen werden können. So lautet z.B. ein Stereotyp, 'der deutsche Argumentationsstil ist sehr direkt', was man so nicht verallgemeinern kann, denn der Stil variiert je nach Sprecher und Situation.

Unterschiedliches Kommunikationsverhalten bzw. mangelhafte kommunikative Kompetenz in der jeweiligen Fremdsprache kann schwerwiegende Folgen haben, wenn der Partner die Abweichung von der gewohnten Norm durch persönliche Eigenschaften des anderen erklärt, was den Geschäftskontakt beeinträchtigen kann. Hinzu kommt, daß die Eigenschaften, die wegen der Fehlinterpretation dem Gesprächspartner zugeschrieben werden, häufig zugleich der ganzen Gruppe zugeschrieben werden, wie im obigen Beispiel den Finnen die Direktheit.

Umgang mit Stereotypen

Stereotype über ethnische Gruppen werden häufig als diskriminierend und moralisch verwerflich empfunden. Sie unterliegen einem Diskriminierungsverbot, d.h. daß es Einschränkungen gibt, nach denen man bewertungshaltige Ausdrücke in bestimmten Kontexten nicht äußern darf. Hinzu kommt, daß die Art und Weise, wie man andere darstellt, auch zur Selbstdarstellung beiträgt, d.h. indem man andere definiert, definiert man auch sich selbst. Die Einsicht, daß Stereotype etwas Negatives sind, ist in unseren Interviews darin zu sehen, daß die Befragten Kulturunterschiede sehr vorsichtig, mit großem Aufwand formulieren. Dabei kommen Relativierungen, Abschwächungen, Verzögerungen und metakommunikative Äußerungen vor. Vgl. den folgenden Interviewausschnitt, in dem die aufwendige Äußerung mit einem Satz ausgedrückt werden könnte, und zwar: 'Die Finnen sind zurückhaltend, nicht so aktive Verkäufer wie die Deutschen'.

ja die Finnen sind *eigentlich / würd ich sagn ich will nicht direkt sagn* daß sie schlechte Verkäuschlechte / Verkäufer sind / aber sie sind als / Verkäufer *eigentlich* / zurückhaltender als die Deutschen. die Deutschen sind da / *wenn man so will* aktiver auch und und / das sicher nicht / sicher auch ein Grund daß daß Deutschland als Exportnation / so so so groß is. nich also die sind natürlich die sind sicher / *ich will den Finnen jetzt nicht mehr nicht weh tun.* aber / die Deutschen sind mehr hinter den Dingen her. / nicht' die Finnen/ *ich darf das vielleicht nicht generalisieren aber* man erlebt s doch oft wieder nicht dann dann man erlebt das ja auch selber nich' wenn man irgendwas was braucht oder wenn man um ne Offerte bittet nicht und dann dann kommt das aber dann kommt *eigentlich* / äh *relativ* selten daß wenn man nachgefragt wird wie is denn / äh ähm / wollen Sie nicht uns verwollen Sie nicht von mir kaufen und so und die als da sind *muß man leider sagen* da sind *das hört man oft* also / da sind die Finnen sind da / ähm *wenn man so will* / sind sie nicht so / eifrige Verkäufer und so hinter den Dingen her.

Im Geschäftsleben gehören viele Stereotype zu gemeinsamen Wissensbeständen der Geschäftsleute. Deshalb müssen die Stereotype, wenn sie negativ oder nachteilig für das eigene Bild oder für die eigene Tätigkeit sind, abgearbeitet und richtiggestellt werden. Wenn sie positiv sind, oder wenn sie umgekehrt werden können, können sie auch zum eigenen Nutzen verwendet werden.

Ewald Reuter hat an einem Beispiel (1992) gezeigt, wie Stereotype in einer interkulturellen Kontaktsituation strategisch verwendet werden können. Es handelt sich um einen Finnlandvortrag der Deutsch-Finnischen Handelskammer in einem Import/Export-Symposium in Leipzig 1990. Reuter stellte in seiner Analyse fest, daß die inhaltliche Gliederung des Vortrags streckenweise über die Thematisierung von Stereotypen organisiert wurde. Dabei waren drei Typen der Thematisierung zu unterscheiden:

— explizite Thematisierung und Korrektur negativer Stereotype

— implizite Thematisierung und Korrektur negativer Stereotype

— explizite Thematisierung positiver Stereotype.

Der folgende Auszug ist ein Beispiel für den ersten Typ, also dafür, wie ein negatives Stereotyp durch ein positives Gegenbild abgearbeitet wird.

eine sache die man vor einigen jahren jedenfalls immer noch sehr stark betonen mußte / weil ma- es Leute gab die nicht so richtig daran glaubten aufgrund der guten beziehungen die finnland stets mit der so- oder nach dem 2. weltkrieg mit der sowjetunion gehabt hat daß finnland eine freie marktwirtschaft / eine soziale marktwirtschaft basierend auf privatem eigentum hat / also finnland ist nie ein sozialistisches land gewesen obwohl es einen freundschaftsvertrag hat mit der sowjetunion . nicht / und das ist natürlich auch eine ganz entscheidende voraussetzung dafür gewesen daß finnland ... der ... mitglied der EFTA ist / also daneben gehört es zu der OECD / also dem zusammenschluß der westlichen industriländer / EFTA / GATT / dem Zollabkommen / dem internationalen währungsfond und der raumfahrt- europäischen raumfahrtagentur/

Der Sprecher bestreitet das Fremdstereotyp 'Finnland ist ein sozialistisches Land'. Er führt das Oppositionspaar 'Sozialismus versus freie Marktwirtschaft' als antithetisch ein, rekategorisiert Finnland als 'freie Marktwirtschaft' und führt dafür auch Belege an (EFTA-Mitgliedschaften etc.).

Ein zweites Beispiel für diese Art von Korrekturstrategien findet sich in einem finnischen Reiseführer, in dem ein Kapitel heißt 'Finnland – what it is not!' Negative Stereotype bilden Überschriften von zehn darauf folgenden Abschnitten, in denen jeweils das Stereotyp mit Fakten richtiggestellt wird.

Positive Stereotype können in der Werbung ausgenutzt werden. Beispiele für in Werbeanzeigen zu findende positive Stereotype sind u.a. deutsche Qualität oder made in Germany. Vgl. folgendes Beispiel:

> **Sicherheit.**
> **Made in Germany.**
> Heute decken wir einen großen Teil unseres Strombedarfs aus Kernenergie. Strom aus Uran trägt wesentlich zu unserer Energieversorgung bei.
> Daß die Kernkraft sich umweltverträglich und kostengünstig nutzen läßt, ist bekannt. Aber lassen sich Kernkraftwerke auch sicher beherrschen? Eine Frage, die viele beschäftigt – und besonders uns, die deutschen Stromversorger.
> Wir haben große Anstrengungen unternommen, um Kernkraftwerke so sicher wie nur irgend möglich zu machen. Dafür haben wir viel investiert und aufwendige Techniken entwickelt.
> Das Ergebnis kann sich sehen lassen: Die Reaktorsicherheit in der Bundesrepublik ist weltweit führend. Die Kernkraftwerke bei uns sind so sicher, daß wir ihre Nutzung verantworten können.
> Deutsche Gründlichkeit wird bisweilen belächelt. Bei der Sicherheit ist sie aber eine Tugend, auf die wir stolz sein können – ebenso wie auf den Strom made in Germany.
> Ihre Stromversorger

Bei denen von der Werbung ausgenutzten finnischen Stereotypen ist vor allem, die saubere, unberührte Natur zu erwähnen.

Zum Schluß

Zum Schluß möchte ich noch auf unsere Interviews und die Fremdbilder der Befragten zurückkommen. Dabei war nämlich eine deutliche Tendenz zu beobachten, und zwar, je mehr Auslandserfahrung, internationale Kontakte, insbesondere persönliche Kontakte die Geschäftsleute hatten, desto positiver waren die Einstellungen zu anderen Kulturen. Ausländische Geschäftspartner wurden dann nicht in erster Linie als Vertreter einer Kultur angesehen, sondern als Individuen, als eigene Persönlichkeiten. Dazu möchte ich noch einen unserer Befragten zitieren, einen in Finnland lebenden Deutschen, der zwischen – oder zugleich in – zwei Kulturen steht:

> da sind dann die wunderschönen wie man so sagt Kulturunterschiede furchtbar schwer zu definieren. jeder finnische Kunde reagiert genauso anders wie ein finnischer Lieferant oder wie jeder / jeder Finne selbst. wenn ich die Unterschiede im Arbeitsleben suche' wie gesagt erstmal halte ich sie nicht für besonders / gravierend. / bei uns wird natürlich ab und zu gesagt also das ist deutsch das ist finnisch' /

ich bin der Meinung Unterschiede zwischen den einzelnen **Personen** / in Finnland / sind zum Beispiel viel größer als der generelle Unterschied zwischen Deutschen und Finnen insgesamt. wenn ich unser Personal anschaue dann gibt es so Riesenunterschiede zwischen einzelnen Menschen / die sind viel gravierender als würd ich sagen ein Durchschnittsfinne oder Durchschnittsdeutscher.

Anmerkungen

1 Uusi Suomi 30.10.1989.
2 Siehe u.a. Hamilton (1976).
3 Vgl. Quasthof (1987).
4 Vgl. Liebeskind (1988).
5 In der Transkription werden folgende Zeichen verwendet:

/ kurze Pause
// längere Pause
- Wortabbruch
\ Satzabbruch
und: Dehnung
, . leicht, stark fallende Intonation
´ steigende Intonation
<u>bevor</u> auffällige Betonung
< > auffällige Prosodie
(---) unverständliche Stelle
Die Sprecher sind wie folgt markiert: I = Interviewer/in, B = Befragte/r.

Literatur

Daun 1989 = Åke Daun: Svensk mentalitet. Rabén & Sjögren, Simrishamn 1989.

Deutsch-finnische Kulturunterschiede in der Wirtschaftskommunikation 1989 = Deutsch-finnischeKulturunterschiede in der Wirtschaftskommunikation. Zwischenbericht. Helsingin kauppakorkeakoulun julkaisuja D120, Helsinki 1989.

Hamilton 1976 = David L. Hamilton: Cognitive biases in the perception of social groups. In: Cognition and Social Behavior. John S. Carroll & John W. Payne (eds.), Lawrence Erlbaum Associates, Hillsdale/N.J. 1976, 81-93.

Hill 1992 = Richard Hill: We Europeans. Europublic SA/NV, Brussels 1992.

Lehtonen 1991 = Jaakko Lehtonen: The role of national stereotypes and intercultural communication. In: Culture and Communication. Edith Slembek (ed.). Frankfurt/M. 1991, 175-184.

Liebkind 1988 = Karmela Liebkind: Me ja muukalaiset – ryhmärajat ihmisten suhteissa. Gaudeamus, Helsinki 1988.

Quasthof 1987 = Uta Quasthoff: Linguistic Prejudice/Stereotypes. In: Sociolinguistics/Soziolinguistik. Hrsg. v. Ulrich Ammon & Norbert Dittmar & Klaus J. Mattheir, 1. Halbband. de Gruyter, Berlin 1987, 785-799.

Reuter 1992 = Ewald Reuter: Klein aber fein. Stereotypen in einer deutschfinnischen Messeveranstaltung. In: Talous ja kieli 1. Helsingin kauppakorkeakoulun julkaisuja D169. Hrsg. v. Pirkko Nuolijärvi & Liisa Tiittula, Helsinki 1992, 234-246.

Spiegel 1991 = Das Profil der Deutschen. In: Spiegel Spezial, 1/1991.

Aspekte deutsch-japanischer Unternehmenskommunikation

Yaheita Yokoi/Jürgen Bolten

Aus europäischer Sicht entziehen sich Kommunikationsprozesse in und mit japanischen Unternehmen häufig jeglichen Normalitätserwartungen, auf die man in innereuropäischen Handlungskontexten nahezu automatisch rekurriert, und die auch das eigene Verhalten in interkulturellen Situationen weitgehend bestimmen. Gegenüber Verhandlungen mit anderen europäischen Partnern hat dies den Vorteil, daß im Umgang mit japanischen Geschäftspartnern vorschnelle Komplexitätsreduktionen in bezug auf Fremdes oder unreflektierte Interferenzen bei Handlungsinterpretationen eher eine Ausnahme darstellen. Was auf der einen Seite zweifellos dazu beiträgt, Mißverständnispotentiale zu minimieren, kann andererseits allerdings auch Handlungshemmungen bewirken: So führen ausgeprägte Andersartigkeitserwartungen gegenüber Japanern und eine dementsprechend erhöhte Reflexivität zu individuellen Verhaltensänderungen, die routinegeleitetes Alltagshandeln verhindern und damit ihrerseits eine Quelle möglicher Dysfunktionen interkultureller Interaktion darstellen.

Um in der deutsch-japanischen Wirtschaftskommunikation über eine angemessene Interaktionssicherheit verfügen zu können, bedarf es – abgesehen von entsprechenden Praxiserfahrungen – erstens einer Vertrautheit mit intrakulturellen Interaktionskonventionen der fremden Umwelt und zweitens einer Bewußtheit synchronischer und diachronischer Differenzmerkmale zwischen eigen- und fremdkulturellem Handeln. Drittens ist es notwendig, Handlungsfolgen in interkulturellen Situationen abschätzen zu können.

Der vorliegende Beitrag befaßt sich mit diesen drei Aspekten. Er orientiert sich dabei weniger an interaktions- und kulturtheoretischen Fragestellungen als vielmehr an praktischen Erfahrungen, die – vorwiegend aus japanischer Sicht – während langjähriger Tätigkeiten jeweils in einer japanischen und einer deutschen Niederlassung eines japanischen Unternehmens gesammelt wurden.

1. Unternehmenskultur und intrakulturelle Wirtschaftskommunikation in Japan

Auch wenn sich auf Befragen der wohl größte Teil japanischer Geschäftsleute religiösen Traditionen gegenüber eher gleichgültig zu verhalten scheint, darf diesbezüglich der Einfluß des „kollektiven Gedächtnisses" (Assmann 1988) auf die Organisation des Wirtschaftslebens und das Alltagshandeln keineswegs unterschätzt werden. Stärker als in okzidentalen Kulturen „ist es für Japan eigentümlich, daß neben dem Neuen immer noch das Alte weiter existiert" (Schinzinger 1983, 9), was sich z.B. darin äußert, daß die Traditionen insbesondere des Shintoismus, des Buddhismus und des Konfuzianismus noch heute strukturbildende Funktion in bezug auf nahezu alle Interaktionsbereiche besitzen. Dies betrifft das buddhistische Beharren auf dem Kreischarakter des Denkens ebenso wie die Kardinaltugenden des Konfuzianismus. So sind etwa die aus den Kardinaltugenden abgeleiteten sozialen Pflichten der Loyalität (Untertanentreue), der Pietät (Verehrung der Ahnen) und der Höflichkeit konstitutiv für so essentielle Interaktionsvoraussetzungen wie Gruppenorientiertheit, Senioritätsprinzip, Treue und Konsensstreben.

Am offenkundigsten dokumentiert sich für einen westlichen Beobachter zweifellos die starke Gruppenorganisation in japanischen Unternehmen. Dies belegt schon der erste Eindruck, den ein japanisches Büro vermittelt: Üblicherweise handelt es sich dabei um ein Großraumbüro, in dem durchschnittlich 20, teilweise aber auch bis zu 50 Angestellte ohne räumliche Abgrenzungen und in größtmöglicher persönlicher Nähe zueinander arbeiten. Da überdies vom Abteilungsleiter bis zum Bürogehilfen alle Hierarchieebenen vertreten sind, bestehen in der Regel weder physische noch psychische Barrieren, untereinander zu kommunizieren. Die Anordnung der Tische befördert diese Haltung: Sie sind so plaziert, daß ein anderes als gruppenweises Arbeiten kaum möglich erscheint. Dementsprechend entfällt auch die Notwendigkeit, interne Sitzungen auf einen bestimmten Termin hin zu vereinbaren. Sie finden ad hoc statt und ermöglichen eine ständige Informiertheit aller in bezug auf wichtige und scheinbar unwichtige Angelegenheiten der Abteilungen bzw. des gesamten Unternehmens.

Einen ähnlich hohen Stellenwert besitzt in diesem Zusammenhang der unternehmensinterne Schriftverkehr, so daß insgesamt von einem sehr extensiven Kommunikationsverhalten und einem permanenten Kommunikationsfluß gesprochen werden kann. Persönliche Gespräche sind dabei durchaus üblich und akzeptiert. Allerdings dienen sie primär der Aufrechterhaltung und Stabilisierung von Gruppenbeziehungen (Shimizu 1990) und nicht der Befriedigung individueller Mitteilungsbedürfnisse.

Individualismus westeuropäischer oder nordamerikanischer Prägung ist Japanern weitgehend fremd. Obwohl gerade in der jungen Generation derzeit ein deutlicher Wertewandel in Hinblick auf westliche Leitvorstellungen feststellbar ist (Haaf 1986), gilt nach wie vor der u.a. buddhistischer Tradition verpflichtete Grundsatz, die Belange des Ich zurückzustellen. Das Subjekt realisiert sich demzufolge nicht als Einzel-, sondern als Beziehungssubjekt in dem Sinne, „daß innerhalb der zwischenmenschlichen Zusammenhänge die Beziehungen an sich das Selbst sind" (Eshun1990, 143). Das heißt, das Selbstverständnis des Einzelnen bestimmt sich in Hinblick auf seine Interaktionsfähigkeit in der Gruppe. Aus diesem Grund ist auch der Personenkult bei japanischen Spitzenmanagern relativ schwach ausgebildet, oder wie Odrich (1993, 66) konstatiert: „die Gruppe geht nun einmal vor – ob als Gesamtunternehmen oder auch als Teil des Unternehmens". Der Einzelne wird damit in gewisser Weise austauschbar, und nicht zufällig sind die Prinzipien der „job-rotation" und der Generalistenausbildung signifikant japanische.[1]

Müller (1992, 118) weist in diesem Zusammenhang auf die Unterstützung des Gruppenprinzips durch das Familienprinzip hin und bemerkt, „daß nicht wirtschaftliche Ziele (z.B. Gewinn, Marktanteil) die maßgebliche Leitlinie unternehmerischen Handelns verkörpern, sondern das Überleben der Gruppe". Ein Beleg hierfür ist z.B. die Tatsache, daß im Fall der Ableistung von Überstunden auch die nicht direkt Betroffenen moralische Unterstützung leisten, indem sie am Arbeitsplatz bleiben, oder daß nach Arbeitsschluß häufig freie Gruppenbildungen erfolgen, um bei gemeinsamem Essen und Trinken sowohl geschäftliche als auch persönliche Themen zu diskutieren.[2] Aus dem gleichen Grund der Verschränkung von Gruppen- und Familienprinzip spielen auch Gewerkschaften in Japan eine eher untergeordnete Rolle. So finden Angestellte und Arbeiter „in der Firma mehr Sicherheit als in der Gewerkschaft; denn die Firmen versuchen, ihre Angestellten auch durch Krisenzeiten hindurch zu halten. Streiks sind gleichsam Familienstreitigkeiten" (Schinzinger1983, 33).[3]

Obwohl aufgrund des Strukturwandels der japanischen Wirtschaft seit den siebziger Jahren Grundsätze wie lebenslange Beschäftigung nur noch mit abnehmender Tendenz realisiert werden können (Nojiri 1987), prägen soziale Pflichten wie Loyalität und Pietät nach wie vor die Organisationsweise von Unternehmen. Was auf der einen Seite zur Stärkung des Gruppenbewußtseins beiträgt, birgt andererseits freilich auch Nachteile. Sowohl das Senioritätsprinzip als auch die Präferenz der Sozial- gegenüber der Leistungskompetenz können dazu führen, daß Mitarbeiter nicht ihren Fähigkeiten entsprechend eingesetzt werden und Innovationspotentiale ungenutzt bleiben.

Ähnliches betrifft das aus der sozialen Pflicht zur Höflichkeit[4] abgeleitete Konsensgebot, das vor allem bei Entscheidungsprozessen in japanischen Unternehmen (ausgenommen sind Personalangelegenheiten) eine wesentliche Rolle spielt. Sowohl vorbereitende informelle Diskussionen („Nema-Washi") als auch formalisierte Entscheidungsprozeduren wie das „Ringi-System"[5] dienen zwar zur Sicherung von Teamgeist, Solidarverantwortung und Identifikation mit den Unternehmensaktivitäten. Abgesehen von einem nicht unerheblichen Zeitaufwand bewirken sie aber auch, daß gerade in Krisenzeiten oder in Phasen der Neuorientierung notwendige top-down-Entscheidungen nicht gefällt werden.

Betrachtet man über die Unternehmensorganisation hinaus intrakulturelle Interaktionen zwischen einzelnen japanischen Unternehmen, steht auch hier unbestreitbar der Loyalitätsaspekt im Vordergrund. Geschäftsbeziehungen werden in Japan grundsätzlich als Partnerschaften definiert, was beinhaltet, daß beiderseitiges Entgegenkommen, Anpassungsfähigkeit und langfristige Planung die Fundamente binnenwirtschaftlichen Handelns bilden. Das sog. „spot business" ist verpönt, einseitige Vorteilsnahmen sind nahezu ausgeschlossen. Ziel ist es vielmehr, stabile und konsistente Geschäftsbeziehungen aufzubauen, die – wie die großen wirtschaftlichen Verbundgruppen „Kigyo Keiretsu" zeigen – langfristig auch zur Einbindung in unternehmensübergreifende Kooperationen führen können (Eli 1988). Dies erklärt selbstredend die Notwendigkeit einer relativ langen Kennenlernphase, während der eine gleichsam flächendeckende Informationsarbeit in Hinblick auf den Partner geleistet wird: Wiederholte Besprechungen zwischen Unternehmensvertretern verschiedener Hierarchieebenen, gegenseitige Einladungen in Restaurants sowie Diskussionen zu persönlichen Standpunkten mit Fragen zu – zumindest für Europäer – „unwichtigen" Details konstituieren erst nach und nach jene Vertrauensbasis, auf der Vertragsabschlüsse möglich sind. Der Stellenwert von Verträgen selbst ist allerdings erheblich geringer zu veranschlagen als in Westeuropa oder in den USA. Gerade weil ein partnerschaftliches Vertrauensverhältnis vorausgesetzt wird, enthalten japanische Verträge oft keine eindeutig rechtsverbindlichen Klauseln oder Hinweise auf das Verfahren bei Rechtsstreitigkeiten. Mögliche Streitpunkte oder Unstimmigkeiten, die aufgrund unvorhergesehener Umstände auftreten können, werden dementsprechend auch durch frühzeitige Gespräche oder partnerschaftlich erarbeitete Neukonzeptionen eines Vertrages zu klären versucht. Prozesse gelten dagegen als letzte, im Grunde genommen aber unakzeptable und anrüchige, Maßnahme. Sie dokumentieren für Japaner nichts anderes als das Unvermögen, mit anderen vernünftig reden bzw. Probleme lösen zu können und implizieren sowohl für den Kläger als auch für den Angeklagten einen erheblichen Ansehensverlust, weil mit dem Konsensprinzip auch das Loyalitätsgebot verletzt würde.[6]

2. „Sowohl – als auch" versus „Entweder – oder". Zu den unterschiedlichen Voraussetzungen wirtschaftsbezogenen Handelns in Japan und Deutschland

Simon (1988) hat bei Befragungen in japanischen und deutschen Unternehmen ermittelt, daß deutsche Manager 60-80% ihrer Tätigkeit zur Überwindung unternehmensinterner Widerstände in bezug auf Entscheidungsprozesse verwenden, während japanische Führungskräfte davon nur zu 20-30% in Anspruch genommen werden. Dies ist nur ein Beispiel, herausgegriffen aus einem nahezu unüberschaubaren Komplex von Differenzmerkmalen, die sich in Hinblick auf deutsche und japanische Spezifika wirtschaftsbezogenen Handelns auflisten ließen. Sie sind seit etwa Mitte der achtziger Jahre zu einem zunehmend zentraleren Gegenstand der kulturvergleichenden Managementforschung geworden (Hall & Hall 1985, Kumar 1988, Lücke 1988, Müller 1991, Odrich 1993) und haben – früher als im innereuropäischen Kontext – deutlich werden lassen, daß traditionelle wirtschaftswissenschaftliche Länderrisikoanalysen zu kurz greifen, wenn es darum geht, bilaterale Geschäftskontakte zu initiieren (Werhahn-Mees 1987). Wenngleich ein wenig überspitzt, bestätigen sich bei Beschreibungen und Analysen der Differenzmerkmale zwischen japanischem und deutschem Managementverhalten immer wieder Befunde, die letztlich antipodische Relationen repräsentieren[7]:

Japan   *Deutschland*
Gruppenorientierung   Individualismus
Human Relationship   Regeln und Normen
Stabilität, Treue   Mobilität
Loyalität, Konsens   Konkurrenz
Höflichkeit   Direktheit

Was in Hinblick auf japanische Interaktionskonventionen nicht zuletzt auch deswegen stets in einem Zusammenhang mit jahrhundertealten ethisch-religiösen Traditionen gesehen wird, weil die Handlungsgrundlagen selbst explizit auf dem Gebot der ständigen Vergegenwärtigung kollektiver Gedächtnisinhalte beruhen, ist in bezug auf deutsche bzw. europäische Handlungsorientierungen weniger offenkundig. Dennoch bestehen natürlich auch hier tiefenstrukturelle Verankerungen individuellen und sozialen Handelns, die ihrerseits zu einem entscheidenden Teil den Traditionen des Christentums verpflichtet sind.

So stellen aus deutscher Perspektive lineare Zielgerichtetheit, individuelle Selbstverwirklichung und Durchsetzungsvermögen zentrale Werte des – nicht nur wirtschaftsbezogenen – Handelns dar. Sie materialisieren sich in Handlungsmaximen und Karriereattributionen wie Härte, Stärke, Egoismus, Aktivität, Angespanntheit und Jugendlichkeit (Strümpel/Pawlowsky 1993), die Japanern aus ihrer eigenen Sozialisation heraus nicht nur weitgehend fremd sind, sondern die von ihnen auch eher negativ konnotiert werden. Ein entscheidender Grund hierfür liegt in den unterschiedlichen Prämissen, von denen der christlich geprägte Monotheismus und das buddhistische bzw. shintiostische Denken ausgehen. Gerade die Absolutheit des *einen* christlichen Gottes impliziert – verbunden mit dem Anspruch auf *eine* Wahrheit – Ausschließlichkeitsorientierungen, die in ihrer schwächeren Ausprägung auf Beharrlichkeit, in extremeren Formen aber auch auf Skepsis, Mißtrauen und Intoleranz hinauslaufen können. In jedem Fall sind sie inkompatibel mit dem um Ausgleich bemühten Prinzip des „sowohl – als auch" (Eshun 1990, 138), wie es für Japaner signifikant ist.

Wenngleich ein wenig überspitzt, spricht Meckel (1989, 97) in diesem Zusammenhang von dem „Entweder-oder"-Denken der Deutschen: „Ein christlicher Gott, der keinen anderen Gott neben sich duldet, ist also verantwortlich für das abendländische Denken in Kategorien des 'entweder-oder'. /.../ Japaner hingegen können sowohl Buddhisten als auch Shintoisten sein. Dieses 'sowohl – als auch' ist eine Einstellung, die keine letzten und absoluten Wahrheiten kennt und darum mehr Aufgeschlossenheit und Flexibilität erlaubt."

Daß sich sowohl in Japan als auch in Deutschland immer weniger Menschen explizit als Gläubige bekennen[8], ist kein Grund, entsprechende weltanschauliche Einflüsse geringer zu bewerten. Bezogen auf die Tiefenstrukturen des Alltagshandelns dominiert der zu erheblichen Teilen religiös fundierte „kulturelle Wissensvorrat" (Habermas 1982), ohne daß dies den Handelnden selbst bewußt sein müßte. Beispiele hierfür sind die Unterschiede zwischen polytheistisch-zyklischem (Japan) und eschatologisch-linearem Zeitbewußtsein (Deutschland), oder auch die für Japaner nur schwer nachvollziehbare Art und Weise der deutschen Argumentationsführung, die bekanntlich mit Vorliebe „monotheistisch" von einem obersten zu deduzierenden Prinzip ausgeht und Eineindeutigkeit in der Schlußfolgerung anstrebt. Am Beispiel des „intellektuellen Stils" hat Galtung (1985, 168f) diesbezügliche Unterschiede sehr pointiert beschrieben:

> Zunächst einmal machen die Japaner im Alltagsdiskurs kaum jemals absolute, kategorische Aussagen; sie ziehen die Vagheit selbst bei trivialen Dingen vor (sie würden viel lieber nicht 'Der Zug fährt um zwölf Uhr' sagen), weil eindeutige Aussagen unbescheiden klingen, weil sie den Anschein von Urteilen über die Wirklichkeit erwecken. Zu sagen 'Dies ist meine Theorie', und sie dann zu erläutern, das wäre eine unverhohlene Unbescheidenheit, eine völlig unjapanische Haltung. Was man tun könnte, wäre, mit einem intellektuellen Kommentar zu beginnen; man sagt etwa: 'Es gibt eine Theorie...', und beschreibt sie dann als die eines anderen, zeichnet sie vielleicht in die intellektuelle Landkarte ein, ohne aber dazu unbedingt ein Bekenntnis abzulegen. Für den westlichen Geist wird das sehr unbefriedigend klingen, denn er will immer wissen, ob er es mit dem Pro oder Kontra bei einer Sache zu tun hat, welcher Standpunkt da vertreten wird, so daß er sich der Person und nicht nur einer abstrakten Theorie stellen kann.

Auch letztlich christlicher Tradition verpflichtete Einstellungen wie die, Positives und Negatives als voneinander unabhängige und nicht als Komplementärgrößen zu verstehen[9], oder gesetzliche Regelungen wie das Ladenschlußgesetz entbehren in japanischem Alltagsverständnis jeglicher Plausibilität, weil es entsprechende sozialisationswirksame „Gebote" nicht gibt. (Und wenn es sie gäbe, würde sich durch die imperativischen Formulierungen in der 2.Person Singular ohnehin niemand angesprochen fühlen). Ähnlich verhält es sich mit dem christlichen Wahrheitsbegriff, der – durch die Personifizierung in Jesu (Joh. 14,6) – nicht nur subjektiv fundamentiert ist, sondern der unweigerlich immer auch als Gegenbegriff zu „Lüge" verwendet wird. Aus der holistischeren Perspektive des „sowohl – als auch" repräsentiert „Wahrheit" dagegen nicht das *Eine*, sondern das *Ganze*, wodurch es freilich auch notwendig wird, multiperspektivisch zu urteilen, statt eindeutig zu „richten". Argumentativ ist dies nahezu zwangsläufig damit verbunden, daß klare Abgrenzungen etwa zwischen „ja" und „nein" durch vermeintlich vage Äußerungen ersetzt werden, weil ein entsprechendes „entweder – oder – Verhalten" dem eigenen Wahrheitsverständnis zuwiderlaufen würde. Aus deutscher Perspektive wird genau dies freilich leicht als Unaufrichtigkeit ausgelegt, womit sich deutsches und japanisches Alltagshandeln ihrer Tiefenstruktur zufolge zumindest partiell als vollständig inkompatibel erweisen.

3. Deutsch-japanische Interaktionen im Wirtschaftsalltag

Unbeschadet der konstatierten Gegensätze ist das quantitative Ausmaß japanisch-deutscher Geschäftsbeziehungen, Kooperationen und Joint-Ventures heute kaum mehr überschaubar.

Daß die Zusammenarbeit in den meisten Fällen offenkundig erfolgreich verläuft, mag zunächst unplausibel erscheinen. Es wird jedoch leichter verständlich, wenn man sich von den Prämissen japanischer Geschäftstätigkeit vor allem diejenige der umfangreichen Informationsarbeit in bezug auf den potentiellen Geschäftspartner vor Augen hält. Dadurch, daß diese – häufig langwierige – Phase der endgültigen Realisierung von Geschäftsbeziehungen vorgelagert ist, entsteht gleichsam eine „Probezeit", die zur Konsolidierung der möglichen Geschäftspartnerschaft beitragen kann. Anders als bei vielen binneneuropäischen Kontakten impliziert die Verwirklichung z.B. eines Einstieggeschäftes folgerichtig auch in der Regel eine längerfristige Zusammenarbeit. Ein Bedrängen des japanischen Partners, schnelle Investitionsentscheidungen zu treffen, nützt dagegen gar nichts. Wie das Beispiel der äußerst zögerlichen Investitionstätigkeit japanischer Unternehmen in den neuen Bundesländern zeigt, werden (kurzfristig?) sogar ganze Märkte preisgegeben, wenn noch keine ausreichenden Informationsnetzwerke existieren (Waragai 1993)[10.] Von daher ist Geduld zweifellos eine der wichtigsten Eigenschaften, um überhaupt zu einer Geschäftsbeziehung mit japanischen Unternehmen zu gelangen. Die Initiative geht freilich von den Geschäftssuchenden aus und sollte bereits mit einem ausreichenden Informationsangebot verbunden sein, wobei es keineswegs selbstverständlich ist, eine Antwort zu erwarten oder zu verlangen.

Wie es aus interkultureller Perspektive generell wenig sinnvoll erscheint, im Umgang mit Geschäftspartnern anderer Kulturen vermeintliche „do´s and taboos" zu befolgen, so gilt dies selbstredend auch in bezug auf japanisch-deutsche Interaktionen. Wie sich für einen Japaner in Gegenwart eines „gaijin", eines Ausländers, „die Atmosphäre ganz entschieden verändert" (Galtung 1985, 159), bleibt auch der Deutsche hinsichtlich seines Verhaltens nicht der, der er in seinem gewohnten eigenkulturellen Kontext ist. In der Regel konstituiert sich auf dem Wege der Assimilation ein dritter Interaktionskontext, der als „Interkultur" bezeich-

191

net werden kann (Bolten 1993) und der sich hinsichtlich seiner Resistenz gegenüber Mißverständnissen letztlich nach der entsprechenden Fremderfahrung und dem Empathievermögen der Beteiligten bemißt. Je mehr Erfahrungen beispielsweise ein deutscher Manager mit japanischen Kollegen gesammelt hat, desto weniger wird er versuchen, durch voluminöse Eloquenz zu beeindrucken, wie umgekehrt von japanischer Seite aus gegenüber Deutschen das Prinzip „Schweigen ist Gold" nicht in der extensiven Form realisiert wird, wie es *intra*kulturell üblich ist. Auf diese Weise konstituieren sich in der Interaktion gegenseitige Akzeptanzzonen, die ihrerseits Normalitätserwartungen in Hinblick auf die gemeinsam generierte „Interkultur" erzeugen.

Das Funktionieren dieser Interkultur ist allerdings an die involvierten Personen und ihre entsprechenden Individuenmerkmale gebunden. Probleme und tiefergreifende Mißverständnisse enstehen in der Regel nicht, weil einer der Partner punktuell oberflächenstrukturelle Akzeptanzgrenzen überschreitet (reparable „critical incidents"), sondern weil er – im oben skizzierten Sinn – tiefenstrukturelle Ursachen abweichenden Verhaltens von der „Normalität" der Interkultur nicht versteht oder sie gemäß seinen eigenkulturell vorgegebenen Wahrnehmungs- und Denkschemata interpretiert.

Vor derartigen meist irreparablen „critical incidents" schützen letztlich nur ein fundiertes Wissen um tiefenstrukturell verankerte Begründungszusammenhänge fremdkulturellen Verhaltens sowie die Fähigkeit, Folgen des eigenen Handelns in interkulturellen Situationen abschätzen zu können. Voraussetzung hierfür sind Informiertheit, Ambiguitätstoleranz, Selbstdistanz und Geduld – Eigenschaften also, die im kulturellen Wissensvorrat der Japaner zweifellos stärker verankert sind, als es bei Deutschen der Fall ist.[11]

Anmerkungen

1   Odrich (1993, 65) weist darauf hin, daß es bei Arbeitstreffen oder Konferenzen teilweise üblich sei, den „Vertreter eines Unternehmens überhaupt nicht mit dem eigenen persönlichen Namen, sondern vielmehr allein mit dem des Arbeitgebers" anzusprechen.

2   Eher anakdotisch, aber dennoch signifikant ist die Tatsache, daß in japanischen Unternehmensbilanzen die Aufwendungen für Bewirtung insgesamt höher ausfallen als die für Forschung und Entwicklung (Odrich 1993, 68). Die abendliche Mitarbeiterbewirtung geht durchweg zu Lasten des Arbeitgebers, verfolgt aber das Ziel, einerseits die Gruppenatmosphäre zu stabilisieren und andererseits neue Ideen zu entwickeln.

3   Daß Streiks in Japan eher nebensächlci sind, belegt eine Statistik, die Müller (1992, 117) zitiert: 1983-88 kamen auf je 1000 Arbeitnehmer in Japan durchschnittlich 7 Streiktage, während es in Deutschland 45 und in den USA 94 waren.

4   Die Relevanz des Höflichkeitsprinzips wird anschaulich, wenn man sich vor Augen führt, daß im Mittelalter in Japan auf bloße Unhöflichkeit die Todesstrafe stand (Odrich 1993, 67).

5   Wie Müller (1992, 124) am Beispiel von Umfragestatistiken nachgewiesen hat, wird die Bedeutung des Ringi-Systems freilich oft überschätzt. Nur ca. 40% der befragten japanischen Unter-

nehmen praktizieren heute noch bottom-up-Entscheidungen in der klassischen Form, die vom Entwurf auf der unteren Führungsebene bis zur Genehmigung im Top-Management reichen. Sehr häufig werden dagegen Vorgaben bereits vom Top-Management gemacht, so daß eher eine Mischform von bottom-up und top-down dominiert.

6 Aus diesem Grund ist die Zahl der Rechtsanwälte in Japan auch wesentlich geringer als in Europa oder den USA.

7 Exemplarisch genannt sei an dieser Stelle das Ergebnis einer empirischen Untersuchung zu Managementzielen japanischer und deutscher Manager, die 1994 in einem deutsch-japanischen Joint-Venture der glasproduzierenden Industrie in Jena durchgeführt worden ist. Während auf deutscher Seite Unternehmenssicherung, Arbeitsplatzsicherung und Arbeitsdisziplin an erster Stelle genannt wurden, waren es auf japanischer Seite Teamwork („Wa"), Innovationskraft und sozialer Zusammenhalt.

8 1983 haben sich nur noch 3,4% aller Japaner als Gläubige des Shintoismus bezeichnet; gleichzeitig wurden jedoch 98,6 Mio. Anhänger gemeldet (Wadenfels 1992, 607).

9 Müller (1991, 146) hat z.B. im Rahmen einer empirischen Untersuchung gezeigt, daß japanische Manager zu fast 90% der Ansicht sind, daß keine Fehlentscheidung so schlecht sein könne, daß sie nicht auch positive Aspekte enthielte. Die Zustimmung zu dieser These erreicht bei deutschen Managern dagegen nur einen Anteil von 58%.

10 Informationen über Investitionsmöglichkeiten und Unternehmensstrukturen in fremden Ländern werden traditionellerweise über Handelsfirmen oder Finanzinstitute eingeholt. Dementsprechend dominieren in Berlin als dem japanischen Standort für die Koordination für Investitionstätigkeiten in Ostdeutschland noch eindeutig Handelsgesellschaften und Banken. Lediglich 13% der japanischen Betriebe sind bislang auf dem Sektor des verarbeitenden Gewerbes tätig. Als Gegenbeispiel mag der über einen langen Zeitraum konsolidierte Standort Düsseldorf dienen, wo der Anteil von Unternehmen der verarbeitenden Industrie bereits 60% beträgt (Waragai 1993, 1172f).

11 Eine aufschlußreiche Forschungsaufgabe bestünde darin zu untersuchen, inwieweit sich die daraus resultierende Hypothese belegen ließe, daß japanische Auslandsengagements weniger häufig an sog. „weichen" betriebswirtschaftlichen Faktoren scheitern, als es z.B bei innereuropäischen Kooperationen der Fall ist.

Literatur

Assmann 1988 = Jan Assmann: Kollektives Gedächtnis und kulturelle Identität. In: Kultur und Gedächtnis, Hrsg. v. Jan Assmann/Tonio Hölscher. Frankfurt/Main 1988, 9-19.

Bolten 1993 = Jürgen Bolten: Life-World Games: the theoretical foundation of training courses in intercultural communication. In: European Journal of Education 28(1993), H.3, 339-348.

Eli 1988 = Max Eli: Japans Wirtschaft im Griff der Konglomerate. Frankfurt/Main 1988.

Eshun 1990 = Hamaguchi Eshun: Ein Modell zur Selbstinterpretation der Japaner – 'Intersubjekt' und 'Zwischensein'. In: Die kühle Seele. Selbstinterpretationen der japanischen Kultur, Hrsg. v. Jens Heise. Frankfurt/Main 1990, 138-147.

Galtung 1985 = Johan Galtung: Struktur, Kultur und intellektueller Stil. Ein vergleichender Essay über sachsonische, teutonische, gallische und nipponische Wissenschaft. In: Das Fremde und das Eigene, Hrsg. v. A. Wierlacher. München 1985, 151-193.

Haaf 1986 = G. Haaf: Der Preis der Harmonie. In: Zeitmagazin (41) 1986, H.5, 59-63.

Habermas 1982 = Jürgen Habermas: Theorie des kommunikativen Handelns. 2 Bde., Frankfurt/Main 1982.

Hall & Hall 1985 = Edward T. Hall/Mildred Reed Hall: Verborgene Signale. Über den Umgang mit Japanern. Hamburg 1985.

Kumar 1988 = B. Nino Kumar: Interkulturelle Managementforschung. Ein Überblick über Ansätze und Probleme. In: Wirtschaftswissenschaftliches Studium 17 (1988), 389-394.

Lücke 1988 = W. Lücke: Japanische und deutsche Wirtschaft im Vergleich: Wer hat das bessere Management? In: Gablers Magazin 2(1988), H.7, 38-43.

Meckel 1989 = Andreas Meckel: Deutschland-Japan. 100 Ansichten. Düsseldorf 1989.

Müller 1991 = Stefan Müller: Die Psyche des Managers als Determinante des Exporterfolges. Eine kulturvergleichende Untersuchung zur Auslandsorientierung von Managern aus sechs Ländern. Stuttgart 1991.

Müller 1992 = Stefan Müller: Entscheidungsfindung: Eine interkulturelle Betrachtung am Beispiel Japan. In: Interkulturelles Management, Hrsg. v. N. Bergemann/A.L.J. Sourisseaux. Heidelberg 1992, 112-137.

Nojiri 1987 = Taketoshi Nojiri: Wirtschaftsentwicklung und Wirtschaftsentwicklung in Japan. In: Japan und der Westen, Hrsg. v. C.v. Barloewen/K. Werhahn-Mees, Frankfurt/Main 1987, Bd.2, 141-158.

Odrich 1993 = Peter Odrich: Japanischer Unternehmensalltag aus europäischer Sicht. Frankfurt/Main 1993.

Schinzinger 1983 = Robert Schinzinger: Japanisches Denken. Der weltanschauliche Hintergrund des heutigen Japan. Berlin 1983.

Shimizu 1990 = R. Shimizu: Top Management in japanischen Unternehmen. In: Die Betriebswirtschaft, (50) 1990, 625-641.

Simon 1988 = H. Simon: Zeitgeiz. In: Manager Magazin 19 (1988), H.6, 140-143.

Strümpel/Pawlowsky 1993 = Burkhard Strümpel/Peter Pawlowski: Wandel in der Einstellung zur Arbeit – Haben sich die Menschen oder hat sich die Arbeit verändert? (Teil II). In: Wertewandel. Herausforderung für die Unternehmenspolitik in den 90er Jahren, Hrsg. v. Lutz von Rosenstiel/ Maryam Djarrahzadeh/Herbert E. Einsiedler u.a., Stuttgart 1993, 29-45.

Wadenfels 1992 = Lexikon der Religionen, Hrsg. v. Hans Wadenfels u.a., Freiburg u.a 1992.

Wendorff 1985 = Rudolf Wendorff: Zeit und Kultur. Geschichte des Zeitbewußtseins in Europa. Opladen 1985

Waragai 1993 = Tomokoi Waragai: Das japanische Engagement in den neuen Bundesländern. In: Zs. für Betriebswirtschaft 63 (1993), H.11, 1169-1179.

Werhahn-Mees 1987 = Kai Werhahn-Mees: Kultur und Wirtschaft. Kategorien für eine adäquatere Länderanalyse. In: Japan und der Westen, Hrsg. v. C. v. Barloewen/K. Werhahn-Mees, Frankfurt/Main 1987, Bd.2, 19-27.

Auswahlbibliographie zur Interkulturellen Wirtschaftskommunikation

A. Allgemeine Einführungen/Übergreifende Darstellungen

Apfelthaler, G.: Interkulturelles Management als soziales Handeln. Wien 1998

Bolten, J.: Interkulturelle Kompetenz. Erscheint: Erfurt 2000

Bolten, J.: Interkulturelle Wirtschaftskommunikation. In: R. Walter (Hg.), Wirtschaftswissenschaften. Eine Einführung. Paderborn u.a. 1997, 496-497

Held, D. u.a. (Hg.): Global Transformations. Politics, Economics and Culture. Cambridge 1999

Kiechl, R.: Interkulturelle Kompetenz. In: E. Kopper/R. Kiechl (Hg.), Globalisierung: von der Vision zur Praxis. Zürich 1997

Kopper, E. (Hg.): Globalisierung: von der Vision zur Praxis. Methoden und Ansätze zur Entwicklung interkultureller Kompetenz. Zürich 1997

Mead, R.: Cross-Cultural Management Communication. Chichester/New York 1997 (2. Aufl.)

Steinmann, H./Scherer, G. (Hg.): Zwischen Universalismus und Relativismus. Philosophische Grundlagenprobleme des interkulturellen Managements. Frankfurt/M. 1998

B. Kulturbegriff, Theorie interkultureller Kommunikation/Wirtschaftskommunikation

Gibson, R. (Hg.): International Communication in Business. Sternenfels/Berlin 1998

Hansen, K.: Kultur und Kulturwissenschaft. Paderborn 1995

Helmolt, K. v.: Kommunikation in internationalen Arbeitsgruppen. München 1997

Geißner, H. K. u.a. (Hg.): Wirtschaftskommunikation in Europa. Tostedt 1999

Gudykunst, W. B./Ting-Toomey, S./Nishida, T. (Hg.): Communication in Personal Relationships across Cultures. Thousand Oaks/London/New Delhi 1996

Hogen, J.: Entwicklung interkultureller Kompetenz. Marburg 1998

Jahnke, Ralph: Wirtschaftlichkeitsaspekte interkultureller Kommunikation. Sternenfels/Berlin 1996

Karmasin, H. (Hg.): Cultural theory: ein neuer Ansatz für Kommunikation, Marketing und Management. Wien 1997

Soraya, S.: Ethnohermeneutik des Sprechens. St. Ingbert 1998

Thomas, A. (Hg.): Interkulturelle Psychologie. Göttingen 1996

C. Interkulturelles Management

Andersen, A.-M.: Interkulturelle Wirtschaftskommunikation in Europa. Deutschland – Dänemark. Tostedt 1997

Bergemann, Niels (Hg.): Interkulturelles Management. Heidelberg 1996 (2. Aufl.)

Berger, Hugo: Unternehmenskultur in Veränderungsprozessen. In: H. K. Geißner u.a. (Hg.), Wirtschaftskommunikation in Europa. Tostedt 1999, 97-102

Bolten, J./Dathe, M. (Hg.): Transformation und Integration. Aktuelle Probleme und Perspektiven west-/osteuropäischer Wirtschaftsbeziehungen. Ludwigsburg/Berlin 1995

Diel-Khalil, H./Götz, K.: Ethnologie und Organisationsentwicklung. In: Dies. (Hg.), Ethnologie und Organisationsentwicklung. München/Mering 1999, 85-114

Dülfer, E.: Internationales Management in unterschiedlichen Kulturbereichen. München, 6. Aufl. 1999

Engelhard, J. (Hg.): Interkulturelles Management. Theoretische Fundierung und funktionsbereichsspezifische Konzepte. Wiesbaden 1997

Fischer, M.: Interkulturelle Herausforderungen im Frankreichgeschäft. Kulturanalyse und interkulturelles Management. Wiesbaden 1996

Götz, K.: Führungskultur. Die organisationale Perspektive. München 1999

Hasenstab, M.: Interkulturelles Management. Sternenfels/Berlin 1998

Höhne, S./Nekula, M. (Hg.): Sprache, Wirtschaft, Kultur. Deutsche und Tschechen in Interaktion. München 1997

Höhne, S.: Vom kontrastiven Management zum interkulturellen. In: Jahrbuch DaF 21(1995), 72-103

Jackson, T. (Hg.): Cross-Cultural Management. Oxford 1995

Joynt, P./Warner, M. (Hg.): Managing across Cultures. London/Boston 1996

Küsters, E.A.: Episoden des interkulturellen Managements: Grundlagen der Selbst- und Fremdorganisation. Wiesbaden 1998

Nass, O.: Interkulturelles Management in Südostasien. Wiesbaden 1998

Rothlauf, J. Interkulturelles Management: mit Beispielen aus Vietnam, China, Japan, Rußland und Saudi-Arabien. München 1999 (2. Aufl.)

Schmid, S.: Multikulturalität in der internationalen Unternehmung. Wiesbaden 1996

Schreyögg, G. u.a. (Hg.): Managing in a European Context. Wiesbaden 1995

Strübing, M.: Die interkulturelle Problematik deutsch-französischer Unternehmenskooperationen. Wiesbaden 1997

Stüdlein, Y.: Management von Kulturunterschieden: Phasenkonzept für internationale strategische Allianzen. Wiesbaden 1997

Thomas, A.: Psychologische Bedingungen und Wirkungen internationalen Managements – analysiert am Beispiel deutsch-chinesischer Zusammenarbeit. In: J. Engelhard (Hg.), Interkulturelles Management. Wiesbaden 1997, 111-134

D. Kulturelle Bedingtheit kommunikativer Stile

Bolten, J., zus. mit M. Dathe, S. Kirchmeyer, M. Roennau, P. Witchalls, S. Ziebell-Drabo: Interkulturalität, Interlingualität und Standardisierung bei der Öffentlichkeitsarbeit von Unternehmen. Gezeigt an britischen, deutschen, französischen, US-amerikanischen und russischen Geschäftsberichten. In: Baumann, K.D./Kalverkämper, H. (Hg.): Fachliche Textsorten. Komponenten – Relationen – Strategien. Tübingen 1996, 389-425

Bolten, J.: Sharan, Galaxy oder Alhambra: „Kommunikation" und „Kultur" als Differenzierungsmerkmale im internationalen Wettbewerb. Zu systematisch-methodischen Aspekten der kommunikationswissenschaftlichen Deskription und der kulturwissenschaftlichen Analyse am Beispiel von marketingorientierten Textsorten der US-amerikanischen, britischen, deutschen und französischen Automobilindustrie. Erscheint in: J. Bolten (Hg.), Studien zur internationalen Unternehmenskommunikation. Leipzig 1999.

Duszak, A. (Hg.): Culture and styles of academic discourse. Berlin/New York 1997

Klump, R. (Hg.): Wirtschaftskultur, Wirtschaftsstil und Wirtschaftsordnung. Marburg 1996

E. Interkulturelles/Internationales Marketing

Bungarten, T. (Hg.): Interkulturelle Marketingkommunikation. Tostedt 1994

Mauritz, Hartmut: Interkulturelle Geschäftsbeziehungen. Eine interkulturelle Perspektive für das Marketing. Wiesbaden 1996

Müller, W. G.: Interkulturelle Werbung. Heidelberg 1997

Simmet-Blomberg, H.: Interkulturelle Marktforschung im europäischen Transformationsprozeß. Stuttgart 1998

Usunier, J.-C.: Interkulturelles Marketing. Wiesbaden 1995

F. Interkulturelle Personalorganisation

Barmeyer, C./Bolten, J. (Hg.): Interkulturelle Personalorganisation. Sternenfels/Berlin 1997

Brandenburger, M.: Interkulturelles Management. Köln 1995

Kiechl, Rolf: Interkulturelle Kompetenz. In: E. Kopper/R. Kiechl (Hg.), Globalisierung: von der Vision zur Praxis. Zürich 1997

Lichtenberger, B.: Managing in a global world: case studies in intercultural human resource management. Wiesbaden 1998

Mönikheim, S.: Die Entwicklung des interkulturellen Managements am Beispiel der Dasa. In: C. Barmeyer/J. Bolten (Hg.): Interkulturelle Personalorganisation. Sternenfels/Berlin 1998, 107-122

Müller, S.: Auslandsorientierung als Zielsetzung der Personalentwicklung. In: A. Thomas (Hrsg.), Psychologie interkulturellen Handelns. Göttingen u.a. 1996, 341-364

Scherm, E.: Internationales Personalmanagement. München/Wien 1999 (2. Aufl.)

Schmeisser, W.: Qualifizierung zur Erreichung interkultureller Kompetenz im Rahmen eines internationalen Management Training Programms. In: H. Geißner u.a. (Hg.), Wirtschaftskommunikation in Europa. Tostedt 1999, 227-247

Schreyögg, G. u.a.: Managing in a European Context. Wiesbaden 1995

Stahl, G.: Internationaler Einsatz von Führungskräften. München/Wien 1998

Teagarden, Mary B./Von Glinow, Mary Ann: Human Resource Management in Cross-Cultural Contexts: Emic Practices versus Etic Philosophies. In: mir Special Issue 1997/1, 7-20

Warthun, N.: Zur Bedeutung von interkultureller Kommunikation für ein deutsches Industrieunternehmen. Eine Untersuchung zu den Erfahrungen von Mitarbeitern der Thyssen Stahl AG mit interkultureller Kommunikation. Bochum 1997

Weber, W. Cross cultural and comparative international human resource management. Wiesbaden 1998.

G. Interkulturelles Verhandeln, Interkulturelles Training

Bolten, J.: INTERACT. Ein wirtschaftsbezogenes interkulturelles Planspiel für die Zielkulturen Australien, Deutschland, Frankreich, Großbritannien, Niederlande, Rußland, Spanien und USA. Sternenfels/Berlin 1999

Bolten, J.: Internationales Personalmanagement als interkulturelles Prozeßmanagement: Perspektiven für die Personalentwicklung internationaler Unternehmungen. Erscheint in: W. Schmeisser (Hg.): Personalführung und Organisation. München/Wien 1999

Bolten, J.: Integrierte interkulturelle Trainings als Möglichkeit der Effizienzsteigerung und Kostensenkung in der internationalen Personalentwicklung. In: C. Barmeyer/J. Bolten (Hg.): Interkulturelle Personalorganisation. Sternenfels/Berlin 1998, 157-178

Dinges, N.G./Baldwin, K.D.: Intercultural Competence. A Research Perspective. In: Dan Landis/Rabi S. Bhagat: Handbook of Intercultural Training. Thousand Oaks/London/New Delhi 1996, 106-123

Ghauri, P./Usunier, J.-C.: International Business Negotiations. Oxford 1996

Götz, K. (Hg.): Interkulturelles Lernen – Interkulturelles Training <Arbeitstitel>. Erscheint: München 1999

Gudykunst/Guzley/Hammer 1996 = William B. Gudykunst/Ruth M. Guzley/Mitchell R. Hammer: Designing Intercultural Trainings. In: D. Landis/R.S. Bhagat, Handbook of Intercultural Training. Thousand Oaks/London/New Delhi 1996, 61-80

Kinast, E.-U.: Evaluation interkultureller Trainings. Lengerich 1998

Landis, D./Bhagat, R.S.: Handbook of Intercultural Training. Thousand Oaks/London/New Delhi 1996

Müller-Jacquier, B.: Linguistic Awareness of Cultures. Grundlagen eines Trainingsmoduls. Erscheint in: J. Bolten (Hg.), Studien zur internationalen Unternehmenskommunikation. Leipzig 1999

Podsiadlowski, A./Spieß, E.: Zur Evaluation eines interkulturellen Trainings in einem deutschen Großunternehmen. In: Zeitschrift für Personalwesen 1/96, 48-66

Schenk, E./Thomas, A. (Hg.): Beruflich in China: interkulturelles Orientierungstraining für Manager, Fach- und Führungskräfte. Heidelberg 1998

Schmeisser, W.: Qualifizierung zur Erreichung interkultureller Kompetenz im Rahmen eines internationalen Management Training Programms. In: Helmut K. Geißner u.a. (Hg.): Wirtschaftskommunikation in Europa. Tostedt 1999, 227-247

Stahl, G.: Geschäftlich in den USA: ein interkulturelles Trainingshandbuch. Wien 1999

Anschriften der Autoren

Ron Allison
Anglia University
Department of European Business Economics
East Road
GB-Cambridge CB1 1PT

Prof. Dr. Jürgen Beneke
Universität Hildesheim
Fachbereich III
Marienburger Platz 22
D-31141 Hildesheim

Prof. Dr. Jürgen Bolten
Friedrich-Schiller-Universität Jena
Interkulturelle Wirtschaftskommunikation
Ernst-Abbe-Platz 8
D-07743 Jena

Dr. Rudolfo Dolce
Kanzlei Fromm, Harnischfeger-Ksoll,
Dolce & Wenner
Goethestraße 26-28
D-60313 Frankfurt/Main

Prof. Dr. Alfred Jaeger
McGill University
Faculty of Management
1001 Sherbrooke St. W.
Montreal, Quebec H3A 1G5
Canada

Prof. Dr. Karlfried Knapp
Universität/PH Erfurt
Institut für Anglistik und Amerikanistik
Nordhäuser Str. 63
D-99006 Erfurt

Dr. Wolfgang Kramer
Institut der Deutschen Wirtschaft
Gustav-Heinemann-Ufer 84-88
D-50968 Köln

Prof. Dr. Bernd Müller-Jacquier
Universität Chemnitz-Zwickau
- Interkulturelle Kommunikation -
D-09107 Chemnitz

Emma Simmons
INSEAD
Boulevard de Constance
F-Fontainebleau Cedex

Dr. Reinhard Tenberg
Anglia University
Faculty of Humanities, Arts and Education
East Road
GB-Cambridge CB1 1PT

Prof. Dr. Liisa Tiitula
Helsingin Kauppakorkeakoulu
- Institut für Neuere Sprachen -
Runeberginkatu 14-16
SF-00100 Helsinki

Jaheita Yokoi
Electronic Industries Association of Japan
- European Office -
Schadowstraße 41
D-40212 Düsseldorf

Schriftenreihe Interkulturelle Wirtschaftskommunikation

Band 1 Jürgen Bolten (Hrsg.): Cross Culture – Interkulturelles Handeln in der Wirtschaft, 2. Auflage 1999.

Band 2 Jürgen Bolten, Marion Dathe (Hrsg.): Transformation und Integration. Aktuelle Probleme und Perspektiven west-/osteuropäischer Wirtschaftsbeziehungen, 1995.

Band 3 Jürgen Bolten, Marion Dathe, Susanne Kirchmeyer, Klaus Klott, Peter Witchalls, Sabine Ziebell-Drabo: Lehrwerke und Lehrmaterialien für die Wirtschaftsfremdsprachen Deutsch, Englisch, Französisch und Russisch, 1995.

Band 4 Christoph I. Barmeyer, Jürgen Bolten (Hrsg.): Interkulturelle Personalorganisation, 1998.

Band 5 Michael Hasenstab: Interkulturelles Management. Bestandsaufnahme und Perspektiven, 1999.